한국문학의

다원직 비평

지은이 이명재(李明宰)

중앙대 정외과를 졸업하고 동 대학원(문학석사)과 경희대(문학박사)를 나왔다.
1977년 동아일보 신춘문예로 등단(문학평론가)하여 활동 중이다.
한국 문협의 평론분과회장, 문학평론가협회의 부회장을 역임하고
중앙대 국어국문학과 교수와 문과대학장을 지냈다.
『전환기의 글쓰기와 상상력』 등 평론집 외 여러 저서를 내고
현재 중앙대학교 문과대학 명예교수로 있다.

한국문학의 다원적 비평

1판 1쇄 인쇄_2011년 10월 30일
1판 1쇄 발행_2011년 11월 05일

지은이_이 명 재
펴낸이_양 정 섭

펴낸곳_작가와비평
등 록_제2010-000013호
주 소_경기도 광명시 소하동 1272번지 우림필유 101-212
블로그_http://wekorea.tistory.com
이메일_wekorea@paran.com

공급처_(주)글로벌콘텐츠출판그룹
대 표_홍정표
기획·마케팅_노경민
디자인_김미미
경영지원_최정임
주 소_서울특별시 강동구 길동 349-6 정일빌딩 401호
전 화_02-488-3280
팩 스_02-488-3281
홈페이지_www.gcbook.co.kr

값 13,000원
ISBN 978-89-97190-10-2 93810

이명재 평론집

한국문학의
다원적 비평

작가와비평

책머리에

여기에 필자로서는 다섯 권째의 문학평론집을 펴낸다. 신문사 신춘문예를 통해서 문단에 오른 지 35년째요 근래 낸 평론집 이후로는 10년만이다. 10년이면 강산이 변한다는데 이 책 역시 나이테에 따른 매듭짓기인 편이다. 마침 이 기간은 대학 강의와 실천비평을 겸해오던 조건에서 더 자유로운 시기이기도 하다.

이 평론들은 거의가 문화의 세기라는 새 천년에 들며 오히려 사회에서 소외받는 문학의 위기 속에서 빚어진 것들이다. 더러는 대학 재직 중에 쓰기도 했지만 그 후에 발표한 글이 대부분이다. 여러 문인단체의 테마 있는 세미나와 강연 등에서 행한 글들도 포함되어 있다. 그만큼 이번 책은 이전의 강단비평적 위엄이나 현학성에서 벗어나 한결 자유로운 듯싶다.

필자는 해당 기간 중에 발표한 여러 문학평론 가운데서 35편만을 골라 싣는다. 여러 문예지 등에 발표한 월평 등을 접어두고 장르별로 골고루 뽑아본 것이다. 각종 세미나, 신문사, 문예지, 작품집 등에 청탁으로 쓴 작품이 다수를 이룬다. 청탁받은 글도 내 뜻에 따라 성실하게 써서 보완했음은 물론이지만. 사실 신경숙 작가의 『엄마를 부탁해』 평설과 박기동 시인의 「부용산」 평설 정도만 내 계획에 준해서 제대로 쓴 글인 듯싶다.

그러다 보니 이 평론집 내용은 장르나 제재 및 분량과 테마 면에서 다양하게 이루어졌다. 하지만 그런대로 이 책은 표제처럼 다원성을 지닌 문학담론들로써 특장점을 지녔다고 생각된다. 여느 경우에서처럼 인기 높은 문인과 자기 유파만 챙기는 것과는 다르다. 여기서는 제각기 성실하게 글을 쓰며 만만찮은 기량을 지닌 나가수 식의 숨은 작가, 작품도 대화하듯 다루었다. 이런 점에서 이 평론집은 어쩌면 열린 문학을 위한 토론마당이라고 생각한다. 비평가도 이제는 준엄한 판·검사나 변호사여서는 안 되는 것이다. 필자는 되도록 현대비평의 추세에서처럼 객관적인 고급독자로서 작가와 독자 사이에서 담론의 관리자로서 토론을 주관하는 태도를 취하려 했다.

요즈음 쌀쌀해진 날씨는 금년 한 해도 두어 달밖에 남지 않았음을 일깨워준다. 노벨문학상 발표 등을 보아도 금년을 결산하는 시점에 다가가고 있는 것 같다. 이 조촐한 평론집 역시 나름대로 땀흘려서 지은 글농사의 늦가을 수확물로서 여러분께 다소의 도움이 되길 바란다.

때마침 일이 밀리는 계절인데다 어려운 처지에도 미흡한 책을 기꺼이 내준 양정섭 대표님을 비롯한 작가와비평팀 여러분께 감사드린다. 아무쪼록 독자 여러분과 더불어 우리 모두 건승을 빌며 문학 사랑으로 앞서가기를 기대한다.

2011년 10월 한글날에,
동남원 서재에서
지은이 씀

목 차

제3부 비평적 담론의 현안을 찾아서

제4부 일상적 삶과 에세이의 세계

제1부

part 1

다양한 우리 소설의 서사미학

박경리 문학의 문단사적 의미

한국 소설문학의 현황과 방향모색

원숙한 팩션미학의 세계

강준희, 강고리끼, 새 서해(曙海)와의 만남

글로컬시대 한류문학의 한 모델
: 신경숙의 『엄마를 부탁해』 평설

늦깎이 작가의 다양한 서사 미학

박경리 문학의 문단사적 의미

2008년 여름의 처음과 막바지에 한국문단은 당대의 대표적인 작가 두 사람과 작별했다. 입하 날에 팔순을 넘긴 박경리가, 입추 며칠 전에 겨우 칠십 고개에 이른 이청준이, 끝내 암과의 싸움에서 쇠진한 삶의 끈을 놓고 우리 곁을 떠났다. 그러나 우리는 결코 박경리와 이청준을 멀리 떠나보내지 않았다. 그들의 따스한 마음과 짙은 사상은 그들 스스로 반세기 동안 빚어놓은 주옥같은 작품들 속에 속속들이 담긴 채 독자들 가슴 깊이 간직되어 있다. 원주의 박경리(1926.10.28~2008.5.5)는 영남의 통영 뒷산에, 서울의 이청준(1939.8.9~2008.7.31)은 호남의 장흥 고향 땅에 내려가 잠들고 있을 뿐이다.

이 자리에서 박경리와 이청준이 단순히 여성과 남성, 영남과 호남 태생 작가라는 점에서 대비될 수 없음은 물론이다. 두 사람은 삶과 문학에서 대결이 아니라 상생의 동지로서 호혜적 관계를 지니고 있다.

그들은 동시대인 해방 이후 분단시대를 오직 소설쓰기로 살아오면서 산업화와 민주화 풍토 속에서 치열하게 활약한 전업 작가이다. 숱한 작품 내면에 드리워져 있는 한의 속성 또한 상이한 대로 그들 작품의 주요 요소이기도 하다. 서로가 수많은 주옥편과 역작 장편으로 많은 독자층을 확보한 채 때로는 영화화되는 등, 단연 꼽히는 한국의 대표 작가들임에 틀림없다.

그러므로 여기서는 이들의 대비보다는 작가 박경리의 문학과 삶에 관해 몇 가지만 평설해 보기로 한다. 문학도로서 평소 선생의 많은 작품을 진지하게 통독하지 못한 채 소략하게나마 그의 삶과 문학을 총괄적으로 살펴보고 독자들과 논의하는 일도 원로작가에 대한 예의라 생각한다. 1955년에 김동리 추천으로 ≪현대문학≫을 통해 등단한 이래 실로 55년이 넘는 세월 동안 꾸준하게 창작활동을 해온 나머지 누구보다 두드러진 작품 실적을 쌓아온 여성작가의 한 사람이기 때문이다.

작품 실적과 변모과정

박경리의 작품을 헤아려보면 중편을 포함해서 대략 단편 50여 편, 장편 20여 편에 이른다. 여기에 작가 활동 나이테 태반에 해당하는 25년을 계속 집필해온 결과물인 대작 『토지』(총 5부 16권)가 포함되어 있다. 또한 여기에다 수필집 『Q씨에게』·『문학을 지망하는 젊은이들에게』 등, 에세이집 여덟 권과 『못 떠나는 배』·『버리고 갈 것만 남아서 참 홀가분하다』 등의 시집 네 권을 감안하면 그 작품실적은 방대하다.

그의 작품 세계의 변모 추이를 살펴보면, 1950년대 후반 등단 초기의 박경리 단편들은 거의가 개인적인 체험에 바탕을 둔 바의 폐쇄적인 사소설이었다. 데뷔작인 「계산」·「흑흑백백」 등에는 작가 자신처럼 전란 때 남편을 잃고 어머니와 딸을 거느린 젊은 미망인의 처지를 다루고 있다. 비록 곤궁하고 냉혹한 현실에서도 인간의 가치와 여성의 존엄성을 지키려는 자세를 취하고 있는 것이다. 전란 통에 사별한 남편에 이어 문단에 등단하던 그해 아들마저 잃게 된 처지에서 당시 사회의 부조리를 고발한 「불신시대」의 진영 처지는 문학을 공부하는 순영이 아들의 죽음을 당한 「암흑시대」 경우와 함께 자주 논의되고 있다.

이런 전기 단편에 짙은 요소였던 박경리 자전 중심의 사소설적 폐쇄성은 1959년 ≪현대문학≫에 연재한 장편 『표류도』를 계기로 작품 변모의 전환점을 이룬다. 전쟁미망인인 주 인물 나(강현희)는 이전의 온실에서 커온 감상적, 결벽증을 벗어나고 백안시하게 마련이던 남편의 속물성도 포용하며 전쟁을 겪은 실사회에 억척으로 대응해가는 여성으로 변모해 왔다. 전기 단편의 개인적 주관성이 1960년대에 계속 발표된 중기 장편의 객관적, 사회적 시각으로 발전한 편이다. 김치수의 견해처럼 초기 단편의 개인적 차원에서 『김 약국의 딸들』(1962)에서는 가족의 차원으로, 『시장과 전장』(1964)에서는 사회의 차원으로, 『파시』 등에서는 사회의 차원으로 발전, 이행해온 것이다. 그리고 1970년대 이후 집중적으로 집필해온 회심의 노작인 『토지』에 이르러 자아와 사회의 종합이 이루어진 셈이다.

대표적인 여성작가

한국문단에서 기라성처럼 활약하다가 작고한 여성 작가(소설가)들을 통틀어 보더라도 박경리는 여러 모로 제일 꼽히는 존재로 드러난다. 그는 결코 초창기 문단의 김명순이나 나혜석, 또는 1930년대의 강경애처럼 튄 문제를 일으킨 여성상과는 상이하게 진지한 작가정신이나 듬직한 작품성과 면에서 두드러진다. 발표지면의 열악성 등, 문단 여건의 차이를 감안하더라도 창작연륜이 길뿐만 아니라 작품의 질량 면에서 박경리가 두드러져 보인다. 뿐만 아니라 박경리는 그 문학적 질량의 실적 면에서 동시대의 어느 남성작가에 견주더라도 우세를 보이리라 생각된다. 그런 만큼 한국문학사를 통틀어서 여성 작가들 중에서는 더욱 빛나는 자리를 차지한다.

유력한 선배 작가로 꼽히는 박화성(1904~1988) 경우를 들더라도 1925년 등단의 선구성과 1930년대에 발표된 동반자적 단편의 주목되는 성과나 1950년대 후반에서 1960년대 전반에 걸친 왕성한 신문연재 소설의 실적 대신 광복 이후 십년의 공백이 아쉽다. 문단 연조에서 박화성에 버금가는 강경애 또한 작품 수효나 활동 연한에서 격차가 심하다. 1930년대부터 활동했던 김말봉은 1950년대 중엽 무렵까지 여러 신문소설 연재로 활약했지만 대중성으로, 장덕조 역시 1950년대 중엽까지 여성을 주인공으로 내세운 역사소설을 많이 발표했으나 양적인 면에서 차이가 난다. 더욱이 당시 신진으로서 여러 일간지에 선배 작가들과 더불어 인기소설을 연재 중이던 박경리는 독자들에 의해 당시 연재소설 작가 필진의 세대교체를 몰고 온 장본인이기도 했었다.

박경리 소설에서는 여성적인 문제의식에서도 중점적인 접근의 시각과 노력을 기울여 왔다. 위에서 살핀 바처럼 그의 전기 단편작품들부터 자전적인 모티브로서의 여성 요소가 짙은데 그것은 결국 여성의 존엄성과 정체성 찾기에 이어진다. 그런 여성의 갈망과 존엄은 『표류도』에서의 현회를 비롯해서 중기의 장편들에서 작가의 분신으로 등장하는 주 인물 급의 여성캐릭터에서도 드러난다. 『김 약국의 딸들』에서의 용빈, 『시장과 전장』에서의 지영, 『파시』에서의 명화는 후기의 대작인 『토지』에서의 최서희와 함께 여느 남성 장편경우와 달리 여성이 중심에 서 있는 편이다. 여성 작가인 박경리 소설에는 물론 남성도 다수 등장하지만 그 중심 역은 여성 인물들인 점이 그 특성의 하나가 되고 남는다.

글과 삶을 함께해온 전업 작가

그렇다면 실로 82년에 걸친 생애가운데 등단 이후 56년 남짓한 문단활동을 해온 소설가 박경리의 작가의식이나 인생관에 상관된 사상은 무엇일까? 정작 거창한 이 문제는 작가의 실생활에 바탕을 둔 전기적 사실과 구체적인 작품 속에서 찾아지게 마련이다. 따라서 1926년 경남 충무 시에서 박수영의 장녀로 태어난 그가 어릴 적부터 부친의 축첩과 외면으로 홀로된 어머니 밑에서 자라난 정신적 외상을 참고해야 한다. 그리고 결혼 수년 만에 맞은 전란 북새통에 남편과 사별한데 이어 어린 아들마저 잃고 외딸을 둔 채 여성가장으로 살아온 작가 처지를 감안해야 된다.

한국 전쟁 직후의 각박하고 혼탁한 사회에서 노모를 모신 가운데 어린 딸을 부양해야 하는 미망인의 삶은 절박한 것이었다. 이런 생활여건 속에서 결손가족의 젊은 여성가장은 고독을 잊고 슬픔을 이겨내는 삶의 방편 삼아서 문학을 선택했음을 엿볼 수 있다. 문학을 시작하던 초기 단편 「암흑시대」 가운데 "억울하고 괴로운 심경을 표현하기 위해 소설을 쓴다"에서도 이런 정황을 확인하게 된다. 그에게 글쓰기는 고독과 한을 잊는 길이요 자기를 지키고 식구들을 먹여 살려야 하는 필수 조건이었다.

이와 같은 그의 신념이나 태도는 그의 에세이집 『Q씨에게』 등에도 드러나 있다.

> 슬프고 괴로웠기 때문에 문학을 했으며 훌륭한 작가가 되기보다 차라리 인간으로서 행복 하고 싶다.
>
> ▶▶▷「자기 목소리」 중에서

고독과 소외 및 한스러움을 이겨내기 위해 행해온 일이지만 글 자체보다는 인간 본연의 삶을 우선에 두고 있음을 분명히 하고 있다.

나 역시 문학을 인생보다 귀중히 여기지 않는 것은 옛날이나 지금이나 다를 것이 없습니다. 그러나 문학은 내 인생과 더불어 있는 것, 그것에 의의가 있는 것입니다.

▶▶▷「회귀선에서」 중에서

최근 유고시집으로 펴낸 『버리고 갈 것만 남아서 참 좋다』의 김영주 서문을 참고해도 평소 혼신을 다한 작가 박경리의 글쓰기와 삶의 실상을 알 수 있다.

늘 단정하고 엄숙한 모습으로 책상 앞에 앉아서 글 쓰시던 어머니, 어머니는 언제나 변함없이 수십 장, 수백 장의 파지를 내시면서 하나의 작품을 완성시키셨습니다.

불꽃같은 정열로, 분노로, 사랑으로 생애를 사셨고 한 땀 한 땀 바느질하시듯 수 놓으시듯 정성으로 글을 쓰셨습니다.

▶▶▷「서문」에서

본디 시 쓰기에 뜻을 두었던 그가 발표한 시편 가운데서도 글 쓰는 일 등과 삶의 불가분한 관계를 분명히 하고 있다.

글을 쓸 때는 살아 있다
바느질 할 때는 살아 있다
풀을 뽑고 씨앗 뿌릴 때
살아 있는 것을 느낀다

▶▶▷「꿈」에서

그리고 이런 글과 삶의 태도는 일찍이 겪은 가족들의 죽음에서 받은 충격들과 이어진 생의 외경 같은 생명사상으로 승화, 확대되고 있음을 본다.

『토지』의 문학사적 가치

사실 단편소설로부터 시작된 작가 박경리 문학을 결산, 종합한 장편소설 『토지』는 근세기 우리 문학사에서 보기 드문 기념비적 대작이다. 그것은 집필기간이나 작품 분량 면에서도 두드러진다. 창작, 발표된 기일만도 1969년 8월부터 1994년 여름까지 만 25년간에 걸쳐서 이루어졌다. 연이은 발표지면 분포 역시 ≪현대문학≫(1부) — ≪문학사상≫(2부) — ≪독서생활≫ — ≪한국문학≫(3부) — ≪정경문화≫ — ≪월간경향≫(4부) — ≪문화일보≫(5부)로 다양한 연면성을 드러낸다. 거기에 2백자 원고지 4만 장의 분량에 등장인물만 4백여 명에 이르는 것이다.

주 인물인 최서희와 김길상을 위시해서 윤씨 부인·김개주·김환(구천이)·최치수 등이 얼기설기 얽히고설킨 채 등장하고 있다. 귀녀·조준구·김평산·이상현·칠성이·이동진·장인걸·김영팔·조찬하·윤보·서금돌·주갑·기화·봉순·서의돈·권오송·유인실·조봉수·양현·김두수·송관수·김훈장, 용이와 직결된 인물들만도 강청댁·월선이·임이네·홍이 등. 이들은 모두 역사적인 실제인물이 아니라 작가가 시대상에 걸맞게 창조한 민초들이거나 반상 신분의 갈등과 화합을 대표하는 모델로서 생동하고 있다.

서사미학상 시공간 영역의 폭 또한 넓고 입체적이다. 소설은 구한말인 1897년 추석 무렵부터 시작하여 한일합병과 항일 강점기를 거쳐서 1945년의 광복기까지를 다루고 있다. 공간적으로는 한반도의 경남 하동군 평사리와 진주, 지리산, 일본 동경, 만주 간도 및 러시아 등에 걸쳐 있다. 이런 시공간 사이에 살던 서희를 통해서 최참판 댁의 부침과 가문복원 노력이 그려져 있다. 여기에 수많은 민초까지 동원된 작중 인물들이 숱한 역사적 격변을 지나면서 살아온 생활상을 날줄과 씨줄로 엮어 모두 5부, 총 16권의 서사 물로 이룩한 회심의 역작이다.

실로 대하소설의 규모를 지닌 『토지』는 옛 사대부 집안의 4대(최부자－최치수－최서희－그 자녀들)에 이어진 구한말 한 양반가족의 성쇠과정을 통한 민족수난사이며 사회변천의 한 축도이다. 개화자강기를 전후한 동학운동, 반상서열, 문명개화, 한일합방, 3.1운동에 이어서 펼쳐진 항일투쟁, 태평양전쟁, 8.15광복과 이를 뒷받침한 기층문화에 혼용된 사회사적 파노라마이기도하다. 그런데도 이 작품의 시간 구성은 오행(五行)순서와 일치하고 공간전개는 사상(四象)형태를 이루어 정연한 실서를 이루고 있다고 최유찬은 역학(易學)적인 견해를 펴고 있다.

이러한 『토지』의 주제는 무엇보다 사랑과 생명사상으로서 작중인물에 짙게 드리워진 개인적인 한을 민족적인 차원으로 승화시키고 있는 것이다. 이를 구체적인 소설미학으로 표출하는 문체도 빛난다. 그의 문장은 고대 판소리나 그의 삶과 직결되는 다양한 대화와 풍자, 해학 및 감칠맛 나는 지방어 구사 등이 뒷받침된 것이다. 전반에는 비교적 밀도 있는 사건 전개를 해오다가 후반에는 철학적 인생론을 대화로 펴거나 에세이 형식으로 서술하는 면도 농후해 보인다.

회심의 역작 『토지』는 박경리의 대표적인 가족사소설이니만큼 문학사적으로 크게 평가받는 여타의 가족사소설과 대비하는 접근도 필요하다고 본다. 이를테면 1930년대의 대표작이라고 평가되는 염상섭의 『삼대』나 채만식의 『태평천하』가 대상이 될 수 있다. 이들은 남성을 주 인물로 내세웠다는 의미에서만이 아니다. 두 작품은 각기 구한말로부터 일제 강점기인 1930년대 사회상과 민족현실을 조 의관 집안과 윤 직원 3대나 4대 생활상으로써 정치하게 그려 제시한 문제작들인 것이다.

또한 『토지』가 연재되던 무렵 거의 동시에 발표되었던 최명희의 『혼불』과의 상관성이나 상이점도 논의해 볼만하다. 같은 여성 작가인 최명희가 17년 동안이나 이 작품쓰기에 매달려서 모두 1만2천 장짜리로 전 10권 분량의 가족사소설로 내놓고 생을 마감했다는 단순한 의미에서가 아님은 물론이다. 적어도 이 작품에는 호남 사대부 집안의 종부 3대를 중심으로 한 일제강점기 사회상과 항일활동 및 민속, 무속, 방언, 음식문화 등에 걸친 문제들을 여성 중심으로 다루고 있다. 전북 남원 노봉마을의 매안 이씨 댁 종부인 청암 부인과 평민, 천민들에 얽힌 서사가 『토지』에 못지않게 일본, 만주 북간도 등에까지 펼쳐져 있는 것이다. 마치 예전 요리를 음미하듯 서정적 토속성을 띤 최명희 문체도 대비 대상이 되고 남는다.

지난 8월 이청준 작가가 장흥에 안장된 다음 주, 그 무덥던 말복 다음 날이었다. 필자는 문학세미나를 마친 문우 일행과 더불어 통영 뒤 산자락으로 걸어서 박경리 선생의 묘소를 참배했다. 파릇파릇 잔디가 돋아난 봉분의 양 옆으로 의연하게 솟구친 산봉우리와 짙푸른 소나무 숲이 소쿠리처럼 둘러싼 좌청룡, 우백호에 북 현무가 제격이었다. 거기에다 남 주작격인 푸르게 펼쳐진 통영 앞 바다 위에 몇 개 섬들이 하늘 아래 자리 잡고 있어 그야말로 명당자리라 여겨졌다. 이렇게 아늑하고 정든 품안이기에 선생께서는 토지문학관이 있는 원주를 따님에게 맡기고 기어코 고향 땅 흙 안에 들어 고이 잠드셨나 싶다. 머지않아 통영시에서 그 유택 앞 주변에 박경리 문학관을 지을 예정인지라 묘비는 세우지 않았다 한다. 아무쪼록 이제 부디 그 고독과 고생 떨치시고 흙속에서 자연의 사랑으로 복락을 누리길 기원한다.

(2008년 8월)

한국 소설문학의 현황과 방향모색

문제제기

한국의 현대소설은 우리 문단사와 더불어 일제 강점과 남북 분단의 질곡 속에서 통칭 100년의 나이테를 헤아리며 꾸준히 변모, 발전해 왔다. 20세기 초엽, 근대 종합 잡지의 효시인 ≪少年≫ 창간호에 실린 육당의 신체시 「海에게서 少年에게」(1908)를 기점으로 삼아온 우리는 지금까지 여러 통과의례적인 문학행사를 행해왔다. 하기야 그 기점 설정의 모순점은 물론 최남선의 그것보다 이미 2년 전에 ≪萬歲報≫에 연재된 국초 이인직의 신소설 『혈의루』나 「鬼의 聲」(1906)의 연대 순서가 뒤바뀐 시행착오도 없지 않다. 하지만 우리 현대문학이 초창기의 신문학 단계를 거쳐서 또 다른 세기의 연륜을 여는 시점에서 갖는 우리의 소설문학 점검은 뜻이 깊다고 생각된다.

그러므로 이 글에서는 개화기 무렵의 초창기부터 작년 말까지 지난 한 세기 동안에 걸쳐서 이루어진 한국소설 문학의 지형도를 살펴보기로 한다. 먼저 한국 현대소설은 과거로부터 어느 길을 걸어왔으며 현재는 어떤 처지에 놓여 있는가? 다만 해당 기간에 이루어진 수많은 작품이나 대상 작가들의 구체적인 제시는 지면관계로 접어두기로 한다. 또한 절반 가까운 광복 이후의 북한문단 몫은 편의상 접어둠을 전제해 둔다. 해외에서 한글이나 현지어로 작품 활동을 하는 한인 작가들도 마찬가지 경우임은 물론이다.

구한말 무렵, 외세의 거센 돌풍을 맞으며 이질적인 서양의 문학을 동경유학생 편으로 이식시켜 재래의 설화체 이야기나 판소리체 대신 한반도에 가꾸기 시작한 우리의 현대소설. 그 소설문학 나무는 이 땅에 뿌리 내리거나 접목되어 자라는 한동안은 토속지향의 일부 작품과 역사소설류 말고는 모방해온 단계를 감수했었다. 근대문학 이론과 텍스트 및 전후문학 흐름에 이르도록 그러게 마련이었다. 예의 프롤레타리아 계급 문학, 브나로드형의 소설, 앙띠로망, 르보로망 등. 하지만 지난 세기 후반 이후 우리 문단은 일본이나 구미 여러 나라의 현대문학 수준과 평준화된 상태이다.

그렇다면 과연 21문화의 세기에 적잖게 위기상황을 맞은 우리 소설문단은 어떻게 대처해 나갈 것인가? 이 글 말미에서는 우리 소설이 지향할 모색점도 제시해 보려한다. 이런 문제는 더욱이 각종 영상매체가 범람한데다 인기 가수의 라이브 콘서트와 더해가는 스포츠의 열기 속에서 소외된 문단의 현안이 아닐 수 없다. 재래의 전통적인 문화의 선도적인 자리를 차지했던 소설을 위시한 언어예술이 이제는 앨빈 커넌도 우려한 바 '문학의 죽음'뿐 아니라 여러모로 상존한 소설의 위기 증후군에서 자유롭지 못하기 때문이다.

한국소설 100년의 발자취

역시 초창기인 1910년대 전후에는 신소설이 투박한 번역, 번안 형태를 넘어 개화·자강의 계몽 형태로 발표되기 시작했다. 그리고 일제 강점이 본격화된 1920년대 작단에서는 다양한 실험으로 소설의 폭을 넓히며 식민체제에 대응해 나왔다. 역사물을 통해 민족정체성 제고를 꾀하고 향토적 사랑을 그렸었나. 거기에 밖에서 물 밀어 든 계급주의 영향을 받은 경향파 내지 카프계의 항일성 짙은 프로소설이 주종을 이루었다.

1930년대에는 역사소설의 붐을 이루며 문화적 민족주의의식을 펴왔었다. 특히 구한말 이후 당대까지의 시대변천상을 그려 식민지 사회의 모순을 풍자, 고발하였다. 당시 서사미학의 정수를 보인 본격소설들 역시 민족 수난의 비애상을 드러낸 문예미학적 접근이었다. 브나로드 운동을 표방한 농촌소설 역시 시대의식을 함유한 성과물들이다. 아울러 동시대에는 역시 반체제적 사회소설들이 다양한 분포를 이루었다. 그러다가 1940년대에 들어서는 일제 당국의 조선어 말살 정책으로 한국 소설의 암흑기를 맞아야 했다.

광복 직후는 르뽀 소설적인 과도기를 지내던 중 1950년을 전후해서 한국소설은 큰 성장통을 겪었다. 남북의 정부수립을 전후해서 좌우 이데올로기로 인한 월남과 월북으로 재편된 문단은 1950년 벽두의 전쟁으로 전후문학과 이산의 아픔 및 실존적 삶의 값진 체험을 했다. 전후 신세대 작가들이 속속 등단하여 한국소설 발전의 기틀을 다졌다. 이어서 1950년대 말에 작단에 오른 일부 신인들은 상황에 관한 4.19직후의 첨예한 문제작들로 문단 안팎의 주목을 받았었다.

1960년대 들어 숨 가쁜 4.19와 5.16 이후 계속된 군사 통치 기간에는 새로운 한글세대 작가들이 내면적 참여의식을 지닌 채 등단하여 풍성한 작단을 형성하였다. 신선한 감수성과 현실인식 내지 역사의식 아니면 인상적인 토속성 및 유년의 회상을 통해 여성의식을 표출한 작품 등이 짙은 내면의 그늘을 그려 냈다.

1970년대는 비교적 산뜻한 표정의 여성 편향적 상업주의 소설이 각광받아 괄목할 문단사적 실적을 나타냈다. 군부 독재에 억눌린 욕구의 소설 미학적 분출 현상이라 볼 수 있다. 일군의 젊은 작가들에 의해 행해진 신문연재소설의 기록적인 베스트셀러 효과이다. 그런 한편으로 사회비판적인 중편분량의 민중 소설도 큰 호응을 얻었다. 거기에 여러 순수 본격소설들도 호평을 받아 건강한 균형을 이루었음은 물론이다.

그러다가 1980년대에 넘어와서는 광주의 5월 체험으로 촉발된 민주화 운동으로 정치사회의 변혁과 민중 소설시대를 이루었다. 군부에 의한 ≪創批≫ ≪文知≫ 폐간과 언론·출판의 규제에 대응해서 무크지를 통한 문단 판도의 큰 변화를 가져왔다. 문단의 중심인 기성세대의 제도권 문단에서 진보세대의 운동권 문단으로 바뀌었다. 또한 개인보다는 사회공동체적 민중문학으로 체질개선되었다. 동시에 이전에 터부시되던 이념의 벽을 허물고 작품소재의 확대를 기하였다. 민중소설적인 일부 장편물들과 분단 이데올로기 성향을 띤 빨치산 실체를 조명한 작품들도 널리 보급되었다. 뿐만 아니라 광주의 5월 항쟁, 서울의 6월 항쟁, 제주의 4.3항쟁을 비롯해서 일련의 운동권 중심인물 소설과 노동현장 소설들도 거침없이 쏟아져 나왔다.

하지만 1990년대에 들어서면서 이미 민주화라는 거대서사가 사라진 소설작단의 성향은 판이하게 달라졌다. 민주화가 성취된 이후에는 치열했던 1980년대의 운동권 중심의 역동적인 공동체의식보다 작가 자신의 내면적인 소설미학으로 침잠한 상태이다. 메타 소설적으로 작가 자신이 체득한 글쓰기 과정의 고뇌를 보여준다. 이전의 '우리'의식보다는 자아('나')의 내면추구성향이다. 그리고 이 무렵은 여러 여성작가들에 의해 페미니즘적 소설접근이 두드러져 보인다. 이 기간에 두

세 여성작가들은 전에 없이 대하장편을 발표하여 주목을 끈 바 있다.

위를 주마간산 격으로 훑어보면, 한국현대소설사는 수난의 연속이었다. 일제 탄압과 분단 상황 못지않게 좌우대립이나 군부독재 밑에서 꾸준히 대응하며 성숙해 왔다. 소설 문학은 강압 사회 체제에 용수철처럼 긴장하며 반항하면서 이겨 나왔다. 어둠에 갇히고 억눌린 환경 속에서 상상적 표현의 꽃나무는 무성하게 커서 튼실한 결실을 얻었다. 그 대신 오히려 독립을 이루고 여린 민수화 여건 속에서는 소설의 성과가 적어지는지 모른다. 돌이켜보면, 적어도 1987년의 민주화 이후는 그 이전에 비해 상대적으로 소설문학의 추동력이 떨어져 보인다. 그 원인은 문예사회적 변화요인과 문단 자체 내의 두 가지 측면에서 파악할 수 있을 것 같다.

요즘 작단의 점검사항

불경기일수록 오히려 서점의 소설책은 잘 팔린다는 외국 이야기가 있다. 바캉스 비용을 아끼는 동시에 불황탈출의 지혜를 찾으며 우울한 마음을 달래는 생활전략에 관한 정보이다. 그럼에도 우리 경우는 요즈음 일부 유명작가 몇 사람의 인기소설을 제외하고는 상대적으로 서점가의 불황이 깊다고 알고 있다.

근년의 우리 소설 문학의 인기나 독자 인구를 감안한다면 그 자화상은 아무래도 초라해 보인다. 인기 연재소설이 시정의 제일 화젯거리이던 1970년대는커녕 민주화 바람을 불러일으키던 1980년대의 효용성에 비해도 너무 독자들에게 외면당하고 있는 게 아닌가. 마치 자기들 창작물은 으레 제한된 문예지들만을 통해서 문학동네 사람들끼리 향유하는 꼴이 아닐까싶다. 일상에 지친 대다수 시민들의 목마른 정서와 허기진 교양에 긴요한 밥을 지어 놓고도 손님이 없어 주인과 종업원이 제 식사를 하고 있는 한심한 처지는 안 될까 걱정된다.

위와 같은 소설 불황의 요인으로는 우선 TV, 비디오 등의 영상매체 보급의 원활화와 상대적으로 접근 용이한 인기콘서트, 대중화된 프로스포츠 등의 영향을 들 수 있다. 더욱이 밤낮을 가리지 않고 친숙하게 접하는 인터넷에 유비쿼터스로 열려 있는 정보의 홍수는 문학 독자들을 빼내가게 되어 있다. 촘촘한 문자로 점철된 문학작품을 눈으로 따갑게 읽어내기보다 클릭 한번으로 인터넷 바다에 뛰어들기 십상이다. 열린 귀로 음악듣기 아니면 눈에 들어오는 화면에 끌려가기 마련이다. 근년 들어서 각종 신문은 물론 대중적인 여성지나 교양지에서마저 연재소설은 물론 단편소설 싣기도 인색한 실상 역시 이런 사정과 무관치 않을 것 같다. 이런 점에서 이제는 우리 소설문학도 새로운 전략을 세워서 독자 앞에 나서야 마땅하다.

또한 이와 같은 소설 인기의 사양성이나 위축의 원인에는 문단 자체적 요인도 고려해서 반성해야 한다. 그것은 우선 작가들 스스로 수용 주체인 독자들에게 다가가는 자세와 소통방법 내지 작품 내용 자체에 문제가 있지 않다. 더욱이 지난 1980년대 말의 문예지 발간 자유화를 계기로 각종 문예지의 난립과 출혈 경쟁으로 인한 작품의 질 저하도 문제이다. 그것은 미쳐 다듬어지지 않은 신인등단의 남발로 인해 질을 떨어뜨리는 폐단 등이 얽혀서 상호 악순환 되는 병폐가 아닐 수 없다.

최근 창간된 ≪미래문화신문≫의 발표에 의하면 현재 한국문인 수효는 작년 말 현재 문협의 등록 소설가 733명을 포함해서 1만 2천 명이 넘는다. 잡지협회가 집계한 유가 문예지만 300개를 상회한다. 거기에 각종 동인지와 기관지를 감안하면 거의 절반을 더하여 작품의 질 저하와 문단의 위상추락은 불 보듯 빤한 노릇이다. 계간 종합 문예지가 대세인데 소설 전문지 4개로써 아동 문학지와 수필지에 비해 소설분야가 각각 5분의 1에 그치고 있음은 참고할 사항이다. 남한의 인구 2배 반 정도인 일본 경우는 전체 문인수가 한국문단인 수효보다 2배 반이나 적은 3천 명에 불과하다는 점도 타산지석으로 삼아야 할 것이다.

인터넷 소설의 효용성

모름지기 세계화시대의 우리 소설 문단에서 중요시할 문제는 다문화와 정보화 생활에 따른 사이버 공간으로 활용할 인터넷의 효용성이다. 인터넷은 이미 현대인에게 일반화된 일상의 하나로서 항시 열려 있는 정보창고이며 독자들과 공유하는 소통의 광장이다. 무엇보다 인터넷을 통한 소설 활동은 신문·잡지나 또는 방송 등의 유력한 매체에서 소외된 작가들이 살아갈 새 출구이기도 하다. 그것은 범세계 네티즌이나 독자들과 실시간으로 대화하여 호흡을 나눌 21세기 문화의 창문이다.

실제로 박범신은 2007년 여름부터 온라인 포털 사이트 ≪네이버≫를 통해서 장편 『촐라체』를 연재한 후 오프라인 단행본으로 펴낸 바 있다. 황석영도 자전적인 성장소설 『개밥바라기별』을 2008년 2월부터 반년 가까이 ≪네이버≫에 발표했었다. 작품 연재 중에는 매회 국내외를 포함한 네티즌 100여 명씩 누적 방문자 180만의 댓글을 통한 의견을 참고하여 근래 단행본으로 펴내서 인기를 모은다.

최근 공지영이 시골 도시의 한 장애인 학교에서 여학생들을 상습적으로 성폭행한 교사들의 실상을 고발한 장편 『도가니』를 인터넷 ≪다음≫에 연재한 후 단행본으로 묶어냈다. 또한 같은 공간의 〈문학 속 세상〉에 나란히 연재한 이기호는 장애인의 사회적 홀대문제를 다룬 『사과는 잘해요』 연재를 마친 바 있다. 그밖에 작년 말부터 박민규와 백영옥도 인터넷 서점 ≪예스 24≫에서 각각 『죽은 왕녀를 위한 파번느』와 『다이어트 여왕』을 연재 중이다. 김훈 역시 지난 5월 초부터 ≪네이버≫에 개설된 〈문학동네 카페〉에다 신작 장편 『公無渡河』를 연재 중인 것이다. 이밖에도 여러 신진작가 소설들이 인터넷 공간에 여럿 발표되어 호응을 얻고 있는 중이다. 이렇게 시간과 돈, 텍스트 소통의 편리함 등에서 작가와 수용자 모두에게 적격인 인터넷 소설을 통한 작품 활동은 현안의 독자층 확보에 직결되어 소설문학 침체의 늪을 벗어나는 지름길이기도 하다.

참신한 『눈먼 시계공』의 실험성

필자는 금년 초부터 ≪동아일보≫에 연재되고 있는 김탁환 작가와 정재승 교수의 합작소설 『눈먼 시계공』에 주목하고 있다. 아마 근래의 수년 동안에 걸쳐 필자가 접해본 소설작품 중에서는 가장 큰 관심을 모으는가 싶다. 인문적인 소설가와 뇌 과학자의 공동 집필로서 학제간의 통섭을 모색한 문학콘텐츠적인 실험성에서 그런 것만이 아니다. 실험적인 이 장면은 적어도 한국소설의 혁신방향을 의식한 여러 문제점들을 내포한 채 패기 있게 보여주고 있어서이다. 그것은 퍽 구체적이고 의욕적인 접근과 제시로서 날마다 새롭게 전개되는 작품방향에 관심을 두기에 충분한 가치가 있다.

"사건번호 35! 30세, 93퍼센트 인간, 여. 유전형질연구원, 뱀독에 의한 급성 중독". 서두부터 인상적인 이 작품은 40년 후의 한국사회를 배경삼은 미래소설이다. 뿐만 아니라 살인사건으로 인한 서두 강조법에 나타나듯 미스테리적인 추리물이며 과학지식 전문지식을 지닌 지적소설이기도 하다. 또한 최첨단 장비를 장착한 로봇을 통한 이종격투기 이야기인 점에서는 SF스릴러 소설인 동시에 스포츠 소설 성격도 보기 드물게 장르소설적인 복합성을 띠고 있는 문제작이다.

2049년, 국가를 해체하고 특별시 단위로 재편된 세계는 다인종, 다문화를 기반으로 로봇과 인간이 공존하고 있다. 서울특별시 보안청 대뇌수사팀장 은석범 검사는 피살자의 단기기억을 영상으로 추출하는 장치인 '스티머스'를 발명한다. 은석범을 팀장으로 남앨리스, 성창수, 지병식 형사로 구성된 대뇌수사팀은 피살자의 마지막 기억에서 사건해결의 단서를 포착하여 흉악범들을 잇달아 체포한다.

한편 사이스트(SAIST)의 엉뚱한 천재 공학자 최볼테르 교수는 이종격투기 로봇 개발에 몰두한다. 그는 로봇 트레이너 서사라, 뇌신경 과학자 노민선 등과 힘을 합쳐 '글라슈트'라는 로봇을 만든다. 2048년 한 해 동안 뛰어난 성적을 올린 글라슈트는 세계 격투기 로봇 대회인 '배틀원 2049'에 초청되기에 이른다.

로봇 전용 방송국 '보노보'개국을 기념해서 열린 평가전에서 글라슈트는 사무라이 케렉터 로봇 무사시에게 참패한다. 패배를 참지 못한 볼테르는 경기장 기물을 파손하고, 이 때문에 앵거 클리닉에게 치료를 받게 된다. '보노보' 개국을 반대하는 자연인 그룹은 테러를 예고하고, '보노보' 방송국과 사이보그 거리의 '부엉이 빌딩'이 동시에 폭발하는 사고가 발생한다. 서사라와 노민선은 부엉이 빌딩에서 극적으로 목숨을 구한다.

이때, 특별시 외곽 오염지대 꽃 언덕에서 중년 사내(꽃뇌)의 사체가 발견된 데 이어, 20년 동안 수천 마리의 애완견을 키워온 여인(도그맘)까지 살해당한다. 연쇄 살인범이 피살자의 뇌에서 두개골을 쪼갠 후 뇌를 꺼내 사라졌기 때문에 단기 기억을 추출하는 것 자체가 불가능하다. 석범은 여인과 함께 살해된 퍼그의 뇌에서 단기기억을 추출하기 위해 뇌신경과학자 노민선에게 자문한다. 그러나 결정적인 단서 확보에는 실패하고 사건은 미궁으로 빠져든다.

드디어 '배틀원 2049'가 상암동 로봇 격투기 전용경기장에서 화려하게 개막하고 글라슈트는 졸전 끝에 32강전을 겨우 통과하는데….

▶▶▷≪동아일보≫, 2009년 3월 23일, 3부까지의 줄거리

이제 인간의 섹스는 사랑을 바탕으로 한 생명탄생이나 정신적 유대를 목적으로 한 육체적 결합이 아니라, 단순 쾌락을 추구하는 행동으로 발전하고 있는 것 같다. 로봇이 없거나 인터넷에 접속하지 않으면 섹스가 불가능한 사람들이 늘어나는 현실이 매우 안타깝다.

이런 관점에서 본다면, 변주민 선수의 죽음은 더욱 불행하다. 그의 끔찍한 죽음도 불행하지만, 그가 아내 대용 로봇 달링 4호를 껴안고 사정까지 한 채로 죽음을 맞았다는 사실 자체가 여간 슬픈 일이 아아직 아무도 38억 원이 넘는 스포츠카에 들어있는 'V32 티에라'를 파워로봇에 장착할 생각을 안 하고 있지요. 글라슈트가 이번 대회에서 우승하면, 부상으로 주어지는 연구비로 'V32 티에라'를 우리 글라슈트에게 선사할 생각입니다. 그럼 우리 SAIST는 '우주 최강 로봇'을 갖게 될 겁니다."

볼테르의 눈이 결연히 떨렸다.

▶▶▷≪동아일보≫, 2009년 6월 1일, 6부 중에서

지금까지 9개월 가까이 연재가 진행 중인 터라 아직 단정적인 예측의 평가는 유보한다. 그럼에도 다음 작품의 실제 텍스트에서 살펴볼 수 있듯 『눈먼 시계공』은 우리 소설사에서 보기 드문 문제성을 지닌 기획 작품임에 틀림없다. 우리는 이 작품 완결편의 성과를 기대하며 지켜 볼 일이다.

그가 살아있는 동안 인간 사회에서 위안을 제대로 얻지 못했다는 이야기니까. 그가 복용했던 '솔리튜드 47'처럼 그는 생전에도 무척 고독했던 모양이다.

로봇이 아무리 매력적인 외모를 가졌다고 해도 사람을 대체할 순 없다. 섹스는 가장 고결한 '정신과 육체의 교감'이라는 점에서, 섹스를 온전히 인간들에게 돌려줄 것을 제안한다. 당신이 죽음을 맞이하는 순간, 로봇이 당신 옆에서 울어줄 가능성은 없으니까.

진근영(동서사회과학연구소 소장·철학박사)

▶▶▷≪동아일보≫, 2009년 3월 27일, 4부 중에서

2040년, 세계가 특별시 체제로 재편된 후부터 각 도시는 자기만의 특징을 개발하기 위해 박대한 노력을 기울였다. 뉴욕은 '은하계와 포옹하는 도시'를 자처했고, 시드니는 '다시, 원시림으로!'를 새로운 표어로 삼았다. 북경은 옛날이나 지금이나 '천하제일도시'로 나갔고, 테헤란은 세상의 모든 이야기를 담아내기 위해 대대적인 '이야기 박물관' 건립에 착수했다. 특별시연합공용어사전에 가장 많이 실리는 신조어가 바로 도시 관련 단어와 숙어들이다.

2049년 서울은 여전히 화려하다. 패션, 건축, 공연, 아찔한 야경과 LED 간판 그리고 홀로그램까지 첨단을 달리지 않는 것이 없다. 아시아 대륙에서 태어나고 성장하고 늙고 죽는 이들은 꼭 한 번 서울특별시 관광을 꿈꾼다.

▶▶▷≪동아일보≫, 2009년 5월 8일, 5부 중에서

인용한 소설의 내용들에서처럼 장편 연재소설 『눈먼 시계공』은 새롭게 시도해 보인 실험소설로서 관심을 모은다. 인문학과 과학을 아우른 접근일뿐더러 40년 이후의 서울을 설정한 미래소설로서 눈길을 끈다. 첨단로봇을 동원한 사이버인간 캐릭터의 과감한 모험과 연속되는 살인사건으로 미스테리적 흥미를 곁들인 장르소설적 요소를 드러내 보인다. 이 작품은 여러 측면에서 앞으로 한국소설이 나아갈 방향을 모색하는 역할을 겸하고 있는 것이다.

『남은 사람들』의 팩션성

끝으로 논의할 작품은 이건숙의 장편소설 『남은 사람들』 경우이다.

최근 한 기독교 문예지에 연재되고 단행본으로 출간 준비 중인 이 작품은 결코 여느 인기 작가들에서는 좀처럼 만날 수 없는 진정성과 의미 있는 문제점 제기가 공감을 자아낸다. 그것은 분단 조국의 현안과 맞물려 있는 북한의 가난과 탈북 및 심각한 인권문제를 리얼하게 다룬 채 생생하게 와 닿아서이다. 이 작품을 위해서 수차 중국의 연변지역 국경을 답사하고, 탈북자들과 면담한 결과일까. 특히 정치 수용소 가족 앞에서의 총살과 정조유린 묘사 등은 근래 수용소 생활을 손수 겪고 탈북한 정성산의 뮤지컬 『요덕스토리』 못지않은 리얼리티를 담보해 주고 있다.

> 강수숙은 남편과 시어머니, 그리고 갓난아기와 세 살 난 아들, 이렇게 네 식구의 양식을 구하러 북쪽으로 올라가 강폭이 제일 좁은 두만강을 건넜다. 남편은 나가는 직장이 있어서 꼼짝할 수 가 없었기 때문이다. 잡히면 죽는다는 걸 각오해야 했다. 순수하게 배가 고파서 먹을 것을 구하러 중국으로 탈북 했다 잡히면 6개월간 노동 단련대에서 노역을 하는 무서운 벌을 받아야 한다. 한국행을 시도한 탈북자는 5년 교화형에 처하는데 살아나오기 힘든 중벌이었다.

윗글은 미국 사는 맏언니가 막내 동생을 찾으러 중국에서 목숨을 걸고 강을 건너온 사람 중에 만난 동명이인의 증언이다. 그리고 아랫글은 작중 인물 가운데 북한서 살다 백성을 굶기는 통치자를 동료와의 대화에서 비난했다는 죄목으로 온가족 네 사람이 끌려가던 정치범 수용소의 인상과 그 공간에 갇힌 채 순결을 유린당하는 실상을 고발하는 대목 일부이다.

> 경비대 정문초소에 이르러 간단한 조사를 받은 뒤에 차단초소를 통과했다. 관리소 본부와 보위원 가족마을을 지나 산속으로 10여리 들어가니 정

치범마을이 나타나고 그 한가운데 자리 잡은 경비대 본부 앞에 차가 멈췄다. 그 옆 운동장에서는 한창 경비대의 격술훈련을 앞에 놓고 경비대원들을 소대장이 교육시키고 있었다.

"22호 수용소는 당을 배반하고 수령님을 배반한 악질적인 종파분자들과 그 자녀들이 있는 신랄한 계급투쟁의 현장이다. 관리소 내의 정치범들은 악질적인 반동분자의 자녀들이기 때문에 동무들의 신변과 안전에 각별히 주의하라."

이건 1970년 대 초에 있었던 함경북도 온성군 창평 12호 관리소 폭동사건을 상기하는 말이다.

"큰아버지가 김정일 동지에게 반대되는 의견을 말했다고 축출을 당했어요. 우리 어머니와 아버지는 아무 죄도 없어요. 큰아버지의 죄가 어째서 우리 집안의 죄가 되는지 모르겠어요."

"이 나라의 정책이 사촌에 육촌까지 전부 말살하자는 정책이라고 하더군. 깡그리 그 집안을 3대까지 죽여 버리겠다는 뜻이지. 그런 정책에서 희생당한 거야."

기숙은 앉아 있는 다리가 저린지 두 발을 뻗고 살살 주무르면서 연신 울어댔다. 바지 앞쪽으로 피가 비치고 있다. 순간 불길한 예감이 스쳤다.

"너 혹시, 너 혹시……."

"네! 당했어요. 담화실에서 부른다고 해서 갔다가 강제로 부화 당했어요."

이 작품은 일본에 유학하고 광복 후에 돌아와 월북한 부친이 기독교인이라는 죄목으로 처형당하자 어릴 적부터 뿔뿔이 흩어졌던 장씨 자매들 중심으로 펼쳐진 4대에 걸친 가족사적 소설이다. 미국 살던 맏이 수희의 노력으로 중국에 사는 수향, 남한서 생활하는 수영, 북한에 남아 지내는 수숙이 헤어졌다가 만나게 되는 디아스포라적 서사이다. 그야말로 한 가족이 세계적 공간과 근대 한국의 수난사 속에서 파란만장한 삶을 영위하다가 고국에 돌아와 모처럼 탈북자 가족들과 함께 민속정취 가득한 추석 명절에 고향의 품에 안겨 강강술래 한마당을 여는 것이다.

『남은 사람들』은 바야흐로 세계의 이목이 집중되고 있는 한반도의 위기 현안을 극한적인 기아와 인권문제로 대두된 탈북현상을 곁들여서 제기한 장편소설로서 가치가 높다. 자칫 정치적인 시사성에 빠질 소재를 기독교적인 휴머니즘으로 희석시켜 문학적인 성취도를 높이고 있다. 당면한 분단조국의 상황을 글로벌 시대 산물인 핸드폰과 항공여행처럼 원활하고 친근한 영상화면을 통한 드라마를 보듯 선연한 현실감으로 다가오는 문제작이다. 따라서 이 장편소설은 북한의 엄혹한 실상(fact)에다 창작 문학적 허구(fiction)를 가미한 팩션(faction)의 한 본보기로서도 주목되는 작품이다.

소설계의 모색 방향

위에서 살펴본 바, 한국소설은 100년의 나이테를 새기면서 대내외적으로 계속된 탄압에 꾸준히 대응하며 변모와 발전을 거듭해 왔다. 그런데 이런 대내외적 압박은 민주화의 큰 매듭이 풀린 1990년 이후 후일담처럼 거의 해소된 양상이다. 그러므로 앞으로는 이전의 사회비리와 정치 부조리의 음모 재발은 경계, 감시하되 새로운 문화의 세기에 걸맞은 소설문학의 전향적인 길을 지향해 나가야 할 같다. 다음 사항은 결국 우리에게 긴요한 화두로 제기되고 있는 환경문제를 비롯해서 다문화, 다인종의 트랜스민족주의 시대에 걸맞은 세계적 한류문화에도 이어지는 과제이다.

첫째, 앞에서 살폈듯 인터넷 소설의 활성화로 문단 침체를 벗어나고 문학의 르네상스를 지향해 나가자는 것이다. 이 경우, 절제 없는 클릭 문화로 문단풍토를 흐트러뜨리거나 작품의 타작으로 질 저하가 일어날 도미노 현상을 경계해야 함은 물론이다.

둘째, 『눈먼 시계공』에서처럼 참신하고 진지한 미래소설을 모색해 나가자는 것이다. 적어도 단순한 장르문학의 스릴이나 SF적 흥미를 뛰어넘은 이 작품은 본격소설에 바탕한 문명 비판적 휴머니즘을 바탕으로 삼은 기대감을 준다.

셋째, 『남은 사람들』의 경우처럼 이제는 북한의 핵심문제에도 균형 있게 접근하자는 것이다. 이때 자칫 시사적 관심사로 그칠 위험성이 따르므로 정치적 사실과 상상적 허구를 조화시킨 팩션의 미학 살리기를 전제해야 한다.

넷째, 실제로는 거의 전 국민의 관심분야일 만큼 너른 수용기반을 지닌 스포츠 취향 인구와 열광적 욕구에 부응한 스포츠소설을 신설해서 개발해 보자는 견해이다. 이런 접근은 예의 스릴러, 미스터리, 환타지 등 기존의 여러 장르 소설 문화를 압도할 소지가 많은 분야인 까닭이다. 여기에는 분명 국제적 감각을 높임과 동시에 샘솟는 국민적 일체감 등으로 생활의 활력을 재충전 할 가능성을 가득 내장하고 있다.

다섯째, 끝으로 제기할 바는 미래의 환경과제를 담지한 복합형의 미스테리 소설을 재정비하는 자세로 시도해 보자는 견해이다. 올해는 마침, 광복을 전후해서 어두운 수십 년 동안 우리에게 유불란 탐정물로 위안해 준 김내성 작가 탄신 백주년이기도 하다. 이제 우리 소설계도 거듭난 추리소설을 부활시키면 그 바탕 위에서 중심을 이룬 본격소설도 더 원활하게 성장해 갈 수 있을 것이다.

(2009년 8월)

원숙한 팩션미학의 세계

일찍이 프랑스의 뷰퐁은 "글은 곧 사람이다"라고 설파했다. 글(문장)에는 글쓴이의 문체적인 개성뿐만 아니라 나름의 인품과 신상도 드러나 있다는 말이다. 이런 명제는 작품을 작가와 격리시켜서 파악하려는 신비평적 폐단을 보완하는 입체적 접근으로서 합리성이 인정되고 남는다. 작가 안영의 이번 창작집 경우에도 이런 점이 확인되고 있어서 새로운 기쁨으로 다가온다. 무엇보다 알뜰살뜰한 그네 작품들을 통해서 우리는 남달리 숱하게 아픈 삶을 겪으며 살아온 그네의 오롯한 모습과 함께 소설 읽기의 재미를 만끽하게 되기 때문이다.

마침 이번에 작가 안영의 창작집 『가슴에 묻은 한 마디』를 통독하고 그네의 작품론을 논의함은 행운이기도 하다. 그것은 오늘까지 이 작가가 펴낸 여섯 권의 창작집을 통틀어 안영에게는 처음인 '작품 해설'을 다룬다는 의미에서만이 아님은 물론이다. 이 창작집에는 그네

인품이 성실한 삶 속에 속속들이 아로새겨져서 아기자기한 언어와 함께 대화하듯 담겨 있어서이다. 거듭 읽을수록 진미를 느끼게 되어 즐겁기도 했다. 그리고 어릴 적부터 부친을 읽은 데다 부군마저 억울하게 보내며 엄청난 심적 외상을 겪어온 갈대로서 살아나온 그네에게 문학은 숙명 같은 구원이요 소설은 카타르시스의 통풍구였음을 알아차리게 되었다.

광양 태생인 작가 안영은 조선대 국문학과를 장학생으로 졸업하고 1965년 황순원 님 추천으로 ≪현대문학≫지를 통해서 등단했다. 서울에서 오랜 교편생활 틈틈이 작품을 발표해 오던 그네는 오히려 퇴직 후, 이순을 넘긴 근년 들어 더욱 왕성하게 원숙한 소설 창작을 보여주고 있어서 주목된다. 그네는 40년 가까운 문단 연륜 속에서 묵묵히 성실한 글쓰기 작업을 계속해 왔으면서도 적잖게 외면당해 왔던 한 중견 여성 작가이다. 따라서 우리는 더욱 새롭게 창작에 정진하는 작가 안영의 아픔이나 성실성 못지않게 이전의 소설 성향과 상이한 그네의 문학적 변모양상도 살펴 볼 수 있다.

삶의 작품화와 신앙적 사랑

근래 발표된 안영의 소설들에는 작가가 살아온 과거의 아픈 체험에서 우러나거나 현실생활에 임한 문제들을 작품화하는 점을 특성으로 들 수 있다. 그네의 작품 소재나 구체적인 제재들은 실제로 주변에서 일어난 사실(fact)들을 주로 하되 여기에 다소의 허구적 요소를 가미해서 쓴 팩션(faction)의 미학이라 할 수 있다. 실제의 일을 글감으로 삼되 단순한 기록물 차원을 벗어날 만큼 정체 있는 문제점을 소설 본연의 짜임새와 허구적 유연성을 다양하게 보완해서 새로운 서사문학을 지향하고 있는 것이다.

따라서 안영의 소설 작품들에는 대개 작가 자신이 주인공 겸 화자로 등장해서 이야기를 이끌어가고 있다. 그만큼 작가의 자전적 체험을 중심삼거나 1인칭 시점을 주로 하여 다루는 내용들이 많다. 직장을 물러난 뒤 노년의 고독감이나 자녀들의 혼인 문제를 친구한테 토로하는 「거들 짝을 찾아서」의 수경, 인척을 통해서 카타르시스 속성을 소설화한 「비밀은 외출하고 싶다」에서의 대변자격인 화자(나), 해외 초청 나들이를 다룬 「마음으로 꽂은 태극기」에서의 언니(나) 등.

위와 같은 성향은 특히 실명소설로 쓴 역작 중편 「가슴에 묻은 한 마디」나 단편 「피어리어드」는 물론이요 신앙적 기행소설 「너의 깊은 마음 안에」에서의 주인공(화자인 저, 꼬마, 나)의 경우 역시 마찬가지이다. 그밖에도 노모에 대한 갈등과 효도문제를 제시한 「나무가 고요하고자 하나」의 혜정이나, 갱년기 여성의 소외감과 수녀원을 통한 봉사의 보람을 다룬 「행복 만들기」에서의 영미 또한 실화에 바탕을 둔 팩션적 작품들이다.

그네의 첫 작품집인 『가을, 그리고 山寺』(1974)나 두 번째 작품집인 『아픈 幻想』(1981) 등에서의 그 동심 깃든 서정성과 상징성 대신 이번 창작집에서는 다분히 도회적인 산문성과 서사 중심의 즉물적 묘사가 승해진 편이다. 이번 창작집 가운데도 표제작인 『가슴에 묻은 한 마디』와 초기의 처녀작 「피어리어드」에는 이전의 상징성과 시적 분위기가 남아 있지만 상대적으로 많이 달라진 현상이 뚜렷하다. 이제는 작가의 연륜과 산문문학의 대표 장르인 소설쓰기에서의 산문화가 당연한 논리임을 감안할 때, 이런 안영의 팩션미학적 방향 전환은 바람직한 일이다.

안영 소설의 주제적인 특성은 휴머니즘에 바탕을 둔 가톨릭적인 박애정신이다. 무엇보다 인간 신뢰와 봉사정신에 상관된 사랑과 연민 및 용서로 파악된다. 그네가 가톨릭에 입문하기는 문단에 등단할 무렵이었고 그런 사상을 작품에 반영하기는 로마 교황이 방한했던 1984

년부터이다. 구체적으로 가톨릭사상은 세 번째 작품집인 『둘만의 이야기』(1988) 이래 네 번째 다섯 번째의 작품집인 『치마폭에 꿈을』(2001), 『겨울 나그네』(2002) 등에 현저하게 드러난다. 하지만 그네는 작품들에서 결코 설교적이거나 전도하는 따위로 문학의 주체성을 훼손하지 않는다.

이 창작집에 실린 여덟 편의 소설 가운데서 종교적인 요소를 띤 작품은 한두 편뿐이다. 기행문 형식을 통한 「너의 깊은 마음 안에」는 보다 심도 깊은 그네의 가톨릭적인 신앙 문제를 드러내고 있다. 교인 일행을 따라 유서 깊은 터키 지방으로 성지 순례를 다니면서 간절하게 느끼고 갈망한 자신의 가톨릭 체험을 밀도 있게 표출했다. 성모 마리아가 살던 에페소를 향해서 바오로 사도의 고향 다르소를 거치고 사도 요한의 저소도 순례하면서 옛 부모님을 회상하는 입체감은 소설미학의 성취도를 높여 준다. 기행의 외적 노정 못지않게 내적인 의식을 조화시킨 팩션소설의 묘미를 구현해 보이고 있는 것이다.

종교적인 소재를 활용하면서도 심도 있는 소설 미학을 구축하고 있어 진한 감동을 함께 한다. 거기에 곁들여서 이 작품에서 독자들은 마음 새롭게 터키가 우리의 형제국이라는 사실과 경이로운 기독교적 성지 관광을 겸한 가톨릭교에 대한 교양 감각도 얻는 일석이조의 기쁨을 누리게 된다.

이 밖에 그네의 가톨릭적 언급은 다음 단편들에서 지엽적으로 다루어져 작품의 맛을 돋우는 양념으로 맛을 낸다. 「행복 만들기」에서는 남편과 아들 삼형제를 뒷바라지 해온 중년 주부(영미)가 오히려 가족들로부터 피곤한 존재라고 소외 받게 되자 집을 나와 사회봉사에 임하게 된다. 외로운 그녀가 스스로 수녀원 등을 통해서 양로원의 무의탁 노인들에게 목욕 봉사를 하면서 삶의 활력을 얻는 모습을 보여줄 뿐이다. 또한 「거들 짝을 찾아서」에서도 가톨릭에 상관된 이야기는 친구와의 대화 부분에서 자연스럽게 언급되고 있는 정도이다. 이 경우의 진솔한 신앙문제는 유쾌한 대화에 필요한 일상의 일부인 것이다.

"우리 몸은 주님의 성전이라잖니. 그렇다면 내 몸 근사하게 가꾸면서 스스로 대접도 해 줘야지. 그래서 난 비싼 옷도 사 입고 미장원도 자주 다니며 머리에 신경을 써."

"주님의 성전? 맞아. 우리 안에 주님이 계시지. 근데 주님은 호사스러운 것 좋아하실까?"

섬세하고 다채로운 문장

언어 예술인 문학에서 문장 표현은 작품 성패의 제일 요건이다. 그래서 여성특유의 섬세함과 다양한 문장을 구사하는 안영의 소설은 쾌적한 호흡으로써 잘 읽히는 특성을 지니고 있다. 그것은 타고난 그네의 성실성과 재능으로 알뜰살뜰하게 수놓는 조어능력의 성과인 것이다. 그네는 안정된 문장구사로써 발랄하고 신선한 맛을 지닌 글쓰기를 해 왔다.

다음과 같은 작품의 서두에서 보듯 안영은 작중인물의 감정을 그네 의식의 흐름처럼 문장에 용해시켜서 써내려간다.

> 어머니가 오신단다. 혜정은 걱정부터 앞선다. 이번에는 또 내가 얼마나 죄를 지으려나. 벌써 다녀가신 지가 반년이 되었단 말인가.
>
> ▶▶▷「나무가 고요하고자 하나」의 서두

> 후유, 사는 게 뭘까? 이건 아닌데, 정말 이건 아닌데.
>
> 영미는 흔들의자에 털썩 주저앉았다. 청바지야 면양말이야 힘껏 문질러 댔더니 어깨가 뻐근하다.
>
> ▶▶▷「행복 만들기」의 서두

그리고 결말부에서는 서두에서 이어져온 사건과 분위기를 인상적으로 마무리하여 대칭적인 효과를 거둔다. 「나무가 고요하고자 하나」의 경우는 표제와 직결된 시구를 풀어서 마무리하는 전범을 보인다. 또 기행소설 형식으로 쓴 「너의 깊은 마음 안에」에서는 꿈에 성모를 만나고 깨어난 잠자리에서의 장면으로 마무리하여 돋보인다. 의식의 여울을 따라 토로하는 문장이 생동감 있게 와 닿는다.

나는 깨달았다. 어젯밤 로사리오 기도를 드리다가 스르르 잠이 들었음을. 빙긋 웃으며 묵주를 집어 드니 어머님의 체온이 느껴진다. 어서 새벽 바다를 보러 가야지. 물안개 자욱한 에게 해에서 기쁘게 마지막 인사를 하리라. 에페소여 안녕. 쎌쭉이여 안녕.

그런가 하면, 같은 작품 후반부쯤에서 돌아가신 어머니를 회상하는 대목에서는 고전적인 4.4조 문장을 구사하여 다채로움을 더한다.

수렛골 선비네 종부로 들어가, 시부모님 모시고 봉제사 접빈객, 시어머님 해산수발 내리 셋씩이나……

뿐만 아니라 그네 소설에서 빈번하게 인용되는 대화들에는 한껏 경쾌한 호흡과 진솔한 자기 표출에서 묻어난 유머 감각 등이 신선한 소설 읽기의 멋과 재미를 자아내고 있다.

"흥, 꿈? 그 허망한 꿈? 너도 외로운 건 마찬가지겠지. 아직 혼자 사는 연습이 덜된 네가 더 외로울 수도 있어. 너도 좋은 사람 있으면 만나서 차라도 한 잔 마시고 그래라."

"난 애인 많아. 예수님도 애인이고 책도 애인이고, 음악도 애인이지. 하하."

이런 문장력 못지않게 안영 작가가 지닌 남다른 특장점으로는 자전적 서사문학의 비장한 무게를 지닌 서신이나 일기, 또는 시 인용 등을 통한 다채로운 소설전략이다. 일종의 글쓰기 기법에 활용되는 이들 서한과 일기장 및 시편 인용은 글을 다채롭게 하고 보다 입체화시키는 무기로 칠 만큼 그네 소설 문학의 주요항목이 되고 있다.

그네는 습작시절에 쓴 「피어리어드」에서 빈번한 엽서를 주로 하여 낭만적인 분위기를 고취시키고 또한 시를 인용하여 인상적이다. 꼬마와 파파를 이어주는 그 아기자기한 서신 주고받기는 훗날의 중편 「가슴에 묻은 한 마디』에까지 연결되어 안영 소설 미학의 주요코드로 작용하고 있다. 그 서신에는 당사자들의 꿈과 사랑, 그리고 체취 짙은 삶이 점철되어 있는 것이다.

> "파파.
>
> 끝까지 베일을 벗을 수 없는 게 슬프군요. 지난 편지의 투나잇 세븐? 그 이브엔 스토브 가에서 알싸한 커피 향기에 취해 있었지요. 나 오늘은 용기를 낼 테야. (……) 귀한 향미를 후북히 즐기세요. 꼬마가."

> "꼬마.
>
> 왜 성급하게 '피어리어드'라고 하오.
>
> 나에게는 '컴마'로밖에 생각되지 않는데. 파파 "

더욱이 자전적인 『가슴에 묻은 한 마디』에는 손때 묻은 일기를 비롯하여 여러 장의 원본 편지 및 시 등이 인용되어 한껏 작품의 성취도를 높이고 있다. 시골 군청 근무 기간과 방문객의 여정이나 이름 그대로 동원한 작품 안에다 작가 집안의 가계까지 포함한 그 공간에 이들 편지나 일기를 생생한 기록물로 배치하여 팩션 미학의 전범을 보인다. 자전적 실명소설인 이 중편은 여러 모로 중후한 문제작으로 평가된다.

이밖에 이 창작집에 실린 작품들 가운데 서신이나 시 등을 활용한 소설은 더 남아 있다. 앞에서 얼핏 언급한 「나무가 고요하고자 하나」에 나오는 한시외전(漢詩外傳)의 한문 시구도 이에 포함됨은 물론이다. 그리고 「거들 짝을 찾아서」에서 인생살이 중 매사에 감사하며 살자는 내용의 '왼손 있어'라는 시편 인용 또한 이에 해당될 것이다.

사실 글 읽기의 재미를 중시해야 하는 문학예술에서 이들의 활용은 여러 독자들에게 향내 짙은 꽃송이처럼 신선감과 유연성을 선해 준다. 우리는 이런 점에서 풍부한 서간과 일기장 등을 잘 활용하는 안영 작가의 역량을 높이 산다.

여기에 곁들여 둘 바로서는 근래 안영 작가가 자주 쓰고 있는 여행기적인 기행소설의 성과란 점이다. 이전의 역작 「겨울 나그네」 역시 해외 나들이 체험을 기행소설로 새로이 선택한 소설 전략이다. 이번의 「너의 깊은 마음 안에」와 「마음으로 꽂은 태극기」 등도 소설 공간을 해외로 넓혀서 성공하고 있는 것이다.

꿈과 부모의 두 영상

끝으로, 주목되는 안영 문학의 나머지 특성은 소설 속에 빼어난 기법으로 활용된 꿈의 효용성과, 선명하게 드러난 부모의 대비적 중복성이다. 소설에서의 꿈은 사건의 예시적 복선이나 분위기 조성 등에 효율성을 드러내는 미학적 장치이다. 이에 대해서는 작가 자신이 이미 「황순원 소설에 나타난 꿈 연구」(1982)라는 학위논문으로 쓴 바 있다. 그만큼 몽환적인 꿈은 이 작가의 일상적인 취재에서 오는 소설의 공간을 입체화시키고 심화시키는 역할을 해내는 실체이다. 그런데, 이번 소설집에서 두드러진 문제작인 중편 「가슴에 묻은 한 마디」와 「너의 깊은 마음 안에」는 둘 다 꿈과 부모의 영상을 다룬 실명소설이다.

전자는 부제에서처럼 안영 작가가 황순원 스승의 영전에 바치는 간절한 사은기록이다. 이에 비해 후자는 기독교 성지를 순례한 기행문적 참회록 같은 종교소설이다. 얼핏 보아 상이한 작품임에도 전자에서는 두 아버지의 모습을, 후자에서는 또 다른 두 어머니의 영상을 만나는 경이로움을 발견한다.

「가슴에 묻은 한 마디」에서는 작가 지망생인 그네가 스승과 문학적인 인연을 맺고 서로 속속들이 신뢰하는 이야기들이 가슴 뭉클한 감동을 준다. 더구나 어릴 적에 아버지를 여윈 그네가, 자신의 시골집에 들러 하룻밤을 묵고 이튿날 아침 산책길에서 돌아와 사랑채로 들어서시던 스승의 뒷모습을 보고 간절하게 부르고 싶었던 한 마디. 그러나 차마 내색을 못하고 끝내 숨겨 왔던 그네 심정이 안타깝기 그지없다. 하지만 그네의 남편 기일에 홀연히 이승을 떠난 스승을, 어느 밤 꿈에서 만나 마침내 '아버지'라 부르게 되는 장면은 섬뜩한 경이감을 자아낸다. 이 사실은 그대로 작품 말미에 인용하여 팩션적 효과를 배가시키고 있다.

밤에 스승님에 대한 사연을 쓰다가 깜빡 잠이 든 사이 심상찮은 꿈을 꾼 것이다.

> 선생님과 저, 그리고 남편 스테파노, 그리고 몇 사람이 더 있었어요. 깔끔한 미니버스를 타고 어디론가 달리고 있었어요. 도시를 벗어난 산언덕 같았어요. 나무숲이 무척 푸르렀어요.

이런 작품의 정황은 결국 6.25전쟁 북새통에 일찍 사별한 혈육의 아버지와 2000년 가을에 작고한 문학의 아버지, 두 분의 대칭구조로 드러난다. 그럼에도 두 분은 서로 이해하고 아끼며 상생하는 화해 관계를 유지하고 있다. 이런 상생의 주제설정과 올바를 처신은 작가의 인품과 종교적 사상에 바탕하고 있다고 파악된다.

한편 「너의 깊은 마음 안에」는 청년기에 입교한 가톨릭 신자가 모처럼 터키로 성지순례를 가서 성모를 만나는 내용이 공감을 준다. 그 신자는 여행 중 버스에서 틈틈이 전쟁 중에 혼자되어 고생하다가 54세에 작고한 어머니와 성모 마리아를 그리면서 간절하게 만나고 싶은 소망을 드러낸다. 그런데도 정작 에페소 성모의 집에 이르러서는 성모와 눈길 한번 마주치지 못하게 되자 새침해지는데, 그네의 꿈속으로 성모가 나타나는 대목은 인상적이다.

> 내가 왜 네 마음을 모르겠니. 하지만 나는 만인의 어머니가 아니냐…… 난 다 알고 있단다. 난 늘 너와 함께 있었잖니.

여기서는 위 작품에서와는 대조적으로 일찍 작고한 육신의 어머니와 종교적인 어머니인 성모 마리아가 대칭을 이루고 있다. 그런데도 두 어머니는 서로 사랑하고 화평한 상생의 관계로서 그네의 사상적인 주제와 일치하고 있다. 두 어머니는 앞의 두 아버지들과도 두루 화목한 처지임은 물론이다.

위에서 작품 창작에 정진하고 있는 중견 작가 안영의 창작집을 통해서 그네의 인품과 작품세계를 살펴보았다. 우리는 오롯한 매무새와 특유의 향취로 원숙한 경지의 문학을 수놓고 있는 작가와 대화하며 뜻 깊은 가을을 가꾸었으면 한다. 아울러 도시 공간에서 짙은 내음으로 요염한 자태를 뽐내는 장미 못지않게 시골 언덕에 피어 있는 들국화나 난초가 지닌 은은한 아름다움도 음미해 주었으면 한다.

(2004년 8월)

강준희, 강고리끼, 새 서해(曙海)와의 만남

그러니까 내가 작가 강준희를 처음 대한 것은 1980년대 초였다. 소설 월평을 하던 중 문예지에 발표된 그의 중편 「신굿」을 읽고 두드러진 문제작으로 다루었던 것이다. 생면부지의 시골작가지만 누구보다 성실하게 알찬 작품을 빚어냈다고 보았기 때문이다. 그때 신진이던 그의 중편은 가히 김동리의 『을화』에 버금갈 만큼 무게를 지니고 있다고 보았다. 그 후로 가끔씩 그의 작품을 접하고 몇 번은 전화로 문학담을 나누거나 한두 번 쯤 문단모임에서 악수한 정도였다.

그러던 중 지난가을, 문학전집을 내주겠다는 출판사가 생겼다면서 나한테 책에 첨부할 해설을 부탁하기에 그 방대한 작품들을 통독하기 벅차고 바쁜 탓에 나는 정중하게 사양했다. 그 대신 출판기념회에서는 간단하게 강준희 작품세계에 대한 이야기를 하기로 응낙했었다. 하지만 그 평설에 참고할 자료를 찾지 못하여 애먹었다. 이미 문단활동 35년을 넘은 중견작가인데도 두툼한 여러 문예사전에서마저 강준희 항목은 빠져 있어 한심했다. 그렇게 오래도록 시골을 지키며 꾸준히 알찬 작품을 빚어내는 전업 작가를 이렇게 소외시키다니. 예의 자기 PR이나 정실, 학연에 치우친 문단 풍토와 안이한 출판사의 자료수집 태도에 적지 않은 혐오와 불만감이 끓어올랐다.

나는 주말에 혼자서 승용차를 몰고 모처럼 충북 충주로 내려갔다. 연수동 앞길에 마중 나온 작가를 따라 세원아파트 103동 1010호, 집필실 겸 유일한 그의 보금자리를 찾았다. 20평 남짓한 곳곳에는 빼곡하게 서적들이 쌓여 있고 홀아비 방답지 않은 묵향으로 가득하였다. 어초재(漁樵齋)라는 당호와 사방에 족자로 걸린 오영수, 이가원, 박두진, 구봉산인, 청파의 휘호들도 선비의 품격을 높이고 있었다. 서재 옆으로는 키를 넘는 원고 뭉치들도 줄줄이 쌓여 있어 작가가 손수 다려서 내온 작설차 맛을 돋우었다.

나는 내심으로 놀라지 않을 수 없었다. 이 공간에서 작가 혼자 숙식을 하며 몇 십 년 동안 글만 써서 먹고 산다지 않는가. 요즈음은 월 강연료와 원고료수입 40만 원 정도로 식비, 광열비, 주민세, 경조비까지 챙기며 지낸다니. 하룻밤 새우며 질탕히 술 마시고 문학담을 나누려던 내 생각은 얼마나 철부지 생각인가. 함께 탄금대 공원을 산책한 나는 저녁을 들기 바쁘게 곧장 밤길로 상경하고 말았지만.

2008년 11월 28일 오후 5시, 충주 그랜드 관광호텔 연회장에서 열린 소설가 강준희 전집 출판기념회. 충주문화원 주최로 행해진 이 모임은 서울서는 좀처럼 볼 수 없을 만큼 시종 진지하고 인상적이었다. 만찬 테이블에 앉은 삼백 명 가까운 하객들 모습이 진지했고 단상에서 덕담하는 분들 또한 진정성을 지니고 있었다. 자진해서 일을 돕는 주최 측이나 행사장에 출장 온 출판사 직원들도 정성껏 돕고 있어 보기 좋았다.

따라서 문학도인 나는 여기서 소략하게나마 작가 강준희의 삶과 작품세계에 관한 평설을 써본다. 흔히 작가론은 신비평에서처럼 구체적인 작품 위주로 접근해야 한다지만 생뜨 뵈브처럼 전기적인 요소를 참고로 한 작품론 또한 바람직한 일이다. 물론 글은 곧 사람이라는 견해도 참고해서이다. 앞에서 꺼낸 나와 작가의 만남이야기 또한 그의 문학세계와 밀접한 상관성이 있기 까닭이다. 먼저 작가 강준희의 전기적인 삶을 들고 나서 그의 문학적 성향을 살피기로 한다.

남다른 삶의 역정과 개성

일찍이 강준희는 충북 단양에서 부잣집의 귀한 외아들로 태어나 유년시절을 선망과 동경 속에서 유복하게 보냈다. 그랬지만 갑작스런 가세의 몰락과 부친의 별세로 숱한 시련을 겪었다. 가당찮게 초등학교만 간신히 졸업, 편모슬하에서 애면글면 주경야독을 했다. 그러다 고향을 떠나 객지를 떠돌면서 모진 시련 다 겪어가며 풍진 세상과 맞섰다. 농사, 나무장수, 막노동, 엿장수, 경비원, 연탄배달부, 인분수거부, 스케이트 날갈이, 풀빵장수, 포장마차, 자조 근로 작업, 필경사, 월부 책장수 등.

그는 이런 상황 속에서도 굴하거나 절하지 않고 문학수업에 정진하여 형설의 금자탑을 쌓았다. 이십 수년의 습작 기간 동안 치열한 글쓰기로 자기 구원의 길을 찾아 매진한 보람이다. 1950년대 말엽에 처음 ≪농토≫라는 기관지에 습작소설 「인정」이 활자화된 이후 글 실력을 인정받은 셈이지만. 천신만고 피나는 노력 끝에 수백 대 일의 경쟁을 뚫고 신문에 글이 당선되었다. 체험기인 논픽션 「나는 엿장수외다」가 ≪신동아≫에 당선(1966)되고 다시 자전적 팩션소설인 「하, 오랜 이 아픔을」이 ≪서울신문≫에 당선(1974)되었다. 이어서 오영수 선생 추천으로 최고 권위의 ≪현대문학≫지에 단편 「하느님전상서」(1975)가 발표되어 어엿하게 작가로 데뷔하여 30여 년 작가로 활동하고 있다.

이런 고난과 역경을 이기고 최종 학력 국졸로 작가가 돼서인지 그는 자신에 걸맞은 별칭도 갖고 있다. 아는 사람은 강준희를 '최대의 고통'이라는 뜻의 러시아 작가 막심 고리끼와, 한국 빈궁문학의 대명사로 일컬어지는 서해(曙海) 최학송으로 지칭된다. "작가 강준희는 한국판 막심 고리끼요 현대판 최학송이다." 하지만 기실 강준희는 막심 고리끼나 최학송 못지않은 고생과 배고픔을 겪었으면서도 그들보다 작품을 많이 쓰고 총 26권의 저서를 한데 묶어 문학전집 전 10권을 내놓았다. 그래서 우리는 그의 성을 따서 합성한 '강 고리끼'와 1920~30년대에 활동하다 간 최학송보다는 새롭고 젊은 '새 서해'라고 인식해도 좋을 것이다. 강준희는 상상을 뛰어넘는 역경 속에서 소설보다 더 소설 같은 삶을 산 입지전적 인물이어서이다.

그는 소설 창작 밖의 문화 활동에도 나선 바 있다. 박람강기한 실력이 회자돼 고입과 대입학원에서 현대문, 고문, 한문을 강의했고 여러 대학에서 문학특강을 하기도 했다. 그리고 각 사회단체의 특강은 지금도 계속하고 있다. 그런가 하면 그는 또 십수 년 동안 몇 개 신문에 논설위원으로 위촉돼 추상같은 비판과 정론으로 통쾌한 필봉을 휘둘러 분통터지고 억장 무너지는 민초들로부터 열화와 같은 박수갈채를 받았다.

강준희는 신언서판이 출중한 헌거로운 쾌남아로 꾀가 없고 약지도 못해 산골소년 같은 사람이다. 성질이 불같은 그는 인내심 많고 약속은 칼처럼 지키는 사람이다. 순진한 그는 그렇게 배 주리고 고생했으면서도 어찌 된 영문인지 돈에 대한 애착도, 돈을 벌 재주도 없는 사람으로 알려져 있다. 그러고 보면 그는 안 굶어죽은 게 참 용해 천생 선비로 어렵게 살아야 할 사람이다. 또한 올곧기가 대쪽 같아 지난날 어느 실력자가 그의 학력 없음을 안타까이 여겨 대학 졸업장을 공짜로 얻어주겠다 하자 일언지하에 거절하고 분연히 의절했다고 한다.

뿐만 아니라 그는 언젠가 자신이 떳떳하지 못하다하여 문학상까지 거절했다고 전한다. 또 어휘 실력도 대단해 강준희는 고향에서 걸어 다니는 국어사전이란 소리를 듣는 정도이다. 그는 토박이말은 물론 한자어와 고사, 사자성어까지 많이 알아 해박한 실력을 두루 갖춘 사람이다. 나도 그 자신으로부터 지금까지 국어사전 여남은 권을 헐어서 버릴 정도로 골똘하게 익혔다는 말을 들은 바 있다. 근년에 펴낸 장편 『누가 하늘이 있다하는가』(2006, 2008)에는 모두 260개의 신선하고 낯선 어휘를 후주로 설명해 놓고 있음을 본다. 서두와 끝부분의 경우만 보더라도 흥미롭다. 째마리, 요동시, 열쭝이, 부등깃, 자닝스러워, 백두한사, 중다버지, 가죽 절구질, 설원지추, 염알이 등. 이런 토박이 말이나 고사를 즐겨 자주 쓰는 데는 나름대로 요즘 들어 우리 주위에서 자꾸 사라져가는 모국어를 되살리려는 깊은 뜻과 충정이 어려 있다. 말하자면 외국어나 외래어에 혹한 나머지 만신창이로 왜곡되고 잊어져가는 본연의 언어를 지키려는 작가 이문구 못지않은 문화운동의 하나라 볼 수 있다.

강준희 소설의 변모와 표정

그의 창작소설은 대체로 세 가지 갈래로 구분해 볼 수 있을 것 같다. 문학 작품을 시대별로나 성향별로 일괄해서 재단하는 일은 모순된 접근이라 할지라도 그 경향을 가늠하는 데는 참고 되고 남는다. 더욱이 콩트나 단편은 단행본으로 묶을 경우, 그 집필연도를 헤아리기가 쉽지 않음도 감안해 둘 사항이다. 워낙 많은 작품들을 주요 창작품 중심으로 대강이나마 질서 있게 파악하기 위한 방편임을 전제해 둔다.

첫째는, 초기 내지 중기에 개인의 자전적인 체험류의 소설이 많았다는 점이다. 이미 ≪동아일보≫나 ≪서울신문≫에 당선된 논픽션과 팩

선적(사실에 허구를 가미한 형태) 작품들도 절실한 체험을 바탕으로 했음을 미루어 알 수 있다. 초보적인 단계의 작가에게 자전적인 체험이야기를 활용하는 일은 자연스런 것이기도 하다. 데뷔작인 단편 「하느님전 상서」, 「미구꾼」, 장편 『개개비들의 사계』, 『아, 어머니』 등이 여기에 속한다.

특히 장편 『아, 어머니』(1986)는 작가가 어릴 적이던 일제 강점기에 왜병과 다투고 맹모삼천지교에 버금갈 만큼 아들에 엄한 교육을 시킨 그 자신의 어머니 모습이 리얼하게 담겨 있다. 당시 토호로서 한량생활을 하던 부친의 독립군 자금도 이야기되지만. 그 자모 때문에 외아들은 그 시련 속에서도 탈선하지 않고 자신을 잘 추슬러왔음을 짐작할 수 있다.

둘째는, 중기의 사회에 대한 보다 객관적이고 비판적 관심과 사회적인 고발을 다룬 것들이다. 중편 「베로니카의 수건」, 장편 『쌍놈열전』, 『그리운 보릿고개』 등이 여기에 해당된다. 꽁트집 『염라대왕 사표 쓰다』도 이에 포함된다. 사회비평집 『강준희 선비론, 지식인들이여 잠을 깨라』도 이에 뒷받침된다.

전두환 정부 시절에 판금되기도 했던 『쌍놈열전』(1986)은 고발문학의 백미이다. 주인공인 하느님이 속속들이 사회 비리자나 무뢰한들을 꾸짖고 징벌하는 것이다. 종교쌍놈, 재벌쌍놈, 교육쌍놈, 정치쌍놈을 골고루 다루는 품이 흥미롭다. 또한 『그리운 보릿고개』(1993)는 일제 강점기에서 해방에 이르는 기간의 소작농 전락과 초근목피로 죽어가는 피폐상을 항일시각으로 보다 객관적으로 재현하고 있다.

셋째는, 비교적 후기의 성향으로서 한결 인생과 사회에 대한 관조적 시선으로 다룬 것 들이다. 단편 「길」, 「아, 이제는 어쩔꼬?」, 「한고조」, 장편 『이카로스의 날개는 녹지 않았다』, 『흙의 신화: 흙의 아들을 위하여』, 『누가 하늘이 있다하는가』가 이 부류에 든다. 그 가운데 단편 「寒苦鳥」(2007)는 새롭게 인도의 설화를 빌어서 상상적인 새를 통한 인간의 타성을 성찰해 보인 지적 사고의 산물인 것이다.

앞으로 작가는 초기나 중기의 성향보다는 더욱 더 문학본연의 인간적인 훈훈한 감동을 주는 창작을 지향해 나갈 것으로 보인다. 중편 「베르니카의 수건」(1989) 중의 첫 중편 「가슴 있는 사람들」에서처럼 가슴 따뜻한 글을 써보겠다는 포부를 강준희 작가는 밝히고 있다.

독특한 작가와의 진지한 대화

이렇게 우리 문단에서는 독특한 성장과정과 개성 짙은 작가 강 준희가 피로써 쓴 26권의 작품집을 한데 묶어 전집을 내놓았다. 작품이 방대해 일일이 소개 못함이 유감이지만 그는 누구보다 풍부한 체험을 바탕으로 글을 쓰기 때문에 편 편마다 리얼리티로 넘쳐난다. 그는 가장 한국적인 글을 많이 썼고 사라져가는 우리 것을 살리는데 크게 이바지하고 있다. 게다가 풍자, 해학, 기지, 역설까지 넘쳐 한번 책을 펼치면 끝까지 읽지 않고는 못 배긴다. 그의 글에 일관되게 흐르는 것은 지조, 기개, 청렴 같은 선비정신이 큰 맥으로 관류하고 있다. 그런가 하면 목가적인 면과 동화 같은 글도 많아 친근하게 다가든다. 단편 「달밤 이야기」, 「별을 찾아서」 등이 그것이다.

독자나 문학도 여러분께서도 기회 있는 대로 그의 작품 마당에 찾아와 유익한 대화를 나눌 수 있다. 그러다 보면 작가이기 이전에 너무나 어려웠던 청소년 시절에 숱하게 겪은 시련 속에서도 결코 꿈을 잃지 않고 이겨 내온 진솔한 이야기를 함께 할 수 있으리라 생각한다. 아울러 그야말로 한국의 고리끼로서 이전의 최학송을 뛰어넘을 만큼 특출한 현역작가로서 의연하게 군림하고 있음을 확인하게 된다.

(2010년 9월)

글로컬시대 한류문학의 한 모델

: 신경숙의 『엄마를 부탁해』 평설

2011년 봄 들어 신경숙의 장편소설 『엄마를 부탁해』가 나라 안팎에 연일 문화계의 신선한 화젯거리로 떠올랐다. ≪창작과비평≫(2007년 겨울호~2008년 여름호)에 연재된 후에 2008년 11월에 단행본으로 출간하여 국내에서 이미 200만 부 이상의 판매기록을 세운 실적에서만은 아닌 것 같다. 무엇보다 한국에서 출간된 다음, 해외로 번역되어 세계적으로 각광을 받는 상황에서 신경숙 신드롬으로 돋보이는 현상이다. 이런 현상은 수년 전부터 아시아권에서 시작된 〈겨울연가〉·〈대장금〉 등의 영화를 비롯해서 최근 유럽까지 강타하고 있는 젊은 아이돌 인기 그룹에 의한 K팝의 성과들 못지않게 세계를 향한 새로운 한류문화의 모델로서 빛나고 있는 것이다.

신경숙 작가와 엄마 신드롬

미국의 크노프(Knopf)사 판인 『Please Look After Mom』(2011)은 시판 전부터 큰 호응을 나타냈다. 4월 초부터 뉴욕 타임스 북 리뷰에서는 "모성의 신비 그 자체에 대한 헌사"라고 격찬한다. 그런가 하면, 미국의 공영라디오 프로그램에서 머렌 코리건 교수는 이 소설을 "김치냄새 나는 클리넥스 소설"이라는 상이한 평가로서 많은 호응을 불러일으킨다. 문학작품에는 으레 따뜻한 호평과 찬물 악평이 따르게 마련인데 마치 온류와 한류가 마주치는 풍어의 어장이 이루어지는 문학시장에서 신경숙 작품은 순항하고 있다.

『엄마를 부탁해』는 미국 현지에서 초판 10만 부 출판 직후 아마존이 선정한 '이달의 책'에 선정되고 그 소설 분야 10위 안에 든 것부터가 사건이라는 평이다. 출판사측에서도 동양작가에는 전례 없이 미국 7개 도시 북 투어 행사까지 벌였다는 것이다. 이런 인기 순위 외로 신경숙 작가의 수익 면에서도 놀라운 기록을 본다. 최근 몇 달 사이에 이 장편소설로 이미 3억 5천여 만 원 상당의 선인세를 받고 10개국에 수출된 것을 포함해서 더욱 확산되고 있다. 8월 말 현재로 영국, 프랑스는 물론 최근 추가된 세르비아 그리스 러시아 핀란드 등, 전 세계 27개 나라와 일본에 판권이 팔려 세계시장 출간이 줄을 잇고 있는 것이다.

신경숙 작가의 이메일이나 6월 들어 발표된 언론의 보도에 의하면 그의 소설 파장은 유럽에까지 계속되고 있다. 미국 지역에 이어서 5월 중순부터 한 달 예정으로 유럽 지역 북 투어에 임하고 있는 성과 역시 고무적이다. 주요 도시에서 행해지는 인터뷰나 강연, 사인회, 낭송회, 방송출연으로 분주하다는 것이다. 스페인에서는 4월에 출간된 『엄마를 부탁해』를 이미 3쇄까지 찍었다. 5월초에 초간본이 발매된 이탈리아에서 신씨 책이 셋째 주 신간서적 판매 기록 1위라는 것이다. 스페인 포르트갈 이탈리아 영국 노르웨이에 이어 앞으로 남은 네덜란드 프랑스 폴란드 등에서 더 많은 호응이 계속될 것으로 보인다. 더욱이 이번 북 투어 기간에는 신경숙 작가가 미국의 크노프사 밖에 영국, 스페인 출판사도 『엄마를 부탁해』와 함께 새로 신경숙의 장편 『어디선가 나를 찾는 전화벨이 울리고』의 번역출판 계약을 마쳤다는 것이다.

이런 북미와 유럽 본거지에서의 고무적인 신경숙 효과는 한국문학의 세계적인 진출로서는 획기적인 이정표를 그은 사건이 아닐 수 없다. 한때 미국문단에서 호응을 얻었던 김은국의 『순교자』(1964), 『잃어버린 이름』(1970)은 물론이고 근래 들어 이민 1.5세대인 이창래의 『원어민』(1995), 『제스처 인생』(1999) 등에 비해서도 그렇다. 이들 작품들은 먼저 미국에서 영어로 발표되어 성과를 얻은 후에 모국인 한국에서 한글로 번역되어 읽힌 케이스이다. 그에 비해서 『엄마를 부탁해』는 작가의 본국인 한국에서 독자의 호응을 얻은 다음에 외국 여러 나라에 현지 외국어로 번역되어 읽히는 경우인 것이다.

언급해 둘 바는 우선 작가 신경숙(48)의 실적에 버금가는 이민 1.5세대 번역가인 김지영(30)의 번역에 들인 공로를 외면할 수 없다. 퓰리처상 수상작가(제럴딘 부룩스)의 "정제(spare)되고 절묘한(exquisite) 문장으로 가족과 인간존재의 본질을 꿰뚫는다."라는 찬사에서도 원활한 번역의 내공(內功)이 뒷받침되어 있다. 흔히 번역은 반역인 동시에 원작 못지않은 창작이라고 하는데 변호사이기도 한 김지영의 노고와 능력이 짐작되고 남는다.

글로컬시대 한류소설의 모델

우리는 먼저 신경숙의 작가 프로필과 주요 작품 연보에서 구체적인 작품론 접근의 열쇠를 발견하게 된다. 사실 대상작인 『엄마를 부탁해』

는 거의가 신경숙(申京淑) 작가의 자전적인 바탕 속에서 빚어진 성과물이기 때문이다. 알려진 대로 신경숙은 1963년 1월에 전북 정읍의 농촌에서 여러 남매 가운데 장녀로 태어났다. 고향에서 초등학교와 중학교를 마친 그는 가정 형편으로 진학을 접고 1979년에 상경하여 직업훈련원을 거쳐서 구로공단의 전기회사에 취직한다. 이런 성장과정은 그가 사실과 픽션의 중간격으로 썼다는 팩션적 장편 『외딴방』 내용에도 드러나 있다. 4년 동안 쪽방처럼 37개가 모여 있던 구로동의 외딴방에서 두 오빠와 외사촌 언니랑 함께 기숙하며 주경야독하는 삶을 영위했던 것이다. 덕분에 어려운 시절의 삶 모습을 다룬 이 작품(외딴방)은 2008년에 한국번역원에서 번역해서 프랑스에 소개되고 그 이듬해 프랑스에서 이른바 '주목받지 못한 작품상'의 수상작이 된 바 있다.

고된 낮의 회사 일에 이어서 야간에는 영등포여고에 개설된 산업체 특별학급에서 공부하는 과정에 만난 최홍이 선생과의 인연은 각별하다. 이 문제는 장편 『외딴방』의 맨 앞에 내세운 글귀와도 연결된다. "저마다의 일생에는, 특히 그 일생이 동터오는 여명기에는 모든 것을 결정짓는 한 순간이 있다."(장 그리니에) 열일곱 살 신경숙이, 함께 쓰던 학교 사물함에서 없어진 주간학생의 체육복을 손댔다는 의심을 받자 학교가 싫어 일주일을 결석하자 담임선생이 외딴방에 찾아왔던 것이다. 그리고 격려하며 학생의 그동안 사정을 반성문으로 제출하게 한다. 이런 내용은 『외딴방』의 중반부에서도 드러나고 있다.

> 반성문을 다 읽은 선생님이 말한다.
> "너 소설을 써보는 게 어떻겠냐?"
> 내게 떨어진 소설이라는 말. 그때 처음 들었다. 소설을 써보라는 말.
>
> 그는 다시 말한다.
> "주산 놓기 싫으면 안 놓아도 좋다. 학교에만 나와. 내가 다른 선생들에

게 다 말해놓겠어. 뭘 하든 니가 하고 싶은 걸 하거라. 대신 학교는 빠지지 말아야 돼."

그는 내게 한 권의 책을 넘겨준다.

"내가 요즘 최고로 잘 읽은 소설이다."

표지에 난장이가 쏘아올린 작은 공이라고 씌어 있다. 교실로 돌아와 책을 펼쳐본다.

신경숙은 힘든 공장일과 노조와의 갈등 틈바구니에서 1979년부터 어렵사리 학교를 다니고 1981년에 고교과정을 마친다. 그는 두어 해 뒤, 야간 학교에서 문학에 재능이 있다고 격려한 국어교사(최홍이)의 권유대로 서울예술대학 문창과에 진학한다. 그리고 대학 졸업 이듬해인 1985년 ≪문예중앙≫에 중편「겨울우화」당선으로 작단에 등단하여 성숙해온 것이다.

이런 작가의 개인적 삶의 역정은 신경숙의 여러 작품에 많이 반영되어 있다. 미시적인 자신의 생생한 체험을 동시대의 거대서사로 하여 새로운 리얼리즘의 가능성을 열었다고 평가되는 장편『깊은 슬픔』(1994)에 이은『외딴방』(1995)이나 창작집『풍금이 있던 자리』(1993) 등. 자신이 손수 겪은 바를 리얼하고 정감 있게 다루는 면에서 더욱 독자들에 어필하고 있다. 경제 사정으로 고교진학 대신 공단의 일터에 나다니며 야간학교에서 졸업장을 받은 사연은 절실한 공감대를 형성하게 마련이다. 1970년대에 농촌 태생으로서 산업화사회의 노사갈등 현장에서 일하고 1980년대의 민주화를 겪으며 성숙해온 자아체험은 값진 것이다. 그런 면에서 신경숙의 문학은 대개 사소설적 성향을 띤 채 격동해온 사회 속에서 결핍된 개인의 내면적 욕망을 섬세하게 드러내 카다르시스로 치유하는 효과를 거둔다.

대체로 작가의 자전적(自傳的)인 현실 여건을 바탕으로 작품화한『엄마를 부탁해』는 공감대 넓은 감동을 자아낸다. 줄거리 내용은 시골(J

읍)에서 농사짓고 지내는 부모를 모처럼 서울 사는 자녀들이 청하는 바람에 서울역에 내린 노인부부 가운데 엄마(박소녀)를 지하철역에서 잃어버린 실종사건을 모티프로 전개시킨 미스테리식 이야기이다. 얼핏 보아 간단한 스토리 같지만 작가는 이 원초적이고 보편적인 모성성(母性性)을 한껏 밀도감 있는 소설미학적 기량과 빼어난 감수성으로 구현하는데 성공하고 있다. 가난하고 배우지 못한 대신에 남보다 열심히 일해서 마음껏 자식들 사랑하고 잘 가르치며 우애시키는 엄마의 존재가 두드러진다.

이런 성향을 감안하면, 이제 우리 소설도 한국적인 지방성과 더불어 인류 공통의 원초적인 문제를 통해서 세계문학의 광장으로 나감을 실증하고 있다. 평소에는 부모의 자식사랑과 헌신적인 고마움을 모르고 지내다 뒤늦게 그 빈자리를 통해서 그 은덕의 존귀감을 느끼며 반성하게 하는 공감력이 두드러진다. 그것도 두 아들로는 서울사회를, 두 딸로는 미국이나 중국 및 유럽문화 현장을 한국의 시골농촌 현지와 이어놓고 있는 것이다. 이미 괴테와 앙드레 지드도 갈파했던 '가장 지방적이고 민족성을 지닌 것이 세계적'이라는 명제와 통한다. 이 작품은 정읍 농촌에서 비롯된 한 가족의 삶과 인정이 서울을 거쳐 미국과 아시아 내지 유럽으로까지 파장을 일으키는 문학의 한류(韓流)가 되고 있다. 현대는 바야흐로 세계성과 지방성이 조화된 글로칼(global+local) 문화시대인 것이다.

따라서 이제 근래 크게 화재를 모은 신경숙의 다섯 번째 장편소설을 대상으로 한 평설(評說)을 펴보기로 한다. 텍스트는 장편소설 『엄마를 부탁해』, 창작과비평사, 초판 인쇄 2008년 11월 10일, 초판 105쇄 발행 / 2009년 9월 25일 발행분으로 살펴본다. 흔히는 대충 손쉽게 스쳐 읽고는 소화불량인 채 넘기지만 한껏 진지하게 읽으면 진진한 맛이 우러나는 역작이다. 이 글은 적어도 처음에는 두루 읽고 예사롭게 넘겼던 필자가 2년 후에 정독(精讀)하는 자세로 다시 읽어서 느낀 바를 간추린 것임을 밝혀둔다. 접근방법으로서는 전통적인 대로 작가의 전기적 사실을 참고하되 새로운 접근법으로써 구체적인 작품의 언어표현을 보기로 들어 풀어나가기로 한다.

작품상의 소설미학적 특성

신경숙의 『엄마를 부탁해』는 구성 면에서 모두 네 개의 장과 에필로그로 이루어져 있다. 1장 '아무도 모른다', 2장 '미안하다, 형철아', 3장 '나, 왔네', 4장 '또 다른 여인', 에필로그 ' 장미묵주'. 그런데 여기에서 화자(내레이터)의 시점(視點)은 각 장마다 '너'·'그'·'당신'·'너'·'너'로 묘미 있게 활용된 점이 눈길을 끈다. 이는 작가자신(지헌)이 자기 어머니 박소녀를 주인물로 내세워 쉽게 풀어갈 이야기를 솜씨 있게 실험적으로 다원화해낸 셈이다. 특히 실종 후 여러 달 지나도록 엄마의 행방을 못 찾은 동안 혼령처럼 순례하는 엄마자신이 네 명의 자녀들과 남편 및 숨겨둔 남자를 찾아다니며 자유롭게 독백 내지 방백(傍白)처럼 드러낸 대화나 회상이 더 폭 넓고 효율적이다. 행방 묘연한 상태로 떠도는 주인공(박소녀)을 자녀들의 엄마 찾기 일지와 동시에 엄마의 진솔한 정담을 통해서 여로형(旅路型)으로 다룬 소설적 기법 활용이 효과만점이다. 엄마 중심의 이야기를 너(큰딸), 그(큰아들), 당신(남편), 너(작은딸), 너(큰딸) 순서로 흥미롭고 자상하게 다각적으로 풀어나가는 것이다.

하지만 필자는 작가 스스로 그 인칭과 시점을 자주 바꾸는 데서 가끔 혼선이 빚어지고 해서 독자에게 다소의 곤혹감도 없지 않다는 사실을 지적해둔다. 그럼에도 전지적 작가 시점 등으로 손쉽게 다룰 수 있는 안이성을 버리고 실험적으로 쓴 점은 높이 평가하고 싶다. 신경숙은 이미 쓰라린 젊은 시절의 체험담을 다룬 『외딴 방』에서도 문체상의 시제(時制)면에서 '지나간 시간은 현재형으로, 현재의 시간은 과거형으로' 다루는 기법을 시험해 보였었다. 이렇게 큰 틀에서 벌인 소설의 새로운 모색 노력은 미세한 흠을 이겨내게 마련인 것이다.

책 표지 다음 차례 앞에다 "〈사랑할 수 있는 한 사랑하라〉 리스트"를 내세운 뒤 시작된 작품의 서두를 살펴보자. 어쩌면 시삐 보일만큼 평이하게 시작된 작품은 점차 여러 인물에 연결 지어 나가면서 질량감 있는 장편이 되고 있다. 시간적으로는 당대 중심이지만 공간적 배경은 한국과 구미 여러 나라를 안고 전개된 내용인 점 역시 수긍된다. 주로 가족관계 이야기면서도 분단속의 한국전쟁 및 빨치산이 무서워 서둘러 혼인하는 당시의 수난이나 민주화를 위한 진통과 사회발전상을 가미해서 외국인들의 관심을 끌게 하는 매력을 지니고 있다. 특히 가난 속에서도 열심히 배우고 어떻게 해서든 가르치려는 한국인의 교육열과 향학열은 외국인에게 신선한 문제로 다가들게 마련이다. 흔히 드라마와 소설 등에서 엽기적인 범죄나 폭력, 스릴 등으로 메마른 개인주의 사회풍토에 물린 서구인들에게 일상의 궁핍 속에서도 수수하고 끈끈한 가족 사랑과 이웃에 헌신하는 따뜻한 마음은 바람직한 문화적 충격일 수 있다.

> 엄마를 잃어버린 지 일주일째다.
>
> 오빠 집에 모여 있던 너의 가족들은 궁리 끝에 전단지를 만들어 엄마를 잃어버린 장소 근처에 돌리기로 했다. 일단 전단지 초안을 짜보기로 했다. 옛날 방식이다. 가족을 잃어버렸는데, 그것도 엄마를 잃어버렸는데, 남은 가족들이 할 수 있는 일은 몇 가지되지 않았다. 실종신고를 내는 것, 주변을 뒤지는 것, 아무나 붙잡고 이런 사람 보았느냐 묻는 것

문체 면에서, 작가는 시골의 투박하되 자녀들에게 헌신적인 주인공

어머니를 통해서 모정(母情) 넘치는 문장으로 독자들을 사로잡는다는 특장점 또한 빼놓을 수 없다. 다음보기에서처럼 엄마를 잃은 안타까움과 피로로 책임을 추궁하고 신경질적이게 마련인 둘째 딸 경우와 다르게 엄마의 마음을 전할 때는 한결 아늑하고 정겨운 호흡으로 와 닿는다. 자녀들 뒷바라지에 평생을 희생하며 살아왔으면서도 자식들에게 늘 미안하다는 엄마를 두고 남매간에 주고받는 광경도 참고가 된다.

여동생은 엄마도 모르게 엄마 뇌 속으로 뇌졸중이 지나갔다는 의사의 말을 전했다. 그래도 그가 무심히 듣자 여동생은 큰오빠! 윤형철 맞아? 그의 눈을 빤히 들여다보았다.

—별일 없나고 하시넌데 왜?

—그 말을 믿어? 엄만 늘 그러잖아. 그게 엄마 어법이잖아. 알면서 왜 그래? 오빠한테 미안해서 그러는 거잖아.

—나한테 뭐가 미안하단 말이냐?

—그걸 내가 알아? 왜 어머니한테 미안한 마음 들게 해, 오빠는?

—내가 뭘 말이냐?

—아주 옛날부터 엄마 입에 붙은 말이잖아. 내가 묻고 싶어, 대체 엄마가 왜 오빠한테 미안한데?

이에 비해 엄마가 자식들을 향해서 정 넘치게 건네는 대목은 사뭇 감동적이다. 섬세한 느낌과 진한 호흡이 속속들이 배인 채 실감 있게 묻어나고 있다. 다음의 앞부분은 검사쯤으로 출세하기로 약속하고 기대를 걸었던 큰아들의 귀함과 장남에게 향한 미안한 마음이다.

너는 내가 낳은 첫애 아니냐. 니가 나한티 처음 해보게 한 것이 어디 이뿐이간? 너의 모든 게 나한티는 새 세상인디 (…중략…) 넘들은 첫애 낳구선 다들 놀랍구 기뻤다던디 난 슬펐던 거 같어. 이 갓난애를 내가 낳았나……이제 어떻게 하나……왈칵 두렵기도 해서 첨엔 고물고물한 네 손가락을 제대로 만져보지도 못했어야. 그렇게나 작은 손을 어떻게나 꼭 쥐고 있던지, 하나하나 펴 주면 방싯방싯 웃는 것이……. 하두 작아 자꾸 만지면 없어질 것두 같구. ……

엄마가 그에게 본격적으로 미안하다, 라고 말하기 시작한 것은 중학교를 졸업한 여동생을 그에게 데려다주면서였다. 그가 돈을 모으기도 전에, 사법고시에 다시 도전해 보기도 전에, 시골의 여동생을 도시의 그에게 데려다 주러온 엄마는 그와 눈을 맞추지 못했다.

—야는 여자애니까……학교를 더 다녀야 써. 어짜든 여기서 야가 학교에 다닐 길을 니가 맨들어 봐라. 난 야를 나처럼 살게 할 순 없어야.

그런가 하면 뒷부분은 약사로 있는 작은딸에게 전하는 말이다. 장남을 향한 기대나 미안함보다는 미덥고 자랑스러운 마음이 실려 있다. 엄마와 딸 사이의 끈끈한 정의와 사랑을 독자들과 함께 음미하는 것이다.

너는 모를게야. 너를 생각하면 엄마로서 버젓한 기분이 들었던 내 마음을 말여. 아무리 자식이라도 뭔가 해줘야 할 일을 못해준 자식들에겐 그런 마음 안 들더라. 자식인데도 미안하고, 너그러운 그런 마음으로부터 자유를 느끼게 해준 자식이었재. 니가 대학에 들어가 데모를 하고 다닐 적에도 니 오빠에게 한 것처럼 간섭하지 않았어. 명동에 있다는 성당에서 단식투쟁을 벌일 때도 찾아가지 않았지. 최루탄 가스 때문인지 네 얼굴이 여드름 범벅이 되어 다녀도 그냥 두었어. 나는 정확히 무슨 일인지 모르지만 할 만하니까 하겠지, 싶었네.

그리고 남몰래 30년을 만나왔던 '그 사람'에게 혼자서 읊조리듯 사과하며 작별을 고하는 대목 또한 밀도감 짙은 흡인력을 지니고 있다. 자기 함지박을 찾으러 갔다가 오히려 그가 처한 처자의 출산과 산모의 죽음으로 인한 데서 비롯된 관계설정이 수긍되고 남는다. 인간에 대한 진정한 신뢰와 아끼는 이에 향한 예의 이상의 뭉클한 정이 묻어난다.

> 삼칠일이 될 때까지 하루에 한번은 당신 집으로 건너가 갓난아기에게 젖을 물려주고 왔소. 새벽일 때도 있었고, 한밤중일 때도 있었네. 그 일이 당신에게 족쇄가 되었으려나. 내가 당신에게 해준 건 그게 다인데 이후 나는 삼십년을 힘겨울 때마다 당신을 찾아갔으니. 자식들 삼촌이 그리된 것이 내가 당신을 찾아간 일의 시작이었던 거 같네. 그만 죽고 싶었으니까. 죽는 게 낫나 싶었으니까. ……
>
> 그때 한번 곰소로 도망친 거 빼놓고는 당신은 내가 당신을 찾지 않을 때까지 그 자리에 있어주었네. 거기 있어주어서 고마웠소이. 그래서 내가 살아갈 수 있었는지도 모르오. 마음이 불안할 때마다 당신을 찾아가는 일을 반복하면서도 손도 잡지 못하게 해 미안했소. 나는 그렇게 당신에게 다가갔으면서 당신이 내게 다가오는 것 같으면 몰인정하게 굴었네. 생각해 보면 참 나쁜 일이었네. 미안하구 미안허요. 처음에는 어색해서 그랬고, 얼마 후엔 그래선 안될 것 같아 그랬고, 나중엔 내가 늙어 그랬소이. 당신은 내게 죄였고 행복이었네. 난 당신 앞에선 기품 있어 보이고 싶었네.

또한 사건 진행 면에서 시공간의 배치나 처리 솜씨도 돋보인다는 점을 들 수 있겠다. 이승을 자유롭게 왕래하는 주인공의 최면적인 시각을 활용한 터라 의식의 흐름보다 더 시간과 장소의 벽을 넘어 거침없이 흐른다. 따라서 서울역 지하철역에서 엄마가 길 잃고 헤맬 동시간대에 행한 동선(動線)을 대비적으로 나타내서 흥미롭다. 아들은 회사일로 업자들과 술 마시느라 시달린 나머지 사우나에서 쉬고 있고, 중국에 여행 중이던 딸은 천안문 광장 먹자골목에서 일행들과 어울려 있던 것이다. 일종의 영화적 영상기법인 셈인데 이 역시 남다른 소설 미학의 한 성과로 볼 수 있다.

『엄마를 부탁해』에서 주테마로 자리매김할 휴머니티의 압권은 정작 주인공(박소녀)의 가족이 아닌 설정에 묘미가 담겨 있다는 점에서 주목된다. 그것은 비루먹은 채로 철로변을 돌아다니던 개를 집에 데려와 키우는 따위의 선행 이야기 때문에서가 아님은 물론이다. 거기에는 이미 박소녀가 평생 삶을 같이 해온 부부나 자녀들에 대한 상식적 도의의 경계를 넘고 있어 흥미롭다. 그녀는 누구보다 모범적인 주부로서 충분히 가족에 대한 여느 사랑 따위의 울타리를 벗어나 있던 것이다.

우선, 그녀 시동생의 교육에 관한 갸륵하고 뜨거운 마음이다. 농촌 살림터수로선 큰 재산인 텃밭을 팔아서라도 외모 듬직한데다 명석한 시동생을 중학에 진학시키자는 것은 그녀 자녀들에 대한 교육열보다 감동적인바 많다. 그것은 오히려 시동생(균)의 누님과 남편에 맞서 주장한다고 친정으로 내보내진 경우와 대조를 이루어 돋보인다. 이런 교육열은 그녀의 큰아들을 검사로 출세시키려, 큰딸을 못 배운 자기처럼 가만두지 않으려, 정성을 다하는 정신과 함께 서양인들을 감화시키는 요인으로 작용하게 마련이다. 더구나 "형수 형수, 나 학교 좀 보내줘, 중학교 좀 보내줘. 그러면 내가 평생 갚을게"라며 그렇게 애걸하던 시동생이 젊어서 죽고 마는 충격에서 아픔을 겪는 곡절이 수긍되고 남는다.

또한 그녀가 식구 몰래 10여 년 동안 가까운 고아원에 나다니며 어려운 아이들을 위해 헌신하는 봉사정신이 독자들의 가슴을 뭉클하게 한다. 그녀는 손수 고아원에 나가 궂은일을 다하며 매월 자녀들이 모아서 전해주는 60만 원 중에서 한 달에 45만 원씩 소망원에 후원해온 것이다. 단지 부탁은 자신의 눈이 어둡다며 그 지방출신이라는 신경숙의 소설을 가끔씩 읽어달라는 것뿐이던 것이다. 더욱이 생후 6개월도 전에 고아원에 버려졌던 아이 이름을 그녀 스스로 '균'이라고 부르며 엄마노릇을 해온 터라 중학생이 되면 교복과 책가방을 사주기로 한 약속을 기다리는 소년의 처지를 안타깝게 한다.

특히 그녀의 휴머니티를 짙게 드러내기로는 그녀 혼자 비밀로 숨겨온 그 사람(이은규)의 존재다. 이런 비장의 인물설정은 신경숙 작가의 남다른 창작적 특장점으로서 자칫 평범한 작품으로 누그러뜨릴 이 소설을 훌륭하게 살려낸 요체라 하겠다. 그것은 순박한 여염집 아낙의 고독과 모럴을 지닌 인정미를 살려내는 필연적 장치로서 가치를 지닌다. 박소녀가 낯모르는 외간남자와 오래도록 남몰래 만나고 돕는 사연은 도리어 불우한 사람을 위무하는 인간적 도리 이상의 미담으로 남는다.

함지박 가득 밀가루를 빻아서 이고 오는 그녀에게 빈 자전거로 지나며 건너 마을 가게에까지 날라주겠다고 먼저 청한 사람은 그였다. 하지만 약속과 다른 그를 뒤좇아 추궁하려던 그녀는 도리어 그의 처지를 목격하고 놀라 동정하게 된다. 움막 같은 그의 집에는 앞 못 보는 노모와 어린이를 옆에 둔 채 단박 탈진한 그의 아내가 산고를 겪고 있던 것이다. 박소녀는 꾸중 대신 출산하는 그의 산모에게 먹일 미음과 미역을 끓여 주고도 얼마간의 밀가루를 남기고 온다. 그리고는 기어코 산후에 숨을 거둔 그의 아내 대신 밤낮으로 그의 오막살이에 들러 끼니거리를 건네주고 갓난아이에게 젖을 물려 살리게 된다. 그렇게 해서 남의 자전거를 훔치고 모르는 아낙네의 함지박 짐마저 속였던 그와 그녀는 친하게 되었던 사이다.

작중인물 면에서 몇 가지 윤곽을 잡아 정리해 볼 점이 있다. 박소녀는 이웃마을에서 시집와서 거의 혼자 농사일을 하며 아이들을 낳고 키웠다. 남편은 기약 없이 북 치는데 빠져 팔도강산을 떠돌다 장손으로서 제삿날쯤에 찾아들던 것이다. 게다가 남편은 중편 「풍금이 있던 자리」에 등장했던, 예의 살결이 희고 분 냄새나는 여자와 집을 드나들며 애태우던 곡절을 만들곤 했었다. 더구나 착하게 따르던 시동생이 죽은 이후로 마음까지 울적하던 무렵이었다. 무엇보다 어려울 때는 '그 사람'이 큰 버팀목으로 도와주었음을 약국 하는 그녀의 작은딸에게도 박소녀 스스로 귀띔하고 있음을 본다.

겨울이었다. 밤이 되면 마당에 눈 내리는 모습이 문풍지에 비쳤다. 닷새째 되던 날, 일어나서 죽은 아이를 독에 넣고 지고 가 산에 묻었재. 언 땅을 판 사람은 네 아버지가 아니라 그 사람이었다. 그 아이가 언 땅에 묻히지 않았으면 네겐 오빠가 셋일 텐데. 그러구선 나는 너를 혼자 낳았고나. 무슨 일이 있었냐구? 아니…… 아니다.

'그 사람' 또한 박소녀를 아끼는 건 그녀 못지않음을 보여준다. 그는 그녀가 실종되었다는 소식을 전해 듣고 남몰래 난생 처음 서울에 올라가서 거리를 돌아다니며 그녀 행방을 찾았다. 그리고는 지치고 낙담했던지 그 후 병원에 입원해서는 자신의 이름을 대 보라는 의사의 거듭된 질문에 '박소녀'라 대답할 정도로 치매증상을 보인다. 이렇게 딱한 광경을 마지막 인사 겸해서 박소녀가 혼령처럼 찾아와서 건너다 보며 각별했던 마음을 전한다.

당신 이름은 이은규요. 의사가 다시 이름을 물으면 박소녀, 라 말고 이은규라고 말해요. 이젠 당신을 놔 줄 테요. 당신은 내 비밀이었네.……아무도 당신이 내 인생에 있었다고 알지 못해도 당신은 급물살 때마다 뗏목을 가져와 내가 그 물을 무사히 건너게 해주는 이였재. 나는 당신이 있어 좋았소. 행복할 때보다 불안할 때 당신을 찾아갈 수 있어서 나는 내 인생을 건너올 수 있었다는 그 말을 하려고 왔소.

…… 나는 이제 갈라요.

마무리와 과제

끝으로 『엄마를 부탁해』의 마무리도 의미 있게 다가든다. 처음 문예지(창작과비평)에 연재한 다음 단행본으로 펴내면서 추가한 마지막장 '에필로그 장미묵주'편 부분이다. 서두에는 서사과정의 기승전결에 걸맞게 첫 장의 모두에서 제시한 "엄마를 잃은 지 일주일째다"에 상응되는 기간을 밝혀서 질서감을 보인다. 산문문학의 종가인 장편소설은 시종 섬세하게 날줄과 씨줄로 이루어진 서사적 유기체이기 때문이다. 마무리에서는 처음 시작부분에서 상대한 큰딸(작가–지헌)이 예정해 두었던 유럽 여행을 설정하고 있다.

엄마를 잃어버린 지 구개월째다.

너는 지금 이탈리아에 와 있다. 바티칸 시국의 성 베드로 광장이 내려다보이는 대리석 계단에 앉아서 …

그리고 작가는 여행 중 쉬는 시간에 서울 출발 때 우편함에서 꺼내온 편지를 통 해서 간절한 식구의 부탁을 받는다. 약국 하는 여동생이 언니에게 처음 보낸 친필 서신에는 살아생전에 엄마께 못다 한 죄책감과 아쉬움을 토로하고 있는 것이다. 이것은 행여 자식들 엄마가 시골집에라도 돌아올세라 지쳐 낙향한 채 혼자 집을 지키다 큰딸의 전화를 받고 당부하는 아버지의 부탁과는 상이하다. "부탁헌다…… 니 엄마……엄마를 말이다."(198쪽)

하루가 아니라 단 몇 시간만이라도 그런 시간이 주어진다면 나는 엄마에게 말할 테야. 엄마가 한 모든 일들을. 그걸 해낼 수 있었던 엄마를, 아무도 기억해 주지 않는 엄마의 일상을 사랑한다고. 존경한다고.

언니, 언니는 엄마를 포기하지 말아줘, 엄마를 찾아줘.

뜻밖에 당한 주부－엄마의 실종 이후에야 절실하게 느끼고 새롭게 깨닫는 가족 구성원의 반성과 목마른 바람이 이어진다. 『엄마를 부탁해』라는 작품제목과 직결되는 사항이다. 여기엔 물론 '살아 있을 때 잘해야지.' 하는 마음도 함께. 그것은 남편－작은딸이 작가인 큰딸(지헌)에게 부탁하는 것이다. 그런데 작가는 바티칸 궁전의 성 베드로 성당 안에 들어가, 바로 죽은 아들을 무릎에 안은 피에타상 앞에서 애절한 소망을 비는 것으로 마친다.

엄마를 잃어버린 다음에야 너는 엄마의 이야기가 너의 내부에 무진장 쌓여 있음을 새삼스럽게 실감했다. 끊임없이 반복되던 엄마의 일상, 엄마가 곁에 있었을 땐 깊이 생각하지 않은 엄마의 사소하고 어느 땐 보잘것없는 것같이 여겨지기도 한 엄마의 딸들이 너의 마음속으로 해일을 일으키며 되살아났다. 너는 깨달았다. 전쟁이 지나간 뒤에도, 밥을 먹고 살만해진 후에도 엄마의 지위는 달라지지 않았다는 것을.

너는 성당 입구까지 걸어 나와 긴 화랑과 눈부신 빛에 둘러싸인 광장을 망연히 내려다보았다. 그제야 여인상 앞에서 차마 하지 못한 한 마디가 너의 입술 사이에서 흘러나왔다.

엄마를, 엄마를 부탁해……

위에서 근래 국내는 물론, 서양 여러 나라에 번역 출판되어 큰 호응을 얻고 있는 신경숙 작가의 장편소설 『엄마를 부탁해』에 대해 살펴보았다. 평가보다는 작품 감상과 분석을 통한 특성을 알아보았다. 그러기에 평설에 앞서 되도록 구체적인 소설의 해당 부분을 제시하면서 풀어나갔다. 특히 그의 소설은 사실과 허구가 합성된 자전적인 요소가 짙으므로 신경숙 작가의 전기적 고찰도 곁들였다.

요컨대, 한국 현역문인 가운데 신경숙은 그 신선한 문장의 감수성으로 시골농촌과 도시공단의 현장체험을 구현한 대표작가의 한 사람이다. 특히 『엄마를 부탁해』는 바야흐로 글로컬시대에 국제화와 지역문학성을 겸비한 한류문학의 모델로서 가치가 높고 성과 또한 고무적이다. 현대 메커니즘의 인간사회에서 원초적인 집단인 부부–자녀를 비롯한 가족 상호간의 사랑과 소통문제를 제기한 문제작이다.

그리고 여기에서 분명히 해둘 바는, 이 소설이 결코 크리넥스 소설이거나 값싼 대중소설은 아니라는 사실이다. 물론 작중의 부녀간 통화부분 등에서 눈물을 많이 흘리는 장면이 없지 않지만 그런 지적은 작품 전체를 정독하지 않은 서구중심의 편견이기 십상이다. 또한 동서양 독자들에게 공감대를 이룬 성향을 대중–통속으로 속단한다는 일은 자칫 재래의 경직된 사회의식에 사로잡혀 오독한 견해라고 생각된다.

위에서 살펴본 대로 필자는 장편소설 『엄마를 부탁해』를, 다소의 미흡점이 없지 않은 그대로 긍정적이고 획기적인 작품으로 평가한다. 따라서 이런 작품은 앞으로 더욱 활성화될 예의 영상문화나 공연문화들과 더불어 올바른 한류 붐을 크게 뒷받침할 것으로 기대된다. 또한 근래 프랑스나 독일, 미국 등에서 이문열·황석영·공지영·김영하 등의 유력한 작가 역시 현지어 작품으로 도전하고 있는데 앞으로 여러 작가들 작품의 해외진출에 박차를 가할 것이다.

(2011년 7월)

늦깎이 작가의 다양한 서사 미학

일상의 따분한 삶 속에서 좋은 작가와의 값진 만남은 더 없는 기쁨이요 보람이다. 더구나 요즘처럼 문학이 소외되는 소설의 위기 풍조 속에서 채 문수처럼 성실한 작가의 참신한 작품을 여러분과 함께 만나게 됨은 대단한 행운이라고 여겨진다. 특히 작가와 필자는 남달리 가까운 처지임에도 불구하고 서로 전혀 모르고 지내다가 최근에 이르러서 바로 이 창작집을 통해 만남이 이루어졌다. 뜻 깊은 일이 아닐 수 없다.

두툼한 원고 묶음을 며칠 사이에 찬찬히 읽고 난 필자는 신예 작가와의 만남 이상으로 기뻤다. 실제 작품을 통독하면서 얻은 재미뿐 아니라 요즘의 여느 기성작가에 못지않을 만큼 괄목상대할 신진작가의 저력을 확인해서이다. 문학예술의 세계에서는 무엇보다 작품 자체로써 평가할진대 이 작가는 일련의 최근 작품들에서 나름대로 당당한 자기세계를 구축해나가고 있다. 더욱이 이순의 나이테 가까이에 이르러서야 등단한 채 문수의 글이 이렇게 다양하고 참신하며 흥미로울 수 있을까싶게 대견스러웠다. 역시 소설문학은 상상을 통한 창조의 예술세계여서일까? 불과 수년 전부터 발표해온 창작 솜씨와 의욕적인 접근이 결코 만만치 않은 수준인 것이다. 낱낱의 작품에는 치밀한 구성이며 탁월한 발상들에 동원된 활자 속에 정성스런 작가의 기가 스며있다 싶게 감동을 주었다. 이들 작품에 몰입한 사이에는 은연중에 문득 '蔡文秀'라는 이름이 1930년대의 작가 '채만식'과 조선 중기의 걸출한 암행어사 '박문수'를 떠오르게도 할 정도였음을 밝혀둔다.

다양하고 폭 너른 서사미학

채문수의 창작집 『국경선』을 총괄해 보면, 우선 작품의 소재나 제재 면에서 다양하고 너른 폭을 지니고 있다.

먼저 작품류에서는 요즘의 첨단 IT세계에 연결된 가상공간 설정과 엽기적 사건들을 통한 흥미로써 비인간적 문명을 비판하는 단편들이 눈길을 끈다. 아파트 409호에 사는 미스코리아(그녀)의 살인 장면으로 시작된 「비밀 없는 도시」는 미스터리 이상의 스릴과 흡인력을 자아낸다. 형사들과 대응하는 화자(나)의 긴장감 넘치는 대화와 유머는 물론이요, 채팅으로 만난 전문대생 여성과 번섹을 즐기며 몰카 컴퓨터로 비디오를 찍어 인터넷을 통해 비밀 판매 행위를 하는 주인공의 행태 또한 흥미롭다. 그런가 하면 시를 쓰는 산부인과 의사 곽 선생(나)이 「정신과 의사는 없소」에서 새 직장 취업을 모색하는 과정에 겪는 희한한 가상사회는 더 흥미진진하다. 수상한 사나이들에게 차량 속에 앉은 채 납치되어 한 나시의 라이플 교주 등과 만나는 내용이 과학 공상소설 이상의 실감을 자아낸다. 생명수 등의 의료적 섭생으로 평균

이백세 장수를 구가하며 스와핑적인 난교의 남녀 성행위를 즐기는 별천지인 것이다. 더구나 교주로부터 미녀 시인인 제 부인을 그대로 가지라는 제의까지 받은 곽 선생 처지는 어리둥절할 지경이다.

다음 작품류들은 식민지 시대나 분단시대에 걸친 민족수난의 아픔을, 징용이나 전쟁으로 야기된 이산의 비극과 가족의 비밀을 통해 기행형식으로 재현하여 공감을 자아낸다. 「오호츠크 해의 돌」에서는 일제강점기에 일본에 끌려가서 혹사당하다가 홋카이도 형무소서 숨진 본남편을 찾아 나선 어머니와 화자(나)를 통해서 식민지 체험의 비극과 가족의 비밀을 캐낸다. 즉 미얀마에 징용 갔다가 해방 후 귀국한 삼촌과 함께 한국전란 때 황해도 연백서 피난 내려와 겨우 문간방을 얻어 기거하다가 어머니와 삼촌의 불륜으로 친아버지 대신 삼촌을 아버지로 섬겨 온 나의 삶에 대한 비밀을 밝혀주는 여인의 진실고백이다. 또한 채문수의 데뷔작 일부를 이룬 중편 「국경선」에서도 한반도 너머 중국 연변 지역과 북한 국경을 잇는 이산가족 찾기를 통한 분단비극의 가족사를 보여준다. 김포공항 입국장에서 '나'의 아버지가 연행되는 장면으로부터 시작되는 이 작품은 북한 혜산진에 사는 본처 소생 아들과 극적으로 상봉한 아버지가 끝내 압록강 국경선을 넘어갔던 사실로써 국가보안법 위반죄로 구속된 실마리를 귀납적으로 풀어내고 있다.

그런가 하면, 작가는 한편으로 나머지 작품 성향들로써 요즘의 농촌현실에도 관심을 두고 농민의 삶 문제에 접근하고 있음을 드러낸다. 단편 「나들목」에서는 시골서 상경하여 유통업에 어려움을 겪어 온 상수(나)가 시골의 산소만은 고수하려는 데 대하여 그의 아내와 나주아재는 끈질기게 선산을 정리해서 현금으로 활용하자는 농촌의 문제들을 제기하고 있다. 거기에다 「신음하는 땅」에서는 근래 급속한 시골의 도시화로 인한 농촌 훼손 실태를 환경문제나 풍기문제로까지 제기하여 주목된다. 마을에 퇴폐영업장을 벌이며 득세한 병천이네와 이에 반발하는 윤호 등을 통한 농촌 실정이 설득력 있다. 특히 토박이 맛깔은 방언과 적절한 전통 어휘의 활용으로 현안의 농촌문제를 다룬 솜씨는 침체한 농민소설의 새로운 방향을 제시함직하다.

위 농촌소설과 대조적으로 「빛의 그늘」의 경우는 특이하게 도시의 지하철역 귀퉁이에서 숨어 지내는 노숙인 군상의 삶 현장을 통해서 우리 사회의 그늘진 소외층에도 관심을 기울이고 있음을 본다. 사회 일선에서 경제적으로 퇴출된 그들은 가정마저 파괴된 채로 인권에도 무방비 상태로 방치되어 있는 것이다. 추위와 기근에 시달리는 노숙인 층은 더구나 경찰들의 불심검문과 그들 간의 성폭행이나 패거리 폭행 등에 노출되어 있는 현장을 제시하고 있다.

끝으로, 작가는 스스로 오랜 직장생활에서 체득한 조직사회의 분위기를 중심으로 한 공직사회의 인사비리나 부조리 행태와 사기 문제를 풍자적으로 그리고 있어 관심을 모은다. 「좀비, 그리고 좀비족」에서 한 창식은 5급 직원으로 팔년을 지내는데 본부 인사국장 아들인 박용국만 5급으로 특채된 데 이어 쉽게 대리로 승진하자 사표를 내는 처지가 딱하기 그지없다. 의분에 찬 고발이요 각성을 촉구한 내용이다. 또한 유다르게 의학용어를 차용해 쓴 「설맹(雪盲)」에서는 고시공부 중 공직에 취업한 김 순경(나)의 경우를 들어서 국가 공무원 사회의 비리를 고발하여 설득력을 얻고 있다. 본디 농민의 아들로서 고학하여 반독재 데모에도 가담했던 그가 교통위반자의 면허증을 현금과 바꾸어 오라는 교통과 반장의 지시에 사표로 대응한 자초지종이 수긍되고 남는다.

치밀한 구성의 소설미학

창작집 『국경선』에서는 작가가 구성면에서 심도 있는 기법을 구현하고 있다.

작품에 등장한 주 인물들은 인물 성격 면에서 본디 선의의 인간들로서 사회에서 소외되거나 본의 아니게 어려운 처지에 처한 여건 속에서나마 최선을 다하려는 고뇌의 인물상들이다. 「정신과 의사는 없소」 경우, 영문 모르고 한 나시 공간 속에 갇힌 채 농락당하는 곽 선생이나 라이플 교주의 아내는 물론이요 「비밀 없는 도시」에서의 전문대생 L의 번섹 상대인 N도 그렇다. 또한 표제작인 『국경선』의 부모와 화자인 기자(나)나 그의 이복형제도 마찬가지이다. 뿐만 아니라 「오호츠크 해의 돌」의 화자 부모 역시 본의 아니게 불륜스런 가족의 비밀을 숨겨 온 것이다. 「빛의 그늘」의 경제사범으로 몰락한 남자나 그녀 및 미친 여자 역시 사회의 피해자인 셈이다. 하지만 이들 모두는 「좀비, 그리고 좀비족」의 화자인 김 과장(나)이나 침울한 한창식, 「설맹」의 김순경(나)처럼 딱한 불운의 피해자로서 나름대로 기존사회의 현실여건과 버거운 싸움을 계속하는 것이다.

사건 설정이나 서사의 진행 면에서도 작가는 남달리 빼어난 기법을 활용하고 있다. 「비밀 없는 도시」·「국경선」·「정신과 의사는 없소」 등에서는 추리소설에서처럼 서두 강조법을 통하여 그 의문점을 귀납적으로 풀어나가는 형식을 취해서 긴장감과 흥미를 돋운다. 위 작품들에서는 곧잘 살인과 납치 또는 탈출 같은 극적이고 엽기적인 접근이 주요 모티프로 작용되어 소설미학의 효율을 높이는 것이다. 가령 서두서부터 공항 입국장에서 아버지가 연행되어 나오는 장면으로 독자들의 흥미를 유발시켜 이끌어 가는 「국경선」, 한사코 홋카이도 여행을 떠나겠다는 어머니의 의사표시로 의아심을 자아내서 독자들로 하여금 눈치 채게끔 유도해 나가는 「오호츠크 해의 돌」의 화술도 뛰어나다. 또한 「빛의 그늘」에서 사람 죽는다고 외치는 미친년—꿈속의 아내—성폭행 당하는 그녀를 대조적인 상관기법으로 복선을 깔면서 연결시켜 나가는 서사 기교 역시 돋보인다.

사건의 짜임새 면 또한 여느 작가 못지않게 세심한 배려에 의한 기교가 엿보인다. 작품에서 서두와 결말의 유기적인 상응관계가 인상적인 여운을 남긴다. 경찰의 새벽 사이렌 소리로 시작된 「비밀 없는 도시」의 경우, 드디어는 살인 장면을 녹화했던 젊은이가 바닷가 백사장에서 경찰차에 포위당하는 마무리 처리 같은 것이다. 이런 보기는 취업을 위해 면접하러 가던 중에 납치당한 곽 선생이 「정신과 의사는 없소」의 한 나시에서 끝내 탈출을 기도하지만 빗발치는 어둠 속에 잠기는 결말도 마찬가지이다. 뿐만 아니라 아버지가 공항에서 연행되는 장면으로 시작된 「국경선」 끝부분에서 기자인 아들마저 "군말 말고 따라와" "고개 숙여" 하는 기관원들의 승용차에 처박힌 채 끌려가는 마무리 등이 그것이다. 이들 작품 경우는 아무래도 난곡동 달동네를 찾아나니넌 심 순경이 「설맹」에서 사표를 내고 지리산 천무동으로 향하던 길에 그곳 산골 마을 사람들과 농악놀이를 하면서 장구가락에 취하는 결말 처리와는 대조를 이루면서 짜임새의 묘미를 더하고 있다.

이 창작집의 배경인 세팅 면에서는 앞에서 살핀 바처럼 한 나시 같은 과학 만능의 사이버 공간적인 가상현실을 다루어 특장점을 드러낸다. 그런가 하면 현실적으로는 일본의 북해도 탄광현장과 중국 연변을 거쳐서 북한 국경선에 이르는 공간의 확장을 기하고 있다. 뿐더러 시대적으로도 일제강점기와 한국 전쟁기에 이르는 역사적 공간과 현대는 물론 미래까지 총괄하는 탄력성을 드러낸다. 또 새로운 농민소설의 모범을 보인 「나들목」과 「신음하는 땅」에서는 농촌현장을, 집 없이 떠도는 노숙인의 실상을 그린 「빛의 그늘」에서는 도시공간을 활용하였다. 그리고 예의 「설맹」이나 「좀비, 그리고 좀비족」에서는 숨 막히는 조직사회의 메커니즘적 문제점을 흔히 일인칭 시점으로 표출해내는 데에 남다른 솜씨를 보이고 있다.

서술적 묘사와 문체의 묘미

사실 언어의 예술인 소설문학에서 일차적인 표현으로서의 문장력은 주제에 앞선 작품의 제일 요건이다. 그런데 작가 채 문수는 소설쓰기에서 신진 작가답게 곧잘 참신하고 발랄한 문체를 구사하고 있어 작품이 잘 읽힌다. 물론 아직은 실험단계에 있는 그의 문체는 독자 시각에 따라 이견도 없지 않겠으나 그의 문장 실력은 긍정적이다. 적어도 성실한 각고의 노력을 곁들인 그의 문장은 마치 능숙한 요리사 솜씨처럼 사용 어휘가 대체로 힘차고 맵시 있어 감동을 함께한다. 쉼 없이 이어지는 긴장 속에서도 작가 특유의 유머와 지혜로운 사고를 곁들인 감성의 결을 유연하게 살려내고 있기 때문이다.

먼저 단편 「비밀 없는 도시」 중에서 한 부분을 살펴보자. 살인사건을 조사하기 위해 찾아든 형사와 L이 대화를 주고받는 장면이다. 간결하고 감정을 실은 대화가 살아 있고 속도감을 준다.

> 인터폰 울리는 소리가 났다. 에이, 누가 이른 아침부터 벨을 울리고 지랄이야. L은 짜증을 냈다. 현관문 앞으로 걸어가면서 누구세요? 하고 물었다. 그러자 밖에서 잠깐 실례합니다, 하는 기분 나쁘게 잠긴 목소리가 철문 틈으로 새어 들어왔다. 인터폰 화면에는 일그러진 사내의 모습이 보였다. L은 대충 짐작했다. 아래층에 온 형사들 중 한 사람이라는 것을.
>
> 누구세요? 경찰인데요. 무슨 일이세요? 몇 가지 물어볼 말이 있어서요. 더 이상 버텨 보았자 이로울 게 없다는 생각이 들었다. L은 잠깐만이요, 하는 소리를 철문 밖으로 던지고 급히 두 대의 컴퓨터를 다 꺼버렸다. 하나는 아래층을 모니터하고 있었고, 또 다른 컴퓨터에서는 검색을 하고 있었다.

다음은 「정신과 의사는 없소」에서 곽 선생이 한 나시의 교주 부인과 만나 유혹받는 정사장면이다. 특이한 서술적 묘파가 도리어 여느 묘사보다 실감 있고 육감적이다. 그만큼 독자들에게 흡인력으로 작용하는 셈이다.

> 그녀는 다가오더니 내 몸을 발끝에서부터 문어가 기듯이 혀로 더듬어 나갔다. 나는 그만 낮은 신음 소리를 뱉어냈다. 그녀의 혀끝은 안마사보다도 예민하게 잠재워진 말초신경 줄을 하나하나 현악기처럼 튕겨나갔다. 그러자 온몸의 긴장이 풀리고 기미줄 같은 열선이 빌겋게 달아올랐다. 그녀와 나는 도저히 더 이상 참지 못하고 한 덩어리가 되었다. 그녀의 몸은 너무도 뜨거웠다.

윗글에 비해서 「국경선」의 해당부분은 사뭇 다르다. 분단 이후 떠나온 고향과 처자를 압록강 저편의 바로 눈앞 발치에 두고 있는 아버지 심경을 토로한 대목이다. 한껏 한 서린 정감을 상징화하면서 의식의 여울을 곁들인 언어 활용 등으로 원초적인 호흡을 살리고 있다.

> 평생 동안 아버지의 가슴에 한이 되어 건너지 못했던 강. 이제 그 강을 건너려는 순간이었다. 남쪽에서 사는 동안 아버지의 가슴 한가운데 흐르고 있던 그 깊고 시퍼런 강은 결코 하나만은 아니었을 것이다. 아버지와 나와의 사이에 흐르는 실개천 같은 강, 아버지와 어머니, 아버지와 현실 사이에 흐르는 폭 넓고 깊은 강, 이북내기라고 너도나도 싫어하는 무한의 폭을 가진 강, 끝없는 고달픈 삶의 깊고 푸른 치욕의 강, 고난의 강을 건너고 건너 살아오면서 지쳐 쓰러지기 직전의 아버지. 아버지는 그 모든 강으로부터 떠나가고 있었다.
>
> 나는 아버지를 향해 나도 모르게 달려 나갔다. 그러나 안내인의 발에 걸려서 눈밭에 맥없이 나동그라지고 말았다.
>
> "선생, 진정하시라요. 큰일 납네다."

그런가 하면 다음 같은 「좀비, 그리고 좀비족」에서의 한 대문은 좋은 글의 본보기가 될 만하다. 예의 여성스러운 부사, 형용사는 물론이요 남성어적인 관념어를 혼합한 문체가 일품이다. 역시 적절한 비유와 서술적 묘사가 여느 묘사 문장보다 효율적인 문장력을 보이고 있는 것이다. 출근 무렵의 직장풍경이 눈앞에 선연하게 다가드는 듯싶다.

> 나는 라디에이터가 따뜻해지기를 기다리며 그 앞에 서서 무연히 밖을 내다보고 있었다. 건너편 고상역에 전철이 도착하자 사람들은 자루가 터져 검은콩이 쏟아지듯 밀려나왔다. 여덟 시가 지나면서 직원들이 하나 둘 출근하기 시작하면, 정적에 싸였던 사무실은 그제야 다시 호흡을 시작하고 꾸물꾸물 잠에서 깨어났다. 신발 터는 소리, 인사하는 소리, 전화 받는 소리, 웃음소리까지 가세하기 시작하면 사무실은 신진대사가 원활해진 기관처럼 정상을 되찾아갔다. 일일결산을 끝내고 그날의 주요한 문제점들을 체크하기 시작하면 팽팽한 활시위처럼 긴장 속에서 하루의 일과가 시작되었다.
>
> "김과장. 한창식이는 어떻게 됐어요?"
>
> 부장은 일일결산 석상에서 물었다.

그뿐 아니라 「신음하는 땅」 등에서는 경우에 따라 걸쭉한 육담으로 재미를 배가 시킨다. 지방색 짙은 사투리 맛도 제격이다.

> "……."
>
> "남자들은 말이어, 뭐니 뭐니 해도 가운데 다릿심이 최고여야. 고것이 비실비실 해 불면, 예펜네도 바람나서 고것심 좋은 놈 따라가불제. 너도 간혹 와서 몸보신 좀 해라이."
>
> "너도 알다시피 나는 도망갈 여자도 없는디 정력만 길르면 뭣허겄냐. 홀

애비 좇치리허는 것이나 같제."

더욱이 이 작품에서는 토착적인 농촌 냄새 물씬 나는 잊혀져가는 우리말을 자유자재로 살려내고 있어서 주목되기도 한다.

'지정거리다' '자드락 길' '조붓한 길' '두억시니' '팔작지붕' '고래실' '빙퉁그러져' '후더침' '호도깝스럽게' '능갈맞게' '아람치 하다' 등.

단박이라도 그냥 수첩에 적어놓고 익히 써먹고 싶을 만큼 감칠맛 나고 소중한 어휘들이다.

각광 받는 휴머니즘의 전령사 되길

위에서 우리는 새로 선보인 채 문수의 첫 창작집 『국경선』에 실린 아홉 편의 작품을 통해서 괄목상대할 신진작가의 작품세계를 두루 점검해 보았다. 요컨대, 늦게 출발한 작가는 여느 새내기 못지않게 의욕적으로 탄탄한 기량을 닦아서 긍정적인 창작 행보를 보이고 있어 기대되는바 적지 않다.

실제적인 형식면에서 시공간의 영역확대나 다채로움이 주목된다. 미래 소설적 공간인 가상공간을 통한 문명비판적 실험성, 농촌소설의 방향제시와 소외층에의 관심, 일본과 중국 및 북한에 걸친 일제의 강점기나 광복 후의 분단시대를 다룬 역사 경영, 조직 내의 직장인 사회 등. 여기에 일련의 폭 너른 제재 활용과 현안의 현실에 대응하는 다양한 인물성격 창조며 유머와 풍자성을 곁들인 문장 구사력이 뒷받침되어 든든한 작품 질량을 지니고 있다.

테마 면에서도 이상의 작품 아홉 편을 관류하는 주제의식은 결국 각박한 현대사회의 일상 속에 시달리면서도 점차 황량해만 가는 자기 찾기로의 원초적 인간회복이거나 올바른 사회로 가꾸어 보려는 노력들로 귀결된다. 예의 「비밀 없는 도시」와 「정신과 의사는 없소」는 첨단기기로 인한 사생활 침해나 생명경시 풍조에 대한 경고요 다가올 인류 사회의 패륜적 행태와 가치전도 성향을 풍자 비판한 경종이다. 또 「오호츠크 해의 돌」이나 『국경선』은 민족수난의 시대에 겪는 가족사적 비극의 눈물겨운 고해성사요, 원초적인 욕구로서의 피나는 뿌리찾기 행각이다. 「나들목」, 「신음하는 땅」 또한 산소 지키기를 통한 자기 정체성 지키기이며 자꾸만 훼손되어 가는 마을의 전통성 지켜내기 위한 고발행위인 셈이다. 「빛의 그늘」 역시 무방비로 노출된 노숙인들의 권익옹호를 위한 긴급동의요, 실직자 자신(남자)을 통한 인간 지키기를 드러낸 휴머니즘의 실현이다. 「좀비, 그리고 좀비족」은 물론이요, 「설맹」 역시 올바른 사회 다지기를 위한 비리고발이요 인간수호와 본연한 자기로의 인간회복을 꿈꾸는 휴머니티의 선교편인 것이다.

이 글에서 필자는 독자 여러분과 더불어 채 문수 작가의 첫 창작집을 통한 작품세계를 살펴본 셈이다. 무엇보다 성실한 글쓰기 자세로써 새로운 소설미학 추구를 꾀한 작가로서의 실적과 그 가능성을 높이 사고 싶다. 상상력을 주로 하는 문학계는 무한정한 시공간을 넘나드는 창조세계인 만큼 창작생활에 정년이 없는 것이다. 그러므로 앞으로 꾸준한 노력을 기울여 본격적이고 치열한 자세로 보다 알찬 창작실력을 발휘하는 데 분발했으면 한다.

이미 문학의 길에 들어서서 여러 글판 동지들과 함께한 채 문수 작가는 아무쪼록 성실한 마라톤선수로서 좋은 글 꾸준히 써서 대기만성하길 기대한다. 앞으로 20여 년 남아 있는 기간은 충분한 창작활동을 보장해주고도 남는다. 비록 우승의 월계관이 아닐지라도 초지일관 달리며 꾸준하게 독자 여러분에게 휴머니즘의 메시지를 전달하는 문학의 전령사로서 최선을 다하여 자랑스러운 작가로 건승하길 바란다.

(2006년 1월)

제2부
part 2

뮤즈의 삶과 시문학 살피기

소월과 만해 시의 위상

문제 제기

이른바 한국의 신문학 내지 신시(新詩) 100주년이라는 문학사적인 나이테를 넘긴 의미가 새롭다. 강산이 열 번이나 변한 연륜을 새기며 꾸준히 발전해온 발자취를 되돌아보고 바람직한 미래를 모색해 나가야 할 지점이다. 여기에서 우리는 한국 현대시 백년사 가운데 모름지기 전통시의 쌍벽으로서 민족문학의 모델처럼 우리문학을 지켜 온 두 시인을 꼽는다. 따라서 소월 김정식(素月 金廷湜, 1902~1934)과 만해 한용운(萬海 韓龍雲, 1879~1944)의 문학사적 위상을 대비적으로 재검토하게 된다.

물론 한국 신문학(新文學)의 기점(起點)은 견해나 기준에 따라서 다르다. 일반적으로 종합교양지의 효시인 ≪少年≫(1908년 11월) 창간호에 발표한 육당 최남선의 「海에게서 少年에게」를 주로 해 왔다. 하지만 일본 『新體詩抄』(1982) 영향과 이보다 2년 먼저 ≪萬歲報≫에 실린 친일 작가 이인직의 신소설 『血의 淚』나 『鬼의 聲』을 감안하면 모순점이 없지 않다. 더욱이 1860년대 초의 최제우가 써낸 동학가사인 『龍潭遺詞』를 든다면 시문학의 기점은 거의 반세기 남짓 거슬러 올라갈 수 있음도 참고 된다.

이런 현대문학사를 통틀어 보더라도 한국 시의 경우, 인구에 회자되는 호응도나 전통성 및 내용 면에서 소월 시와 만해 시가 단연 으뜸이다. 전래의 민족 정서를 바탕으로 자생한 그들의 시편들은 엄혹한 일제강점기 이래 수많은 서구지향의 모더니즘 시 작품이나 친일 어용시 및 숱한 카프파의 이념시들을 압도해 왔다. 더구나 문단의 가장자리에서 초연하게 노래해온 이들 시들이 당시는 물론이요 요즘에 이르도록 최장기 베스트셀러에 이르고 있는 것이다. 이들 대표적인 동시대의 초창기 시인들은 다음처럼 여러모로 공통점과 상이점이 많아 주목된다.

『진달래꽃』과 『님의 沈默』의 공통점

역시 김소월의 『진달래꽃』(매문사, 1925)과 한용운의 『님의 沈默』(회동서관, 1926)은 기념비적인 시집으로서 문학사적 가치가 높다. 두 시인이 신문학 초기 이후 오늘에 이르도록 최장기 스테디셀러로서의 자리를 지녀왔다는 점에서만이 아니다. 특히 일제강점하에서 결코 훼절하지 않고 동시대를 살아온 이들 기념비적인 시집에는 우연일 수 없을 만치 공통점이 많아 흥미롭다. 문단적인 면에서는 시집 발간 시기가 거의 같고 평소 문단 밖의 선비처럼 문예지 유파에 초연한 채 두 시인 모두 생전에 단한권의 시집만을 남겼다는 사실 등이 그렇다.

우선 이들 두 시인이 거의 같은 시기에 유일한 시집으로 펴낸 표제작을 들어 보더라도 두 시인의 시미학적 특성을 엿보게 된다.

나보기가 역겨워
가실 때에는
말없이 고이 보내드리우리다

寧邊에 藥山
진달래꽃
아름 따다 가실 길에 뿌리우리다

가시는 걸음걸음
놓인 그 꽃을
사뿐히 즈려밟고 가시옵소서

나보기가 역겨워
가실 때에는
죽어도 아니 눈물 흘리우리다

▶▶▷김소월, 「진달래꽃」 전문

님은 갔습니다. 아아 사랑하는 나의 님은 갔습니다.

푸른 산빛을 깨치고 단풍나무 숲을 향하여 난 작은 길을 걸어서 차마 떨치고 갔습니다.

황금의 꽃같이 굳고 빛나던 옛 맹세는 차디찬 티끌이 되어서 한숨의 미풍에 날아갔습니다.

날카로운 첫 키스의 추억은 나의 운명의 지침을 돌려놓고 뒷걸음쳐서 사라졌습니다.

나는 향기로운 님의 말소리에 귀먹고 꽃다운 님의 얼굴에 눈멀었습니다.

사랑도 사람의 일이라 만날 때에 미리 떠날 것을 염려하고 경계하지 않은 것은 아니지만 이별은 뜻밖의 일이 되고 놀란 가슴은 새로운 슬픔에 터집니다.

그러나 이별을 쓸 데 없는 눈물의 원천으로 만들고 마는 것은 스스로 사랑을 깨치는 것인 줄 아는 까닭에 걷잡을 수 없는 슬픔의 힘을 옮겨서 새 희망의 정수박이에 들이부었습니다.

우리는 만날 때에 떠날 것을 염려하는 것과 같이 떠날 때에 다시 만날 것을 믿습니다.

아아, 님은 갔지마는 나는 님을 보내지 아니 하였습니다.

제 곡조를 못 이기는 사랑의 노래는 님의 침묵을 휩싸고 돕니다.

▶▶▷한용운, 「님의 침묵」 전문

어쩌면 우리가 일용하는 음식인양 늘 애송해도 물리지 않을 만큼 달콤하고 가슴에 저며 들며 후련한 정감을 자아내는 시편들이다. 이런 대표작에서처럼 소월과 만해는 다음 같은 문학상의 공통점이 있어서 주목되고 있다.

첫째, 전통적인 한국정조를 지닌 서정성으로써 호흡에 걸맞고 은유적으로 표현하여 흡인력 있게 널리 오래도록 읽히는 속성을 지니고 있는 점이다. 소월과 만해 시는 예의 고려가요인 「가시리」·「정과정곡」 등의 맥을 이으며 고전의 현대화에 이바지하고 있다.

둘째, 서정적인 퍼스나인 여성의 유연성을 통하여 '그대'·'님'·'당신' 등의 다의적(多義的) 접근으로 무력적인 침략 세력에 효율적으로 대응하며 집요한 검열망을 벗어나는데 본을 보인 점이다. 예의 남성이 지니고 있는 아니마적 여성취향성(피메일 콤플렉스－페미니떼)의 요소로써 공감대 넓은 흡인력이 시적 효과를 높인 것이다. 가설처럼 일본유학에서 돌아와 신여성과 새살림을 차린 낭군에 순종한 소월의 진달래

같은 외숙모 마음이나 삼일 만세운동으로 갇혔다가 출옥 후에 백담사에서 시집을 준비하는 만해를 시중들었다는 서여연화와의 관계를 승화시킨 경우라도 그렇다.

셋째, 고국의 지명이나 민요를 들거나 장군과 호적(민적) 없는 여인의 비유 등으로써 민족 정서와 국가의식을 고취시켜 내밀한 항일저항성을 드러내고 있는 점이다. 소월의 「진달래꽃」·「접동새」·「朔州龜城」·「남의 나라 땅」 등과 만해의 「님의 침묵」·「금강산」·「당신을 보았습니다」 등 이런 일련의 시 작품 활동은 약육강식의 정치적 민족주의가 판치던 일제강점하의 현실상황에 의연하게 대응하던 메나리(민요)운동이나 가갸날(한글날) 제정과 한글보급에 못지않은 일종의 문화적 민족운동의 한 실체였다.

소월과 만해 시문학의 상이점

하지만 이들 쌍벽을 이루는 민족시인은 구체적인 시 세계에서 여러모로 상이하게 대조를 보이고 있어 주목된다. 그것은 만해보다 스무해 남짓 늦게 평북 정주에서 태어난 소월이 33세의 아까운 나이로 고향에서 먼저 생을 마감했던 데 비해 충남 홍성 태생인 만해는 승려 시인으로서 나중에 서울 심우장에서 66세로 입적했다는 사실들만이 아니다. 또한 소월은 평소 시 작품을 주로 창작 발표하고 가끔씩 수필을 썼을 뿐인 데 비해서 만해는 시집을 내기 이전에 한시(漢詩)와 시조는 물론 다수의 불교논설과 수필도 발표했을뿐더러 후에 조선일보 등에 장편소설(『黑風』(1935), 『薄命』(1938) 등)까지 연재한 사실은 참고할 사항이다.

민족 수난의 위기상황에 대처해서 자신을 지켜내며 겨레의 혼을 살려내는 글로 응전하되 그 성향을 달리 했었다. 두 시인의 글쓰기에서 드러낸 이처럼 차별화된 상이점은 개성적인 자기구현을 덕목으로 하는 문학세계에서 바람직한 일로서 의미를 지닌다. 그 구체적인 보기에서 우리는 앞에서 살핀 공통점과 차별성을 감안하여 다각적으로 고찰할 만하다.

첫째, 시에 등장하는 서정적 여성 퍼소나들 성격은 서로 소극적인 체념과 적극적인 이지로 대조를 보인다는 점이다. 소월 시에 등장하는 그녀는 고전인 「가시리」에서처럼 「진달래꽃」 등에서 자기를 버리고 떠날 임을 고이 보내드린다지만 실은 다시는 돌아오지 않으리라는 체념 속에 청상처럼 울고 지낸다. 그러나 만해 시의 그녀는 「님의 침묵」 등에서 비록 자기 곁을 떠난 임도 되돌아오게 마련(會者定離)이라는 신념으로 기다린다.

둘째, 시의 문체 면에서 소월은 민요적인 가락 등을 곁들인 운문을 주로 하여 정감을 드러내는 서정체인 반면에, 만해는 보다 자유시적인 감정에 서사를 곁들인 사설체를 활용한다는 점이다. 그래서 소월 시가 여성미를 지닌 평면적 정한(情恨)의 미학이라면 만해 시는 다분히 남성미 가까운 입체성을 지닌 구도(求道)의 시학(詩學)이라 할 수 있다.

셋째, 시의 발상이나 문화인식 면에서 소월은 한국 전래의 유교적인 데 비하여 만해는 다분히 동양적인 불교에 바탕을 두고 있는 점이다. 이런 요소는 본디 봉건적인 집안의 장손으로 살아온 소월과, 차남으로 태어나 젊을 때부터 출가하여 스님생활을 해온 생활과 밀접한 상관성을 지닌다. 그럼에도 두 시인의 지향점은 결국 한국 정서나 문화 정체성을 기리고 지키려는 문화적 민족주의의 일환으로서 항일 민족문학에 시 쓰기의 뿌리를 두고 있었음은 물론이다.

한국 시의 발전을 바라며

위에서 우리는 한국의 시문학 100주년을 통틀어서 실로 우리 시의 고전이 된 소월과 만해 시를 대비하며 검토해 보았다. 그리고 이들의 문학정통성이나 독자층의 호응도 및 시적 성취도와 문화적 정체성 등을 감안할 때 예의 외래적인 이념 시나 모더니즘 시를 능가하는 실상들을 참고해 살폈다. 아울러 소월과 만해는 결코 배타적일 만큼 굳게 꽉 막힌 국수주의자거나 유약한 문사가 아님을 알 수 있었다. 우리가 으레 상식처럼 알고 넘기는 두 시인을 거듭 논의하는 이유도 이런 몇 가지를 새롭게 점검해 두자는 데에 있다.

소월과 만해의 민족적인 정서와 인류 보편적인 시의 원형질은 일찍이 괴테나 앙드레 지드 등이 주창하던 바의 활짝 열린 세계문학으로 향하는 올바른 민족문학의 성향을 지닌 것이다. 사실 우리의 전통성과 외래성 짙은 모더니즘성의 조화는 현대문학 발전에 긴요한 두 바퀴인 것이다. 따라서 이렇게 양 산맥을 이룬 시문학들은 바야흐로 트랜스 내셔널리즘적인 21세기의 국제화, 다문화시대에도 거듭난 한국 시문학의 모델로 삼아 바람직한 세계문학으로 펼쳐나갈 한 지표 겸 가늠자로 활용될 수 있을 것 같다. 이제 일백주년을 넘긴 우리 시단도 한껏 올바른 취지를 살려서 문단인 모두 함께 새로움을 모색하며 더 알차게 발전해 나가길 기대한다.

(2009년 1월)

다형 김현승의 시문학

문제 제기

기독교 시인으로 정립된 다형 김현승(茶兄 金顯承, 1913.4.4~1975.4.11)은 항상 새로운 이미지로 우리 가슴에 남아 있다. 따라서 논자는 문학도의 한 사람으로서 김현승 시인의 문학과 삶을 포함한 시미학적 특질과 위상에 대하여 논의해 보려한다. 어쩌면 평소 생전에 다형 시인과 개인적인 교류가 없던 처지인 필자의 그에 대한 논의는 주, 객관적인 접근에서 자유롭고 바람직한 면도 없지 않다고 여겨진다. 그래서 2002년 가을에 '문학의 집 서울'에서 추모회로 마련된 '김현승 시인의 밤'에 평설자로 참가한 바도 있다. 마침 예의 신문학 100년의 나이테를 넘긴 이제는 모름지기 김현승의 문학적인 자리매김하기에 알맞은 것 같다.

1934년에 ≪동아일보≫를 통해 시작 활동을 시작한 김현승은 1975년 작고할 때까지 견실한 신앙생활과 강의를 겸하며 특성 있는 시편들로 호응을 얻으면서 문단을 이끌어 왔다.「가을의 기도」「堅固한 고독」「자화상」「無等茶」등에서처럼 가을, 고독이나 기독신앙과 차 맛들로 '갈가마귀'처럼 선연하게 떠오르는 개성적 시인이다. 시집만도 너덧 권일 만큼 다형의 62평생 가운데 등단 이후 일제 말엽의 수년 공백기만 빼고 김현승은 실로 34년 세월 동안 꾸준하게 시 창작에 임해 왔다. 그럼에도 아직 그에 대한 문학사적 평가는 지엽적인 언급일 뿐 제대로 이루어져 있지 않은 실정이다.

필자는 여기에서 여러분과 더불어 다형 김현승의 문학사적 위상이나 문학적 특질들을 그가 영위해온 삶이나 남다른 작품세계로 미루어 다음같이 다가가 보기로 한다. 보다 올바르고 합리적인 시인 탐구나 시작품 연구는 구체적인 신비평적 작품분석에다가 역사주의적인 요소를 가미하는 접근법이 바람직하기 때문이다. 아무쪼록 소략한 이 시론(試論)이 김현승의 깊고 넓은 시 세계나 신앙적 삶을 가늠하는 데 다소라도 참고가 되었으면 한다.

한국 문단의 대표적인 기독교 시인

다형 김현승은 한국 문단사를 통틀어 가장 대표적이고 모범적인 크리스찬 시인이다. 여기에서 '대표적이고 모범적'이란 수식어는 그의 경우, 남다르게 분명한 요소를 지닌다. 그것은 본디 기독교장로회 목사집안의 둘째아들로 태어나 유아세례를 받은 것에 그치지 않는다. 아버지의 교역(敎役) 전근에 따라 광주에서 미션계의 숭일학교 초등과와 평양의 숭실중학을 거쳐 같은 숭실 전문학교 문과에서 수학했다. 그리고 무엇보다 신앙생활에 이어진 기독교적 상상력과 청교도 정신

바탕의 사색 짙은 시를 많이 쓴 작품세계에 합치했던 것이다.

이런 사실은 다음처럼 다형 스스로 그의 산문집에서 밝힌 데서도 확인되고 남는다.

> 나는 자연을 있는 대로 받아들이지 않고 자연에다 어떤 주관적인 해석을 가지고 주관에 의하여 변형시키기를 요구한다. 그런 면에서 나는 동양적이 아니고 서구적이다. 그리고 그것은 기독교적이다. 그리고 그것은 성선설에 입각한 생활이 아니고 원죄설에 뿌리박은 생활임을 나 자신이 언제나 인식하고 있다. (…중략…)
>
> 내가 불교나 유교를 믿지 않고 기독교를 믿는 이유는 기독교의 종주만이 인간이 아닌 초월적인 신으로 알았기 때문이다. 현실적인 이유로는 나는 거의 일생을 교회를 상대로 하며 살아왔다. 그러나 내가 얻은 결론은 교인들의 생활과 마음가짐이 일반 사회인의 그것과 다름이 없다는 사실이다.
>
> 나는 이러한 신과 기독교에 대한 회의를 일으키게 되면서 점점 인간에 대한 이해와 동정으로 기울어지게 되었다. (…중략…)
>
> 그러므로 이러한 종교를 회의하고 비판하는 것도 결국은 이러한 종교에 더 완전히 귀의하고 싶은 심정의 변태적인 발로일지도 모른다.
>
> ▶▶▷「나의 고독과 나의 시」(『가을에는 기도하게 하소서』, 2008)에서

이와 같이 선명한 그의 평생을 통한 기독교 성향은 실제의 신앙적 삶이나 글에서 한국 문단을 통틀어 어느 크리스찬 시인보다 두드러진다. 다형은 특히 윗글 한 부분에서 우리 주변 중에 일부 기독교에 대한 무관심과 소외시키는 폐단을 강하게 지적하는 자세를 보인다. 즉, "불교나 노장(老莊)에 대한 지식과 이해에는 비교도 안될 만큼 기독교의 영향으로 보든지, 지금에 와서 동양의 생활과 불가분의 관계에 놓이게 된 서양문화의 하나의 중요한 근원이 헤브라이즘에 있음을 생각할 때, 시간적인 전통이 박약하다는 이유 하나로써 기독교가

우리문화 역할의 중추인 문학인들에게서 무관심의 대상으로 방임될 수 없다고 생각한다."는 것이다. 이렇게 뚜렷한 김현승의 기독교 문학의 역할 강조적 요소는 적어도 당대를 살아온 비슷한 연배의 여러 개신교 시인이나 천주교 시인들과 비교해도 두드러진다. 이를테면 흔히 기독교 시인으로 지칭되는 박두진(1916~1998), 윤동주(1917~1945), 구상(1919~2004), 황금찬(1918~) 등과도 차별성을 드러낸다.

더욱이 김현승 시문학의 경우, 곧잘 활용하는 자신의 경건한 기도 같은 형식면보다는 예의 청교도적인 고뇌와 신에 대해서 진솔한 회의로 번민하는 모습이 어려 있어 눈길을 모은다. 이런 면은 그의 시집 『金顯承詩抄』(1957), 『擁護者의 노래』(1963), 『堅固한 고독』(1968), 『絶對 고독』(1970), 『마지막 地上에서』(1975) 등에 나타나 있다. 1960년대 중반 들어서는 이전의 맹목적인 신에의 안주 자세를 뉘우치고 있다. 특히 1960년대 초중반 들어 시 「제목」 발표 이후에, 신을 잃은 고독을 읊은 『堅固한 고독』과 『絶對 고독』은 주목된다. 유일신의 근원적인 존재에 관한 의혹에 시인의 양심은 오히려 신보다 인간주의에 기울어 있기 조차 했다. 결국은 1973년 봄, 대학의 채플시간에 졸도한 나머지, 말년에는 본디의 기독교적 신에 귀의하였다. 그는 이처럼 절대자인 하느님께 돌아와 서는 정반합(正反合) 과정의 변증법적인 결론에 도달하여 양심적인 기독교 시인의 한 전범을 보여준다.

이처럼 다형 김현승은 독실한 기독 신앙인으로, 글을 쓰는 시인으로, 학생들을 가르친 교육자로서의 삼위일체를 구현한 주체이기도하다. 말하자면 신문학 이후 전통적인 서정에 서구적 모더니즘 시 미학으로 변용시킨 다형의 시미학적 가치도 여기에서 비롯된다. 그러면서도 김현승의 시 활동은 전혀 선교적이거나 교파적 우월성을 내세우지 않고 배타적인 종교 성향을 띠지 않은 덕목을 지녔다. 1970년대 초에는 기독교문화협회 위원장과 크리스찬문학협회 회장직을 맡았으면서도 한결같았던 그의 태도는 눈길을 끈다. 다형의 시는 세속적이기보다 원초적이고 내밀한 자아의 고뇌문제에 천착해 종교시의 품격을 한 차원 높인 것이다. 한국 문단에 의연하게 본을 보인 김현승의 기독교 시문학이야말로 전통적으로 불교나 천도교 내지 샤머니즘적 맥락 속의 한국문학사에 새로움을 더하는 계기를 만들었다.

김현승의 시문학은 종교적인 면에서 광주와 이웃한 부안의 신석정(1907~1974)이나 고창 태생인 서정주(1915~2000)와 대조된다. 신석정이나 서정주는 한때 동국대 전신인 혜화전문의 불교강원에서 수학하여 미션계인 숭실전문학교를 다닌 김현승과는 종교교육의 바탕부터 상이함을 드러낸다. 특히 한국 전쟁 당시 광주에 피난 와 있던 동안 조선대에서 김현승보다 먼저 문학 강단에 섰던 서정주는 샤머니즘적인 요소가 짙음에도 김현승과의 사이에 각별한 우정을 나눈 바 있다. 미당은 평소 고고하고 괴팍할 만큼 깐깐하기로 소문난 다형의 첫 시집 원고를 편집하고 장정까지 맡아 펴냈던 것이다.

나는 이제야 내가 생각하던
永遠의 먼 끝을 만지게 되었다.
그 끝에서 나는 하픔을 하고
비로소 나의 오랜 잠을 깬다.

내가 만지는 손끝에서
아름다운 별들은 흩어져 빛을 잃지만,
내가 만지는 손끝에서
나는 무엇인가 내게로 더 가까이 다가오는
따스한 體溫을 느낀다.
그 體溫으로 내게서 끝나는 영혼의 먼 끝을
나는 혼자서 내 가슴에 품어준다.
나는 내 눈으로 이제는 그것들을 바라본다.

그 끝에서 나는 나의 言語를 바람에 날려보내며,
꿈으로 고이 안을 받친 내 언어의 날개들을
이제는 티끌처럼 날려보낸다.

나는 내게서 끝나는
無限의 눈물겨운 끝을
내 주름잡힌 손으로 어루만지며 어루만지며,
더 나아갈 수 없는 그 끝에서
드디어 입을 다문다—나의 詩는.

▶▶▷「절대고독」 전문

고독과 표상 이미지의 미학

또 하나 김현승 시에 두드러진 특성으로서는 생래적인 성품에서 오는 외로움과 일상적인 신앙생활에서 후천적으로 생겨난 고독이다. 다형은 평소 자신의 내성적이고 회의적인 성격을 그의 시 「自畵像」에서 스스로 토로하고 있다. "내 목이 길어서 회의에 기울기 좋고 / 血液은 鐵分이 셋에 일곱이 눈물이기 / 咆哮보담 술을 마시는 나이팅게일……." 혹 마음에 켕기는 일을 당해서라도 그는 겉으로 시원하게 발산하기보다 혼자 속으로 삭히는 성품이라는 것이다. 그러니 그는 종교적인 이유 아니더라도 그의 동시대에 몰아치던 좌익적 이데올로기 투쟁이나 열띤 사회참여에는 부적합한 면이 짙다.

따져보면 일제강점기와 분단이데올로기가 계속 압박하는 동시대를 살아오면서도 다형의 시풍이 흔히 강한 욕구의 분출을 통한 구호적 투쟁이기보다는 조용한 자세로 기도하는 취향에 가깝게 접근하는 이유와도 상관되는 사안이다. 마찬가지로 김현승이 오래도록 신의 존재에 적지 않게 회의적이었음에도 행동하지 않고 내심의 고뇌를 시로써 표출하고 카다르시스하게 마련이다. 차라리 신의 존재에 대해 강한 행동에 나섰더라면 그의 시나 삶은 이미 긴장도를 잃고 말았을 것이었다.

그런데 김현승 시인은 자신의 짙은 고독을 시로써 표출하되 빼어난 객관적 상관물을 통해서 시적 이미지의 상승적 표상화 효율을 높이고 있다. 그의 평판작 대부분이 거의 예외 없이 여기에 해당하는 셈이다. 시인이 내적으로 느끼고 고뇌하는 다양하고 깊은 심상(心象)을 절실하게 구상화하여 시적 공감을 자아내는 것이다. 그것은 다음의 여러 보기들에서 드러나고 있다.

> 가을에는
> 호올로 있게 하소서……
> 나의 영혼,
> 굽이치는 바다와
> 百合의 골짜기를 지나,
> 마른나무 가지 위에 다다른 까마귀같이.

▶▶▷「가을의 祈禱」에서

> 갈가마귀 울음에
> 산들 여위어 가고,

▶▶▷「無等茶」에서

> 갈가마귀 녹슨 칼의

▶▶▷「이 겨울을 지키며」에서

이처럼 김현승의 시편들에서는 '까마귀'나 '갈가마귀'들이 시에 많이 등장한다. 그리고 다음 작품들에서는 산까마귀와 겨울까마귀까지 연이어 오르내리고 있다. 외양부터 검을뿐더러 그 울음소리는 으쓱 소름이 돋는 날짐승인 것이다. 우리나라에서는 흔히 흉조로 여기는 그 새를 시인은 남달리 자주 시에 활용하여 특색을 이룬다. 시인은 그 만큼 처절하고 인상 짙은 까마귀를 통해서 뼈아픈 자신의 고독한 심경을 심화시키는데 성공하고 있다.

겨울 까마귀 찬 하늘에
너만을 말하여 울고 간다.

목에서 맺다
살에서 터지다
뼈에서 우려낸 말,
중에서도 재가 남은 목소리로
울고 간다.

저녁하늘이 다 타버려도
내 사랑 하나
남김없이 너에게
고하지 못한,
내 뼛속의 언어로 너는 울고 간다,

어쩌면 시인은 흔히 옛 시인들이 으레 한 서린 상징물로 시가 작품들에 즐겨 사용하던 예의 두견새(귀촉도=불여귀=소쩍새=자규=촉혼새) 대용으로 까마귀를 일반화시킨 셈이다. 두견새의 원혼 섞인 전설 대신에 김현승은 그 겉 인상과 우는 소리에 걸맞은 까마귀의 고독하고 슬픈 이미지를 살려 어필하고 있다. 실로 놀라운 상상력에 의한 한국 현대시의 한 심상적 가치 구현이 아닐 수 없다.

영혼의 새,
매우 뛰어난 너와
깊이 겪어본 너는
또 다른,

참으로 아름다운 것과
호올로 남은 것은
가까워 질 수도 있는,

언어는 본래
침묵으로부터 高貴하게 탄생한,

열매는 꽃이었던,

너와 네 祖上들의 빛깔을 두르고,
내가 12월의 빈들에 가늘게 서면,
나의 마른 나뭇가지에 앉아
굳은 책임에 뿌리박힌
나의 나뭇가지에 호올로 앉아,

저무는 하늘이라도 하늘이라도
멀뚱거리다가

벽에 부딪혀
아, 네 영혼의 흙벽이라도 덤북 물고 있는 소리로,

까아욱……

깍……

▶▶▷「겨울까마귀」 전문

김현승 시인은 기어코 이 겨울까마귀를 궁극적일만큼 고독의 표상인 영혼의 새로까지 규정하여 설득력을 얻고 있다. 이 까마귀야말로 겨울 밤 빈들에 외로이 선 시인의 마른 나뭇가지에 앉은 대상이 될 만큼 극한적인 고독의 기호로써 동일시되는 객관적 상관물화에 성공한 것이다.

지방문단을 가꾼 공로자

다형 김현승은 특히 어려웠던 과도기에 광주-전남문학을 키우고 활성화시킨 공로 면에서 지방문단의 대부 같은 존재였다. 그의 역할은 한반도가 세계사적인 동족상잔의 전쟁 기간에 이루어진 터라 더욱 값진 것이었다. 조선대학교 부교수로 취임한 1951년부터 그는 더욱 더 강단 안팎에서 남도 지방의 젊은 문학도들을 지도하였다. 온 나라가 전쟁의 소용돌이에 빠져 있던 당시 황량한 땅에다 평화로운 미래 문단을 마련하기 위한 문학의 묘목을 가꾸었다. 그리고 기존의 중앙 문예지 ≪白民≫과 ≪文藝≫가 폐간하거나 휴간된 상태서 이를 대신할 새로운 문예지까지 시골에서 펴내며 장래의 문단 인재를 키우는 문학의 못자리를 가꾼 것이다.

전쟁 발발 일 년만인 1951년 6월에 김현승은 빛고을 광주에서 종합 문예지인 ≪新文學≫(1951.6~1953.5 간행)의 주간을 맡아 발간하였다. 출판비용은 대개 용아 박용철의 미망인(임정희)이 댔지만 실로 본 지역의 백완기 박흡 김현승 이동주 이석봉 오유권 이수복 전병순 조희관 등의 중견문인들이 주축을 이루었다. 전쟁이 치열하던 당시로서는 사실 전국적인 문예지인지라 광주 지역에서 서울을 비롯한 전국 문인의 작품 발표 무대 역할을 대행했었다. 필진에는 그 무렵 광주 지방에 연고를 가진 이은상 서정주 외에 구상 김종문 노천명 박용구 이상로 조연현 최태응 등이 발견된다. 특히 종간호가 된 4호에는 김현승 주간과 기독교계의 평양 숭실중학 선후배인 우의로 연결된 황순원의 단편「소나기」가 실려 있어 인상적이다.

해당 문예지의 편집책임을 맡았던 당사자인 김현승 자신도 광주에서 간행되었던 ≪新文學≫의 중요성에 대하여 다음 같이 언급한 바 있다. "과거를 회고하면 진실한 집단적 의미로서의 전남문학의 형성은 6.25사변 후 문단조직과 아울러 향토문예지 ≪新文學≫ 창간을 계기로 출발되었다고 보아야 어느 모로든지 타당할 것이다."(≪新文化≫ 창간호, 1956.7에서) 이 조출한 지방문예지는 휴전 이후 창간되어 중앙문단의 중심을 이루어 온 ≪文學藝術≫(1954~1957 간행), ≪現代文學≫(1955~현재), ≪自由文學≫(1956~1960 간행)을 잇는 과도기의 다리 역할을 해냈다.

이렇게 뜻 깊은 전란 속의 문예지 활동 이후 빛고을 문단은 중앙문단으로 비약적으로 발돋움하는 양상을 보였다. 1950년대 중후반에 광주-전남문단이 전국 문단과 비교하면 상대적으로 기록적일만큼 많은 성과를 거둔 셈이다. 그동안 악조건 속에서 다형을 비롯한 여러 문인들이 지방문학을 가꿔온 못자리나 텃밭에서 소담한 열매를 거두기 시작한 것이다. 여기에는 김현승이 당시 유력지인 ≪現代文學≫의 추천위원으로 활약한 여건도 참고가 된다. 또한 빛고을의 김현승 시인 공로 못지않게 광복 이후 목포 지방의 청년문학도들을 지도해온 박화성 작가의 숨은 역할도 뒷받침된 편이다. 이 무렵 남도 지방에서 서울의 신문사 신춘문예나 문예지 추천을 통해 당당하게 유수의 중앙문단에 등단한 문인은 셀 수 없이 많다. 박봉우·박성룡·박홍원·문병란·손

광은·윤삼하·이성부·주명영·정현웅·임보·조태일·박경석 등.

위와 같은 김현승의 빛고을 문학 가꾸기와 인재 키우기는 1960년 상경 이후 모교인 숭실대(숭전대) 교수로 옮겨와서는 다소 소강국면을 보였던 듯싶다. 국문학 전공 학과(숭실대 국어국문학과는 1981년에 신설)가 개설되지 않았을뿐더러 환경 변화에 따른 건강상의 요인으로도 짐작된다. 하지만 그의 인재 육성은 제자가 시골에 묻혀 지내도록 눌러 앉히는 게 아니라 스스로 활동하도록 넓혀주는 것으로 보인다. 사실 어렸을 적부터 부모의 교역 전근지를 따라 평양서 태어나고 제주를 거쳐 광주에서 초등학교를 마쳤다. 그리고 다시 평양에서 유학하며 미션계 중학을 거쳐서 같은 계열 전문대학 문과에서 공부한 다음 광주에 와서 양림동에 오래 정착해 왔던 것이다. 그러다가 상경하여 서울 생활로 마쳤던 그만큼 다형의 고향과 타향은 열린 삶의 공간으로 문학과 함께 소통하고 있다.

요컨대, 오래도록 광주에 터 잡고 지내오면서 김현승이 특히 한국 전란기 무렵에 빛고을을 중심한 광주–전남문학 발전에 미친 영향은 특기할 만하다. 그것은 전통적으로 시가의 본고장인 광주의 예술 활동이 한동안 목포에도 뒤질 만큼 침체되어 있던 상태를 탈피시켜 놓은 업적뿐만이 아니다. 다형은 기독교 시인이면서도 종교적 무리감 없이 광주의 시문학을 진흥시켜서 빛고을을 호남문단의 중심으로 자리 잡게 한 주역이기도 했다. 그는 1930년대 한국 시단에 순수 시문학 운동을 일으킨 용아 박용철 이후 쇠퇴해 가던 빛고을의 문학적 위상을 되찾아 놓은 장본인이다.

과제 및 맺음말

위에서 우리는 다형 김현승 시문학과 그 문학사적 위상을 살펴보았다. 아울러 전통적인 광주·전남문단의 변천상을 점검해 보았으니 내일을 위한 방향도 가늠할 수 있을 것 같다. 신문학 이래 100여 개의 나이테를 새겨온 한국 현대문학사에서 과연 김현승과 남도 시문학 발전은 뗄 수 없는 관계임도 알아 본 셈이다.

김현승은 일찍이 1934년에 시단에 오른 이래 광주 지방문단에서 견고한 신앙 시를 통하여 우리문단에 기독교 문학의 지위를 격상시켰다. 동시에 1950년대 전후부터 고향에서 오래도록 후진들을 길러내서 빛고을 문단을 향상시킨 김현승의 공적은 특기할 사항이다. 김현승 시인이야말로 1930년대에 한국 문단을 신선하게 변혁시킨 박용철과 함께 빛고을을 빛낸 쌍벽 같은 존재이다.

그런 만큼 우리는 우선 용아와 다형—두 시인을 기리는 문학관이라도 세워야 마땅하다고 생각된다. 바야흐로 문화의 세기인 요즈음은 지방화시대에 걸맞게 각 지자체에서는 서로가 다투어 자기 고장 출신 문인들을 위한 기념관 짓기에 열심이다. 목포시의 김우진－박화성－차범석 종합문학관, 춘천시의 김유정 문학관을 위한 역 이름 개칭, 평창군의 규모 있는 이효석 문학관, 통영시와 남해군의 치열한 유치환 고향 찾기 소송 경우들은 타산지석이 되고 남는다.

시 「부용산」 감상과 이해

: 박기동 시인의 경우

지난 가을, 퇴촌 쪽 주말농장에서 푸성귀 몇 단을 낡은 승용차 트렁크에 싣고 올 때였다. 필자는 단풍 구경 겸 남한산성 길로 들렀다가 차량행렬에 두어 시간 막힌 덕에 새 노래 한 곡을 배웠다. "오가며 그 집 앞을 지나노라면" 등, 〈가고파〉·〈사우〉·〈바위고개〉에 이은 새 노래가 유난히도 가슴에 저며 들었기 때문이다. "부용산 오리 길에, 잔디만 푸르러 푸르러……." 운전석 옆자리에 앉은 동행자의 젖은 목소리는 가득 진정성을 머금고 있었다. 박기동 선생이 국어를 가르치며 마지막으로 봉직한 1957년 무렵에 목포사범 선생님에게서 배운 거란다. 피아노를 통해서 악보를 놓고 가르치던 이동수 선생의 열정적인 모습도 생생하다는 것이다.

그때서야 필자는 알아차렸다. 이 노래가 한국전쟁 전부터 목포를 비롯한 남도 지역에서 크게 유행했던 그 〈부용산〉이라는 것을. 동행자는 가사 중에서 '너만 가고' '부용산 산마루에' 등에서 다소 헤매면서도 차차 또렷하게 되살려 나가고 있었다. 그 애처로운 내용 또한 가슴에 와 닿았다. 서울 문우들 야유회에 가서도 으레 모시옷 차림의 송상욱 시인이 기타를 든 채 눈을 지그시 감고 연주하곤 하던 그 리듬은 짐작되었다. 사실 목포서 백 리 길에 있는 농촌 중학교에 다닌 필자 자신은 그 노래를 까맣게 몰랐었다. 그 지방 사람이면서 이 노래를 모르면 긴칩이라는데도 그랬었다.

꾸불꾸불한 산성을 돌아 나오며 필자는 차 운전석에 앉은 채로 여러 번 따라 부르면서 익혔다. 낮고 느리되 그윽하게 시작된 노래는 중간의 '너만 가고 말았구나'에서 설움의 극치를 이루었다. 그러다가 한 생명이 진 애처로움으로 꼬리를 끌어간 가락은 다음에 첫 절의 서두처럼 '하늘만' 꼭대기에서 한껏 음정을 높였다가 내려오며 무심하게 마냥 푸른 자연의 자태로 끝맺는 엘레지다. 싱그러운 향토적 이미지에 하늘과 땅, 사람이 어우러진 이승에서 차마 못 다 핀 꽃으로 시들어 먼저 간 사람을 조상하는 내용이다. 그 가사에다 전에 없이 애절한 곡조가 신산한 맛으로 마음의 구미에 당기는 것이었다.

부용산 오리 길에
잔디만 푸르러 푸르러

솔밭 사이사이로
회오리바람 타고

간다는 말 한 마디 없이
너는 가고 말았구나

피어나지 못한 채

병든 장미는 시들어지고

부용산 봉우리에
하늘만 푸르러 푸르러

▶▶▷(1절 전문)

언젠가 음미한 듯 가슴을 저미는 리듬에 심취한 필자는 한동안 곡절 많고 애절한 이 노래의 사연 캐기에 파고들었다. 어지러운 그 시절에 지은이마저 모르고 가사와 곡이 제각각으로 입을 따라 유행했다니 더 관심이 갔다. 특히 과거의 빨치산들이나 그 후의 운동권 계층에서 즐겨 부르던 인기곡이었으니. 과연 그 작품을 작사, 작곡한 분은 누구이며 노래에 등장하는 주인공에 얽힌 당사자의 정체는 무엇인가?

하기는 이전처럼 지은이를 모르는 익명성의 호기심이나 악보가 없는 데서 오는 자기 멋대로 부르기의 효과도 대단하다 하겠다. 그 노래는 소문처럼 선생이 사랑하는 제자에 바치는 애가라는 짐작도 심심치 않다. 본디 작품을 쓴 작자보다는 작품을 감상해서 받아들이는 처지를 더 중요시하는 견해가 우세한 시대니까. 이를테면 독일의 수용미학자 이저나 잉가르덴의 빈자리 메우기 식으로 음미하기에 알맞은 면이 많다. 그러나 이제는 이미 극히 일부 지역의 소수에게만 숨어서 부르던 노래이기보다 전 국민에게 열린 음악으로 살려서 활용하는 게 바람직한 것이다.

이미 반세기 전부터 진하게 불리며 퍼져 오던 〈부용산(芙蓉山)〉에 대한 전국적인 관심사는 1998년 봄, 한국일보의 김성우 칼럼 등에서 논의되기 시작했다. 모처럼 국민의 정부가 들어선 새 분위기 때문이었을까. 그렇게 공감대 넓은 노래의 정체는 점차 어둠 속에서 정체를 드러내기 시작했다. 그 노래의 당사자들에 대한 증언과 실재의 작곡집도 발견되었다. 그 원전비평적인 가사와 더불어 반세기만에 생존한 작가의 정체도 확인하게 되어 녹록치 않은 역사주의적 접근도 가능한 일이었다.

2000년을 전후해서는 몇 언론사에서 매스컴 수준의 〈부용산〉 특집 방영 등으로 상식적인 궁금증은 푼 바 있다. 부용산이 새삼스러운 화재로 떠오르자 작사, 작곡에 연결된 해당 지방의 학교나 동호회에서 기념비를 세우는 등의 행사에 이어 문화예술계의 반향도 이루어졌다. 문단의 경우, 정도상과 최성각 작가가 그 제재로 소설을 발표하였다. 전자는 빨치산이었던 비전향 장기수를, 후자는 『부용산』이란 창작집과 같은 제목의 단편으로 빨치산에서 전향한 후 시인으로 살다 죽은 사람의 딸(은미)을 등장시켜서 이 노래에 얽힌 한을 서사화하고 있다. 몇 단체의 연극 공연은 물론 가수 안치환이나 이동원, 한영애의 음반에까지 〈부용산〉이 다뤄진 것이다.

그러므로 여기에서 필자는, 위의 여러분보다는 늦은 대로 본디 시문학으로 비롯된 이 가요작품에 대한 평설로 참여해보는 셈이 된다. 여기에 동원된 자료는 박기동의 산문집은 물론이요 여러 군데서 다양하게 수집한 것들을 중심으로 한 것이다. 광복 이후 남도 일대에서 그 당사자와 가깝게 지내거나 여러 모로 연결된 인사들에게서 청취하고 또는 기록물 등에서 조사한 내용이다. 연꽃과 같은 부용이란 이름의 산은 전국에 걸쳐서 여러 군데지만 여기서는 전남 보성군에 속해 있는 벌교읍 소재의 산을 지칭함도 확인했다.

박애영 누이와 김정희 학생

이 노래 가사는 본디 박기동 시인이 순천사범학교에 재직 중이던 1947년에 친누이의 죽음을 겪고 쓴 시였다. 여수 돌산 태생인 시인이 보성 벌교로 이사를 가서 살다가 스무 네 살의 아까운 나이에 폐결핵으로 숨진 누이를 그곳 벌교의 부용산에 묻고 온 심정을 적은 현대판 제망매가인 셈이다. 미모에 착하기 그지없는데다 아이마저 갖지 못하고 먼저 떠난 박애영에 향한 애끊는 사연이다. 그런데 이듬 해 목포 항도여중에 부임한 시인은 새 동지를 만난다. 이 시의 초고를 우연히 국어 담당 박 시인의 교무실 서랍에서 발견한 옆 자리의 음악 교사 안성현이 이 작품에다 곡을 지어 붙인 것이다. 그런 과정에 작곡가의 의견도 조금은 가미되어 원작이 더 좋게 다듬어진 소지도 없지 않다. 반복되는 '푸르러 푸르러'는 상여의 선소리 가락으로 해달라는 작사자의 의견 반영이다. 거기에 '피어나지 못한 채'는 원문과는 다르게 작사자의 조언으로 고쳐 써졌을 가능성이 짙다. 24세의 기혼여성보다는 17세 제자의 죽음을 예견해서였음을 짐작하고 남음이 있다. 김소월의 〈엄마야 누나야〉와 〈부용산〉을 비롯한 11편이 실려 있는 그 작곡집에는 자신이 작사, 작곡한 〈낙엽〉을 실을 만큼 안성현은 작사에도 일가견이 있었다.

이런 사연은 되도록 박기동 시인 자신의 체험담을 주로 한 것이다. 거기에 목포에서 시인과 문우로 지냈던 박정온 시인이나 작사자인 박 시인을 뵙던 자리에서 직접 들었다는 김정오 수필가 의견도 참고했다. 이전에는 안치환의 노래에서처럼 여러 사람들 사이에서 지은이도 모르고 오래도록 구전되어 왔던 것이다. 그러다가 1990년대 말 무렵에야, 남한 정부가 수립되던 때 쓰였던 박기동 작사, 안성현 작곡의 프린트 본(1947년 판) 악보집 발견으로 바로 잡히게 되었다.

그런데도 정작 이 노래의 서정적 주인공은 문학소녀 김정희로 항간에 많이 알려져 있어 흥미롭다. 그것은 아무래도 작사자나 작곡자인 선생과 소녀 제자가 여러 학생들 모두에게 절실한 실체였으니까. 그 때 항도 여중에는 목포 북교의 전교 수석으로 추천되어 선망의 대상이던 서울 사범학교에 합격했다는 미모의 김정희가 우상처럼 돋보인 존재였다. 더구나 상경해서 유학하던 중 건강문제로 전학 와 있던 여

학생이 역시 북교동 집에서 폐를 앓다가 숨졌으니 극적이다. 열일곱 나이로 요절한 그녀의 영구차는 묘지로 가기 전에 정든 모교 교정을 둘러가는 의식도 거쳤다. 이런 사실은 그곳 명문이던 북교 국민학교의 동급생이면서 항도여중(후에 목포여고) 동기생이었던 문예부 출신인 김효자 교수나 임성순 님도 증언한다. 그 노래(시)의 주인공이 더 없이 수재이면서도 수려한 미모를 자랑했던 김정희를 지칭한 바로서 당시 학생들은 의심하지 않았다는 것이나.

너무나 아리따운 나이에 결핵으로 인해서 이승을 먼저 떠나보내야 했던 누이와 제자에 대한 사랑을 표출한 시적 가사라는 공통인자 때문일까. 당시 한글문예 사랑에 각별했던 조희관 교장의 간청으로 천재소녀인 여학생의 문학 지도를 위하여 초빙되어 문예 지도를 한 박 시인의 애틋한 심정은 이루 헤아릴 수 없다. 또한 음악 과목을 맡아온 안성현 교사 역시 그녀에 대한 제자사랑이 남달랐음을 짐작해 남음이 있다. 마침 김정희 학생 큰 오빠(김창완 시인의 사형)도 당시 목포 중학 국어교사였고 그녀의 작은오빠 또한 목포상업학교의 음악교사였으니. 같은 또래의 학생들도 물론, 뛰어난 재원인 친구에 관한 슬픔을 가슴 저미게 아파했던 데에 공감대를 함께 했을 터이다. 문학에도 남다른 재능을 보인 그녀는 이미 목포 앞의 고하도에 있는 고아원을 제재로 쓴 '감화원 설계'라는 글로 전국글짓기 대회에서 대상을 수상한 바도 있었다. 안성현은 자신이 모르는 24살의 죽음보다 17세 제자의 요절을 '피어나지 못한 채'라고 고쳐서 써넣었던 심증이 가고 남는다고 필자는 생각한다.

따라서 여기에서 바로잡을 문제는 〈부용산〉의 작사, 작곡이 완성된 후에 김정희 학생이 숨졌다는 점이다. 흔히 손쉽게 짐작하듯 이 노래는 그 학생이 요절한 안타까움을 반영했다고 말하는 것은 모순이다. 자료를 확인해 보면 김정희(1931.10.1~1948.10.10) 죽음은 안성현의 등사본 작곡집(단기 4281=1948.8.17. 목포 동광사 판)보다 두 달이나 늦은 입동

무렵이던 사실이 증명하고 남는다. 박기동 시인의 자전적인 산문집인 『부용산』(삶과꿈, 2002.5)의 기록도 이 작품이 김정희 학생 요절 뒤에 작곡되었다는 부분만은 착오로 보인다. 정말 순수하고 자유주의적인 낭만주의자인데도 1948년 2월에 순천사범에서 '남조선 교육자협회' 가입건 등으로 고생한 후의 회고담이다. "내가 항도여중에 부임한 지 8개월 쯤 되었을 무렵, 앞에서 말한 김정희가 폐결핵으로 세상을 떴다. 정희는 해방 직전, 경성사범에 입학했다가 해방이 되고 고향인 목포로 내려와서 항도여중에 전입학한 학생이었다. 그 애의 이름이 어찌나 쟁쟁했던지 교사들이나 학생들이나 그 애를 모르는 사람이 없었다." 이렇게 그해 2월에 부임해온 기간을 감안해 보더라도 학생 요절 전의 작곡은 분명한 사실이다.

그러니까 작사자의 누이 죽음을 조상한 시에 곡을 붙인 한여름에 작곡집과 더불어 안성현 선생 지도로 학생합창단에 가르쳐졌다. 이 노래가 1948년 시월 상순에 목포극장에서 열린 항도여중 예술제에서 배금순 학생 노래로 발표되어 남도에 알려지기 시작할 무렵이다. 바로 그해 시월 10일에 김정희가 요절했고 곧이어 그달 중순께에 여순사건이 발발했다. 이렇게 숨 가쁘게 연달아 일어난 그 북새통에서 〈부용산〉 노래는 점차 빨치산들도 자신의 처지를 한탄하며 즐겨 부르게 마련이었다. 그리고 이듬해 가을에 교직에 사표를 낸 작곡가는 다음해 육이 오 전란이 나던 통에 스스로 월북해 버렸다. 실로 문예 사회학적인 문제에 연결된 사안이 아닐 수 없다.

박기동 시인과 안성현 작곡가

그런 처지에서 〈부용산〉을 지은 공로자들은 그 후 고단한 삶을 지낸 터라 안타깝다. 작곡자의 월북으로 동료 박기동 교사와 조희관 교장마저 퇴직시키고 말았으니 과연 구슬픈 곡조 때문일까. 〈부용산〉은 흔히 빨치산들이 음지에서 즐겨 부르거나 1980년대 운동권 학생들이 애창하는 수난의 곡이던 탓일까. 작사자 박기동은 한의사였던 부친 덕에 일찍이 일본유학으로 관서대학서 영문학을 공부하던 청소년기를 지냈지만 장년기의 교편생활 중에 발표한 〈부용산〉으로 영욕을 겪으며 숱한 수난을 당하였다. 무엇보다 순수한 누이에 대한 정을 읊은 〈부용산〉으로 인하여 좌경으로 의심받은 나머지 1950년대 말엽에 교직을 물러난 그는 직업 없이 국내를 전전하게 된다. 상선회사원, 염전의 현장 감독을 거쳐서 한동안 상경하여 여중 제자(김효자) 부부가 운영하는 출판사에서 외국소설(일본 〈氷點〉 등) 번역이나 교정 일을 거들며 살아온 처지이다.

1980년에는 부인(문행자 여사)마저 잃고 난 박 시인은 낭인의 나날을 보낸다. 한때는 경상도 산중에서 수도 생활하듯 하루 두 끼씩 생식을 하면서 요가를 터득하여 건강을 챙기고 지냈다. 그리고 외국 이민을 떠나기 전에는 경기도 광주의 농촌에서 유기농업으로 자급자족의 길도 모색해 보았다는 것이다. 그러다가 1993년 이후에는 박기동 시인 자신이 호주로 이민 가서 시드니 근교 난민촌에서 정부보조금으로 비좁은 칠 평 아파트에 살다왔다. 그러던 중에 수년 전에 서울로 돌아와서 병원에 몸져누운 채 한 서린 생을 마감했다. 그렇게 시련을 겪고 소외된 시인의 삶에서 빚어낸 시작품인지라 도리어 더 소중한 바 많다.

더구나 이곡을 작곡한 안성현(安成絃, 1920.7.13~2006.4.25)의 행방은 더 극적인 요소를 지니고 있다. 월북한 최승희의 남편인 안막의 조카라는 소문에서만이 아니다. 일찍이 동경에서 음악을 전공하고 돌아와 광주사범, 조선대학 등서 음악을 가르치고 〈엄마야 누나야〉 〈내 고향〉 〈진달래〉 등을 작곡한 음악계의 선구자이다. 목포 항도여중의 사택에서 혼자 하숙하며 그 집 피아노로 작곡했다는 그는 끝내 월북하였다. 해방 전 해에 장흥출신의 성동월 새댁과 결혼해서 낳은 1남 1녀의 가족을 두고서였다. 한국 전란 때 헤어진 반세기 동안 북행 후의 작곡가나 호주행의 작사자는 서로가 소식을 모른 처지에서였다. 근년 들어 팔순 중반의 고개를 훨씬 넘어서 그는 질긴 숨을 거두었다는 소식이다. 죽산이 관향인 안성현 작곡가는 나주 남평 태생으로 일찍 함흥에 이주해 살던 가야금 산조 명인인 아버지 안기옥 못지않게 그곳 국립 교향악단장으로서 공훈예술가로 활약하다가 2006년에 작고했다. 분단의 장벽을 벗어나서 뒤늦게 〈부용산〉으로 부활한 그는 이제 광주에 사는 처조카(성경래)가 발굴한 제2작곡집과 더불어 통일시대 작곡가로 재조명되어야 할 것이다.

실로 60년 전부터 목포 지역에서 유행하던 이 〈부용산〉 노래를 필자는 요즘 들어서야 더 진중하게 음미하고 지낸다. 이 작품에는 적어도 동시대를 살다간 우리 인생의 진정성과 깊은 사랑이 속속들이 담겨 있다. 거기에는 그늘진 사회의 수난 속에서도 따뜻하고 성실하게 살아가려는 박기동 시인의 오붓한 정이 옛 추억처럼 넘쳐흐른다. 그런데도 사람들은 동족상잔의 전쟁북새통에다 이데올로기 속에 휘말려서 정작 원래의 작사, 작곡자나 작중 인물의 정체마저 모르고 지내왔다.

더구나 일부 인사 중에는 아직도 시골에 묻혀 지낸 지방 시인의 작사에, 월북 작곡가가 빚은 금지곡 아닌 금지곡이었던지라 경계하고 외면하는지 모른다. 너무나 애절한 사연을 지닌 엘레지 그대로의 가치를 인정해 줄 사회의 관심이 못 미쳤던 까닭에서였을까. 박기동 시로 비롯된 이 노래는 먼저 간 전혜린의 옛 친구 또래인 김지하 시인 또는 작가 송영, 황석영 아니면 모 국회의원이 애창한다는 에피소드에 그치는 면이 적지 않다. 요즘도 호남의 남도 지역 출신 노년층 동창생들 회식 자리서는 곧잘 추억의 향토노래로 합창하는 정도이다. 거기에는 마치 서편제 가락에서처럼 원초적인 남도의 사랑과 정한의 강물이 여울져 흐른다. 흡사 임방울의 판소리 가락마냥 처연한 맛이 도심의 열에 뜬 가슴을 시원하게 적셔준다.

여기에서 지난 세기 말경에 연극인 김성욱, 음악인 송광선, 이동원, 오성환 등의 뜻있는 연극인, 음악인들이 연 일련의 문화행사들이 주목된다. 이를 위해서 멀리 시드니에 있던 박기동 시인의 〈부용산〉 2절도 반세기 만에 새로 추가되었다. 그로 인해 모처럼 1999년 가을에는 작사의 고향인 벌교 현지에 〈부용산〉 시비가 건립된 데 이어 2002년 봄에는 작곡의 본산지인 목포여고 교정에 〈부용산〉 노래비도 세워졌다.

부용산 부활과 조국의 하늘

실로 강산이 너넛 번 바뀐 세월 동안 그늘에 숨겨져 오던 〈부용산〉은 지난 세기 말엽에야 부활되고 보완되었다. 1990년대 말에 들어 이 노래가 재조명되자 김성우나 김성옥 등의 요청으로 원작자가 2절을 새로 써서 보냈다. 실로 서정시의 한 전범이 되어 온 〈부용산〉은 1절을 발표한 지 반세기가 넘어서야 후속편으로 짝을 이룬 시편의 가사로 완성하게 된 것이다. 해외에 나가 살면서 더욱 간절해진 조국의 하늘과 땅에 맺힌 남매의 애틋한 마음을 토로한 백조의s 노래인 셈이다.

이전의 가사가 누이에 대한 애달픔을 읊은 데 비해 새 가사에서는 아무래도 시인 자신의 초연한 서글픔을 드러낸 요소가 물씬 풍긴다. 1절에서처럼 한창 아름답고 싱그럽던 인생이 대자연 속에 무상하게 스러져가는 데 대한 가슴 저린 정감을 자아내고 있다.

그리움 강이 되어
내 가슴 맴돌아 흐르고

재를 넘은 석양은

저만치 홀로 섰네

백합일시 그 향기롭던
너의 꿈은 간데없고

돌아서지 못한 채
나 외로이 예 서있으니

부용산 저 멀리엔
하늘만 푸르러 푸르러

▶▶▷(2절 전문)

1절의 서두는 김승우 님의 견해처럼 정지용의 시 「압권」 서두에서 "鴨川 십리 벌에 / 해는 저물어……저물어……"를 참고하되 창의적으로 새롭게 활용한 결과이다. 그에 못지않게 끝 연의 "하늘만 푸르러 푸르러"는 같은 시인의 "그리던 하늘만이 높푸르구나"(〈고향〉 끝 절)를 연상케 하는 마무리가 인상적이라고 필자는 생각한다. 특히 2절에서는 1절의 처연하던 어둠을 벗어나 밝은 이미지를 띠고 있어 바람직한 격조로서 빛나 보인다.

가사는 그런 대로 자유시 형식인 1, 2절이 대조적이면서도 무난하게 부합된 구조를 이루었다. 1절의 조국 산야에 있던 '너'(누이=제자) 처지에 대해서 이국 만 리 낯선 땅에 굳어 서 있는 '나'(오빠=선생)의 신세가 대조를 이룬다. 1연에서는 1절의 산 대신 강 이미지가 새롭다. 백합처럼 향기롭던 젊은 네 꿈은 사라진 채 나이 든 자신이 바라보는 고국 땅 부용산 쪽 하늘만 푸르다는 것이다. 연의 순서대로 촉각–시각–후각–색채 이미지가 그늘과 빛으로 다양하게 조화를 이루어 절절한 음악적 리듬과 함께 감동을 자아내고 있다.

2천 년대 들어 잠시 귀국한 시인은 뒤늦게나마 고국 땅 현장의 정감 어린 기념비 앞에서 기념촬영을 하는 감격도 누린 바 있다. 그리고 2002년에는 서울에서 시집 대신 산문집 『부용산』이란 회고적 산문집을 펴냈다. 그런 수년 후에 시인은 2005년 봄날, 88세 미수로 육신의 삶을 끝내고 치과의사 등, 두 아들을 남기고는 경기도 마석의 모란공원에 오랜 유랑의 심신을 쉬고 있다. 비록 중앙문단에는 이름을 올리지 않은 채 한반도 한 자락에서 반세기 넘게 시단활동을 해온 남도의 서정 시인으로서 시집 한 권 내지 못한 건 안타까운 일이다. 더구나 70년 동안 시만 생각하고 살았으면서도 원고를 압수당한 사정 등으로 뜻을 이루지 못했다 함은 아무래도 어울리지 않는 일이다.

오랜만에 호주에서 건너와 언론과 인터뷰한 보도에서 시인 스스로 시사한 바는 참고가 된다. "자신은 실패한 인생이었다고 자책할 뿐 자신의 이야기를 미화하지 말라"는 말이 그것이다. 그럼에도 비록 시인으로 대성하지는 못했을망정 박기동(朴璣東, 1917.11.28~2005.5.9)은 〈부용산〉만으로 제 자리를 잡아놓고 갔다. 이 작품이야말로 시인의 끈끈한 삶과 시, 그리고 음악이 삼위일체로 어우러진 기념비적 성과물이다. 바라노니 아무쪼록 시인 평생의 소원이던 그 유고시집의 출현이 기대된다.

이제는 밝혀진 원작자가 이념의 굴레에서도, 외로운 명망에서도 벗어난 만큼 〈부용산〉을 새로운 부활 곡으로서 우리 가요차트에 올려놓을 수 있을 것 같다. 그리스나 로마시대부터 시와 음악은 뮤즈의 여신으로서 하나였던 원리였음은 물론이다. 근래 명시나 명곡이 조화를 이루어 애창되고 있음은 새삼스런 일이 아니다. 결국은 이 작품이 윤심덕의 〈사의 찬미〉는 물론이요 조기천의 〈휘파람〉보다는 훨씬 상위에 오를 것이라 짐작된다. 더욱이 박기동의 시 〈부용산〉은 애닯은 사랑과 더불어 역사성 있고 의미 짙은 국민가요로서의 공감대를 지닌 문학작품으로 거듭나고 있다. 〈부용산〉은 해방공간의 역사와 절절한 사랑을 담은 채 분단시대 남북한 문학과 음악이 어우러진 통일의 염원을 함께한 보통예술인의 상징적 작품으로 가슴에 와 닿는 실체인 것이다.

(2008년 11월, 2011년 9월 보완)

녹색시 문학과 환경문제

문제제기

문학작품에 나타난 자연이나 인간과의 상관관계는 요즘의 환경문제와 직결되는 우리 문단의 당면과제이기도 하다. 흔히 녹색문학, 생태문학, 환경문학으로 지칭되는 논의나 일련의 문화운동과도 직결되는 사안인 것이다.

물론 자연에 관한 문학은 동서양을 막론하고 고전문학과 현대문학에 걸쳐서 수많은 작품들에 연면하게 반영되어 왔다. 그런데, 이런 문제점에 대한 새로운 관심과 접근은 우리 문단의 경우, 산업화와 도시화가 심화된 1970년대 이후 점차적으로 높아져온 셈이다. 하지만 아직은 이에 대한 명쾌한 이론이나 큰 실적이 제대로 정립되지 않은 편이라 생각된다.

그러므로 이 자리에서는 우리 시문학 작품을 중심으로 자연과 문학의 상관관계 및 작품성향 등을 개괄적으로 살펴보려 한다. 특히 이 과제의 성격상 녹색문학에 해당되는 시 작품의 성향과 실적을 가늠하기 위해 다소 입체적인 접근도 꾀해 봐야 할 것 같다. 자연에 대한 동서양 문학의 상이점과 근대 이후 오늘에 걸친 녹색시의 변천 양상도 참고해 볼 일이기 때문이다.

생생의 시학

문예학자들은 대게 서양문학의 경우, 자연을 이용후생의 대상으로 보고 다분히 인공적인 요소를 가한 대상물로 활용하고 있다고 이해하는 것 같다. 세계 최초의 문예학 이론인 아리스토텔레스의 『시학(詩學)』에서는 희곡의 삼일치 규약처럼 인위적 당위성을 강조하고 있다. 이에 비해서 동양 최초의 문에 이론서로 꼽히는 유협의 『문심조룡(文心雕龍)』에서는 자연 그대로의 존재를 존중하며 혼융일체가 되려는 태도이다. 이른바 범아일여(梵我一如)적인 불교사상 내지 노장철학의 무위자연적인 합일로서 자연을 벗 삼는 것이다.

인간과 자연이 대립관계가 아니라 긴밀하게 호응하는 상생(相生)의 관계로 파악한 시 작품은 동양의 고전들에서 많은 보기를 찾을 수 있다. 중국의 한시를 비롯해서 일본의 전통적인 하이꾸(俳句)서 많이 발견되지만 여기서는 한시 몇 편만 들어보기로 한다.

진나라 도연명의 전원시편, 당나라 이태백의 낭만적인 풍류시들과 두보의 「춘망(春望)」처럼 널리 알려진 시편들을 알기 쉽게 인용해 본다.

봄 물은 못 마다 가득하고
여름구름은 기묘한 봉우리도 많도다

가을 달 드높이 밝음이여
겨울 산 마루턱 솔 한 그루 빼어나 서 있도다

▶▶▷도연명, 「사시(四時)」 전문

이른 새벽에 콩밭 기심을 메고
달빛을 몸에 받으며 괭이 메고 돌아온다
길은 좁은데 풀과 나무는 자라서
저녁 이슬이 내 잠방이를 적시누나
옷이야 젖더라도 농사나 잘 되었으면

▶▶▷도연명, 「귀전원거(歸田圓居)」 에서

시의 제목에서처럼 계절에 따라 변하는 자연의 조화를 노래한 도연명의 시에는 시인 자신이 농촌에서 손수 농사를 하며 산천초목과 어울려 사는 모습이 선연하다. 그리고 달과 함께 운치를 만끽하는 이태백은 그의 시 「산중대작(山中對酌)」을 연상하게 하는 자연친화 합일의 경지를 이루고 있다.

꽃 사이 놓인 한 단지 술을
혼자서 마시노라
잔을 들어 명월(明月)을 맞이하고
그림자를 대하니 세 사람이 되었구나
(…중략…)
내가 노래하면 달은 거닐고
내가 춤추면 그림자는 어지러워
깨어서는 같이 즐기고

▶▶▷이태백, 「월하독작(月下獨酌)」 에서

또한 이상화의 시 「빼앗긴 들에도 봄은 오는가」 발상에 영향을 미쳤다는 두보의 「춘망」은 인간사회에 구애받지 않고 자연의 이치대로 부르고 있음을 보인다. 그러면서도 시인은 오히려 이런 무상의 자연 속에서 시대를 더 고뇌하며 한껏 객관적 상관물화하여 시적 효과를 드높이고 있는 것이다.

나라는 망해도
산하(山河)는 남아 있구나
옛 성에 봄이 찾아오니
길거리는 잡초와 덤불로 무성해 있네
시대를 슬퍼하며
꽃들에도 눈물을 짓고
이별이 한스러워
새소리도 마음을 조이는구나.

▶▶▷두보, 「춘망(春望)」에서

한국 고전시의 자연친화성

한국시는 동양시학의 전통을 이어받아 두드러지게 자연 친화성을 드러내고 있다. 이런 성향은 고전시가에서 더 뚜렷한 양상을 띠고 있다. 사실 대부분의 명시(名詩) 목록이 이에 해당된다.

우선 「청산별곡」에서의 "살어리 살어리랏다 청산에 살어리랏다. 머루랑 다래랑 먹고 청산에 살어리랏다"로부터 시작하여 이후의 별곡을 열거할 수 있다. 백광홍의 「관서별곡」과 정철의 「관동별곡」은 빼어난 지방의 경승과 풍물 면에서도 돋보인다. 뿐만 아니라 작자 미상인대로 한국 산천의 빼어난 경치를 활달한 의성어와 의태어로 묘파한 「유산가(遊山歌)」, 「답산가」 및 「동동」 등도 포함된다.

특히 시조문학에서의 성과는 높다. 다음 같은 이조년이나 황진이의 시조는 자연의 정령 같은 달을 통해서 자아와 세계의 여울을 그려내고 있어 인간과 자연 합일의 상관성을 실증한다.

이화(梨花)에 월백(月白)하고 銀河는 삼경(三更)인데
일지춘심(一枝春心)을 자규(子規)야 일라마는
다정도 병인 양 하여 잠 못들어 하노라

▶▶▷이조년

청산리(靑山裏) 벽계수야 수이감을 자랑마라
일도창해(一到滄海)하면 다시 오기 어려웨라
명월(明月)이 만공산(滿空山)하니 쉬어간들 어떠리

▶▶▷황진이

황진이의 이 시조는 자연의 빼어난 정취와 더불어 시인 자신의 개인적인 삶에 연계된 기법도 주목된다. 실제 인물의 적절한 배치나 비유법 등에서 보여준다. 뛰어난 솜씨를 높이 사서 문학과 자연의 상승효과를 고려할 문제이다.

또 「어부사시사」 등과 함께 윤선도의 「오우가(五友歌)」 역시 빼놓을 수 없는 작품임은 물론이다. 그야말로 대자연의 분신들과 혼연일체가 된 경지를 읊고 있는 것이다.

내 벗이 몇이냐 하니 수석(水石)과 송죽(松竹)이라
동산에 달 오르니 긔 더욱 반갑고야
두어라, 이 다섯밖에 더하여 무엇하리

▶▶▷윤선도

이어서 근대 이후 신문학기에 접어들어서 한국 시가(詩歌)에서의 자연친화성은 계속되고 있다. 실로 1960년대 무렵까지 발표도니 잘 알려진 시 작품 대부분이 자연친화성의 계열에 해당되는 것이다.

「해(海)에게서 소년에게」·「빼앗긴 들에도 봄은 오는가」·「산유화(山有花)」·「엄마야 누나야 강변 살자」·「난초」·「청포도」·「모란이 피기까지는」·「두메산골」·「국화 옆에서」·「산 너머 남촌에는」·「향수」·「고향」·「달 포도 잎사귀」·「님의 침묵」·「파초」·「나그네」·「강가술래」·「해」·「어머니 그 먼 나라를 알으십니까」·「사슴」·「가고파」·「산(山)의 서곡」·「석류」·「백록담」 등.

한국 녹색시(綠色詩)의 현주소

그렇다면 오늘의 주제인 한국의 친자연적인 시문학은 어느 양상을 띠고 있는가 알아볼 차례이다. 여기에서 친자연이란 표현은 1970년대 산업화 이후 반자연적인 문명 여건으로 인하여 공해나 환경문제가 심각하기 때문에 친환경적으로 사용한 용어이다.

'녹색'이란 용어 역시 환경이 자정력을 잃을 만큼 이미 황색의 경고 단계를 넘어서 적색의 위험 단계에 대응된 이미지임은 물론이다. 환경문제에서 선두를 다리고 있는 독일에서는 '녹색당'이 강세를 보이고 있고 우리나라의 경우도 '녹색연합' 등의 환경단체들이 활동하고 있음이 참고 된다. 또한 근래 세계적으로 '그린 피스' 운동이 이루어지고 있는 사실 역시 '녹색시'나 '녹색문학'의 성립을 일반화시킨다.

여기에서는 '녹색시'의 현주소를 검토하기 위해서 '환경시'와 '생태시'로 나누어 접근하기로 한다. 알다시피 자연환경에 대한 위기상황에 대처하기 위해 이루어진 이런 개념은 그 뉘앙스가 상이하기 때문이다. 사실 1960년대까지는 안보와 성장이데올로기 속에 갇혀 있던 우리에게 환경문제는 초미의 관심사로서 아직 생소한 처지에 있으므로 이의 구분도 필요한 것이다.

말하지만 '녹색시'나 '녹색문학'의 개념은 절실한 자연보호나 환경위기 의식에서 생긴 용어이다. 이에 비해 '환경시'는 환경파괴 실상 등을 사회적으로 고발하거나 저지하는 성향의 의미를 띤다. 그리고 '생태시'는 이런 환경훼손의 심각성과 방지를 보다 심층적으로 다루는 형이상학적 성격을 지니고 있다. 따라서 '환경시'나 '생태시'는 '녹색시'에 포괄시킬 수 있다. 페트릭 머피 등이 '환경문학'과 '생태문학'을 한데 묶어 '자연지향적 문학'이라는 용어로 쓴다는 김욱동의 견해가 이에 뒷받침된다.

▶▷ 환경시적 고발양상

역시 이런 시적 접근은 우리사회가 산업화 단계로 성장 변모하는 과정에서 생겨났다. 1970년대 이후 발표된 일련의 농촌 피폐 현상과 자연 오염문제들을 다룬 작품들이 줄을 잇는다.

김용택의 「섬진강」, 신경림의 「농무」, 김광규의 「반달곰에게」, 고진하의 「지금 남은 자들의 골짜기엔」 등의 시 작품들이 그것이다. 이들 시는 농경적인 고전적 풍물시들과는 대조를 보인다.

그리고 김광섭 시인은 우리에게 익숙해진 평화와 청정 환경의 화신인 제비 떼의 수난과 죽음을 애달파 한다.

번영이 버린 물
바다에 흘러들어
고기 병신 되어
벌레가 된 것을
어미가 물어다 먹인

새끼제비가 죽은 것을 보고 놀라
갑자기 눈이 어두운 어미 제비도
전봇줄에 앉아 울다가
떨어져 죽었다.

▶▶▷김광섭, 「번영의 폐수」에서

이런 환경오염으로 인한 생태계 파괴로 강남 갈 제비도 삼월 삼짇날 제비도 없으니 제비 잘 사는 나라로 이민이나 가야 할 신세를 한탄한다. 이형기 또한 「전천후 산성비」에서 심각한 우리 사회의 환경위기를 제기한다.

우리 시대의 비는 계절과 무관하다
시도 때도 없이
푸른 것은 모조리 갉아먹어 버리는
전천후 산성비
(…중략…)

사람들은 모두 우산을 쓰고 있다
일회용 비닐우산이 되어버린
철망을 쓰고 있다

비극이 되기에는 너무나 흔해빠진 우리 시대의 비
대량 생산의 장미를 쓰레기통에 가득 채우는
전천후 산성비 오늘도 내린다

그런가 하면, 홍윤숙은 바람을 통한 대기오염문제를 제기하고 있다. 심각한 시적 고발이요 환경참여 의지의 표출이 아닐 수 없다.

예전의 어린 시절 바람은
시오리 신작로길 달구지로 실려가던
그 길에 바람은 목수건 휘날리며
녹십자기 흔들며 곤두박질 깨끔박질 치며…
왔었는데
지금은 너무 숨 막히다는 하소연이다.
(…중략…)

그리고 60년, 이 새벽바람은 검은 하늘 휘돌아 매연과 소음과 가스에 절어 쓰레기 하수구 이리저리 건너뛰며 무수한 건널목 신호등 큰 거리 골목길 지하도 육교에 관절마다 식은 뼈 삐걱거리며 산성비에 젖은 가로수 잎새들 조심조심 해치며 비명을 지르는 바람의 말을 내가 듣는다. 그렁그렁 상처투성이 목쉰 소리를 가슴으로 듣는다.

▶▶▷홍윤숙, 「바람－자연시초·18」에서

이어서 김용락은 「대구의 페놀 수돗물」에서 산모가 태아를 유산하고 시민들이 구토와 피부병을 일으키는 실상을 고발한다. 이런 문명비판적 환경시는 반핵 장시로 발표한 고형렬의 「리틀보이」나 「서울은 안녕한가」, 공해를 지탄한 최승호의 「공장지대」, 「핵망아지」 등에서 계속된다. 원자력 발전소 근처 마을에서 태어난 다리가 여덟 개 달린 기형 망아지와 함께, 무뇌아를 낳은 산모의 병적 징후는 인상적이다.

무뇌아를 낳고 보니 산모는
몸 안에 공장지대가 들어선 느낌이다
젖을 짜면 흘러내리는 허연 폐수와
아니 배꼽에 매달린 비닐 끈들
저 굴뚝들과 나는 간통한 게 분명해!

▶▶▷최승호, 「공장지대」에서

김기택 역시 「계절 관측 동물」에서 계절을 잃을 만큼 심각한 우리의 환경오염 실태를 신랄하게 고발하며 「고요한 너무나도 고요한」, 「귀에서 수화기가 떨어지지 않는다」에서는 남달리 도시의 소음공해를 제기한다.

참개구리, 무지치, 뻐국새, 종달새
우리나라 기상청이 지정한 계절 관측 동물들
봄이 되면 제일 먼저 나타나 봄을 알려주는 동물들
그러나 이제 서울에서는 볼 수 없다고 한다
서울 공기, 서울 물, 서울 당에 못 견뎌
1981년 이후 아주 사라졌다고 한다.

나를 보라, 서울 한복판에 살면서도 얼마나 튼튼한가
아황산가스, 산성비, 발암물질수돗물이 무차별 쏟아져도

▶▶▷김기택, 「계절 관측 동물」에서

김기택 계절관측동물에서도 이재성은 등단 작품부터 도시의 숨 막히는 스모그 현상을 경고하며 외친다.

바늘을 한 웅큼 삼킨
목까지 잠기는 시커먼 스모그의 급류 속으로
나는 떠내려간다. 허위적거리며,
산발한 물귀신의 머리카락에 발목을 잡힌 채,
남빛 가면을 쓴 사람들이 다리 위에서 내려다본다.

▶▶▷이재성, 「오늘 서울에서 살아남은 사람은」에서

이처럼 자연 파괴로 인한 피폐현상은 드디어 최근 이형기에 이르러 지구의 파멸을 가져온다고 선포하기에 다다르고 있다. 우리 인류의 일상적 삶 속에 인류 멸망의 징후가 천천히 다가오고 있다는 경고인 것이다.

우리 시대의 지구는
그렇게 멸종을 맞이하고 있다
눈을 들어보면 지천으로 깔린
지구 전체가 온통 멸종이다.

▶▶▷이형기, 「멸종」에서

▶▷ 생태시의 접근양상

한편으로 일부 시인들은 오롯한 매무새로, 자연훼손 경고나 환경 파괴상을 고발하는 경우와는 다른 모습을 보인다. 실제로 자연과 함께 숨 쉬며 친숙한 삶을 체득하는 시를 쓰고 있어 주목된다. 이들은 여러 환경시에서처럼 실상들을 지적하거나 문제 제기하기보다는 구체적으로 손수 구원해 보이고 있는 셈이다. 해당 시인들은 정현종이 급한 일 등에서 "생태계 보존을 위해 우선 신경 쓰고 돈을 쓰는 일이야" 식으로 외친 작품과는 상이하게 시적 밀도감을 지니고 있다.

여기에 예시한 해당 작품들은 한결같이 싱그러운 삶의 숲과 상관된 식물적 생태시로서 관심을 모은다. 이와 같은 식물적 상상력은 생명사상으로서 지구촌의 천지화육(天地化育)에 이바지하는 상생의 녹색시에 부합되는 모델이 되고 있기 때문이다.

자작나무, 시끄러운 지저귐을 멈춘 채
한껏 몸을 낮추는 새들, 그들
틈에 나도 끼어 그 극진한 공양을 받으며

발그레 취기(醉氣)에 젖어 들었지
잠시 후 보랏빛 어둠이 내리자, 너와 내가
받아먹은 놀과 어둠이
비빔밥처럼 안에서 비벼져

▶▶▷고진하, 「신성한 숲」에서

이 시에서 자작나무 숲과 새들, 그리고 사람이 서로 한 식구처럼 모여서 대자연 속에 더불어 사는 관계를 읊었다. 다시없는 상생의 어울림이요 자연과 인간이 합일된 경지이다.

또한 박용하는 겸허하고 아늑한 나무들의 속내 마음과 대화를 나누는 자연의 나라에서 살고 싶은 심경을 토로한다. 극히 인위적인 국가에서 석거나 시달리던 처지와는 달리 꾸밈없이 소곤거리는 나무들의 말소리에 귀 기울이는 것이다. 더 크고 조화로운 섭리의 자연세계를 꿈꾸는 의지를 드러낸다.

무위(無爲)의 나무들이 문을 잎 여는
믿음의 전화소리가 들린다.
국가가 괴물일진대
교회가 더 큰 죄를 키우는 휴식처일진대
나에게 넉넉한 교회는
나무들의 뽐내지 않는 품.
나무들은 세상 밖과 안의 경계에서
인간들을 만난다.
그 경계의 밖으로 떠나지 않는 나무들의 마음
그 복판에서 나는 자연의 국가를 숨 쉰다.

▶▶▷박용하, 「청동 구릿빛 나무들의 노래·4」에서

이와 같이 대자연의 주민으로 한데 어울려서 사는 경지는 김명수의 시에서도 계속된다. 꿀을 얻고 꽃술 교접시키는 일을 위해서 꿀벌과 엉겅퀴꽃이 햇살을 받으며 지내는 소우주가 경이롭다. 시인은 그 신비 앞에 자연의 한 존재로서 감탄하며 오래도록 서 있는 것이다.

보랏빛 엉겅퀴꽃 속에
꿀벌 한 마리 파고 들었네
손끝으로 건드려도
엉겅퀴꽃 속 꿀볼 나오려 하지 않네
시켜서 이루어질 리 없는 전일全一한 합일合一이여
하얀 망초꽃도 그 곁에 피어 있어
초여름 햇살소자 내려앉으니
나 또한 끼어들 작은 공간이여

▶▶▷김명수, 「작은 공간」에서

이들 작품들은 고전시가에서의 산수(山水)나 일월(日月) 및 농촌 생활 같은 거시적 자연보다는 이렇게 꽃이나 나무, 꿀벌 같은 미시적 사물에 초점을 맞추고 있다.

이런 자연합일의 세계는 최근(≪현대시학≫, 2004.7) 한 신진의 시에서도 발견되어 의미를 더한다. 만물이 소생하고 꽃피는 봄철의 과수원에 무성하게 자라는 과일나무들과 흙에서도 시인은 달빛 머금은 젖비린내를 맡고 이슬 머금은 봄비의 옹알이를 듣는 것이다.

과수원 귀퉁이 밭 일구러 갔다가
그곳이 적멸보궁이란 것을 알았습니다
햇빛의 말

바람의 말
진눈깨비의 말을 기억하는
쑥 냉이 씀바귀
구만 구천 어린 나한들이 뿜어내는
초록 향기 외엔 아무 것도 없는
적멸보궁
땅 깊숙이 삽날을 박으면
흙에서도

▶▶▷배한봉, 「어린 봉」에서

이어서 시인은 온갖 과일 나무들이 오순도순 손잡고 햇빛이나 바람들과 더불어 상생과 화합하면서 춤추는 자연의 현상에 감격한다. 그러면서도 이들 식물들의 무성한 나무숲을 보면서 거대 자본과 소비사회에 규제당해 찌들어갈 처지를 가슴 아파한다. 상생적인 무욕의 자연섭리와 탐욕스런 인간관계를 고민하는 생태시인 것이다.

복숭아나무가 감나무 손을 잡고
감나무가 자두나무 손잡는 걸 보니
새삼 눈물 난다
저 가지들이 내 인생에 들어와
은근슬쩍 연애라도 하자 하면
둥글게 과일 익어가듯 연애하다 보면
나도 둥글게, 둥글게 이웃 손을 잡고 있을까
그러다 동서남북 서로 얽힌 저 나무뿌리들이
내 삶을 송두리째 점령한다면
거대 자본이 뿜어내는 소비사회의 강풍에도
끄떡없는 검푸른 숲 되어 있을까

절제 없이 가지 뻗어 얽힌 나무 풍경이야
어제오늘 보는 것만도 아닌데
나는 왜 새삼 가슴이 다 아픈 것이냐
강강수월래, 나무가 나무손을 잡고
강강수월래, 산이 산의 어깨를 걸고
강강수월래, 햇빛이 바람의 손을 잡고
강강수월래 징징수월래
누가 저 둥근 춤, 멈추게 할 수 있으랴

▶▶▷배한봉, 「과수밭은 둥글다」 전문

남은 과제

위에서 우리는 문단의 현안인 환경위기에 관한 실상을 알아보고 문학적인 대응양상을 동서양의 고전과 현대 작품을 통해 폭넓게 고찰하였다. 구체적으로 환경시, 생태시로 나누어 식물적 숲을 중심한 한국의 녹색시를 개괄해 본 셈이다.

바라건대, 우리는 무엇보다 긴요하게 자연보호와 생태계 복원으로 현대 물질사회에서 상실된 인간회복을 꾀해야 할 것 같다. 그리고 문인들은 늘 "숲을 지키는 일이 곧 시인의 임무"라고 주장한 미국 시인 게리 슈나이더의 말을 음미하며 녹색문학 활동에 솔선해야 할 것이라 생각된다.

(2004년 7월)

도시 꽃사슴들의 시 향연

동시대를 서울에서 함께 살아가면서 호흡을 맞춰 같은 일에 종사하는 동지들 관계는 대단한 인연이다. 더욱이 문학에 뜻을 같이 하면서 서로 자매들인 양 글쓰기 친목모임을 자주 갖는 또래들의 만남은 자별하기 그지없다. 권남희·김영은·박영하·오현정·홍금자 사백팀의 꽃다운 이름들은 행운의 다섯 잎 클로버인양 정겹게 다가들고 때로는 다섯 모 별처럼 빛나 보인다.

수요회 멤버이기도 한 이들은 자타가 인정하는 선의의 여성 5인방이다. 그런 만큼 그들만의 공통점과 상이한 개성들이 이목을 끈다. 회원 모두는 1980년대 중반 전후에 서울 문단에 등단하여 나름대로 제위치를 굳힌 문우들이다. 이미 등단 4반세기의 연륜을 지닌 중견문인들로서 한국문단의 실세들인 셈이다. 저마다 너 덧 권의 작품집을 비롯해서 두어 개쯤의 문학상 수상은 물론 각종 문학단체의 이사, 감사,

편집 간사거나 또는 문예지의 발행인 이어서만이 아니다. 아직도 문학소녀다운 감수성과 미시족 못지않게 발랄한 끼를 자랑하는 문단의 내로라는 현역들이다.

이들 다섯의 수요회 구성원들은 적어도 폭 너른 교양감각과 친서민 의식을 지닌 채 꾸준하게 성실한 작품 활동을 펴고 있어서 좋다. 예의 신춘문예 등에 화려하게 데뷔한 나머지 엘리트 의식에 자만해 있거나 고고한 채 원활한 작품 활동을 펴지 못하는 일부 공주형 문인들과는 대조된다. 평소 묵묵히 겸양과 노력, 솔선을 실천하며 엘리트층과 밋밋한 다수 문인 층을 아우르며 조정하고 이끄는 중추세력으로 자리하고 있다. 이런 덕목을 선호한 필자 역시 이들과 교류하며 친근감을 지녀온 터라 이 평설에 임하는 것이다.

여기에서 우리는 이태리 사회학자 파레토가 발견했다는 20 : 80의 법칙을 참고해 볼 수 있다. 꿀벌 공동체 경우, 일벌 20% 정도만 열심히 일하는 대신에 나머지의 80% 구성원은 건중그리고 지낸다는 생태구조가 그것이다. 위의 여성 5인방은 일벌의 대표처럼 여러모로 문단에서 열심히 일하며 문단공동체를 이끌어가는 주축 세력이라 생각된다. 스스로 작품 활동을 계속하는 이들은 지하철역에 게시된 시인으로도 참여할 정도로 수수하고 화통한 성격이다. 그러면서도 원초적인 그리움과 고독, 동심 겨운 서정의 글쓰기에 임하고 있다.

그렇다면 여성 5인방의 문학적 인자들은 무엇일까? 그 특성들을 개성과 공통점들로 추출해 봄이 가능할 것 같다. 모처럼 선보인 이 대표작 향연에서 수요회 구성원들이 빚어낸 작품 텍스트들에는 적어도 그 주요 속성들이 들어 있게 마련이다. 따라서 우리는 이들을 통해서 5인방 문학세계의 대강을 가늠하여 문제점을 추슬러 볼 수 있다.

도시의 외로운 유목민들

이번 수요회의 자선작품 향연에 초대받은 필자가 대상작으로 출품된 텍스트들을 접해 읽고 맨 먼저 느낀 소감은 도시 유목민 코드였다. 널리 알려진 대로 현대도시에 몰려 사는 21세기 인류의 문명적 삶의 양상을 갈파한 자크 아탈리설과 맞닿은 견해이다. 요즈음 휴대전화나 최신 상품으로 사업에 바쁜 계층이나 경쟁에 밀려서 도시 변두리를 전전하는 현대인들은 예전 유목민의 후예라는 것이다. 원시 수렵이나 목축사회 생활에 몸이 배인 기질이 현대문명에 적응하는 구조라는 시각이다. 이런 도시 유목민 의식은 문학의 특장점인 상상력을 구체적인 작품에 창조적 미학으로 확산되어 나비효과를 이루게 마련이다.

더구나 수많은 양떼들을 거느리는 목자도, 초원과 산림의 왕자로 군림하는 맹수도 아닌 이들은 생래적인 속성에서 꽃사슴으로 떠오른다. 본디 사슴들은 왕관모습의 녹용 뿔을 세운 채 산골짜기 동산 숲 우거진 양달 쪽 개울가에서 마음껏 풀을 뜯고 또래들과 뛰어 놀던 존재가 아닌가. 하지만 상생과 우정의 사도인 그들이 현대문명의 콘크리트 같은 틀 속에 갇힌 채 각박하게 살아가는 처지는 상징적이다. 그들 상호간의 먹이싸움보다 인간과의 경계감에서 목을 축일 물은 물론이요 편히 몸을 눕히고 쉴 공간 확보마저 어려운 꽃사슴들 주변의 환경을 감안해서이다.

원래 인류는 에덴동산처럼 아늑한 꽃 천지 세상에서 과일을 따먹으며 산천의 동물들과도 이웃해 지낸 유목민이 아니던가. 그런 인류들이 근대 이후 문명 이기의 계발과 더불어 스스로 거대한 인조의 도시를 만들어 놓고는 끝내 그 안에 유목민 신세로 전락한 게 현대인들 자신이다. 그러기에 이제는 실낙원으로 황폐화된 도심의 일상에 갇혀 사는 문인들은 오히려 근대이전의 자연으로 되돌아가려는 복낙원을 꿈꾸게 마련이다.

상이한 개성 속의 지향

먼저 권남희의 수필 「삽 한 자루」는 어릴 적에 시골서 자라면서 농사 일 하던 아버지의 삽에 대한 회상으로 리얼리티를 살린 산문이다. 북한에서 홀로 월남한 후 사남매를 키우던 중 자전거를 타고 밭으로 나가다 과속 차량에 친 나머지 심신이 망가진 아버지에 대한 접근 등이 구체적이다. 더구나 농기구인 삽 한 자루에 얽힌 사연과 부녀 사이의 갈등 섞인 친소관계 추이를 곁들인 대비점도 흥미롭다. 어릴 적의 삽을 만지고 싶은 호기심에서, 고교진학 무렵 때의 삽질 배운 솜씨를 보이던 것과는 다른 양상이다. 대학 때는 삽질을 멀리해서 갈등을 겪다가 끝내 농사일을 걱정하던 부친의 작고 때에 와서야 관 위에 흙을 뿌리는 삽질의 연결과 마무리 부분에서 부녀간에 화해하는 심경이 가슴 뭉클하게 전해온다.

> 장례식 날 아버지 관위에 흙을 뿌리려 삽을 들다가 나는 정신을 잃고 말았다.
>
> 어린 날 삽 한 자루 갖기를 욕심냈던 내가 대학을 졸업하고도 아버지에게 아무 보답도 해주지 못한 채, 아버지의 삽 한 자루에도 미치지 못하는 사람으로 남은 것이다.
>
> 얼뜨기 인생으로 다시 삽질해야 하는 시간, 아버지를 땅에 묻고 나는 그 산에 오랫동안 앉아 있었다.

그런가 하면, 김영은의 시 「달에 걸리다」는 문학적 상상력이 두드러진 서정시로서 가슴에 와 닿는다. 일상의 도심생활에서 일탈한 시인은 작품에서 외진 섬을 찾아 낭만적인 상상의 나래를 편다. 바다의 파도소리 옆에서 멍게 안주에 소주로 고독을 달래며 달빛을 우러르는 정경이 사뭇 감동적이다. 특히 계수나무 달에서 웃는 아버지 얼굴을 만나는 대목은 이장희의 「청천의 유방」이나 김소운의 「채색의 구름」에서 어머니 모습을 찾는 심정 못지않은 시적 경지로 다가든다.

첫 연 "섬에 갔네 / 돌멍게 한 접시 놓고 소주를 마실 뿐인데 / 달빛이 어깨를 잡아 흔드네"로 시작된 시는 4, 5연의 마무리 대목에서 한껏 응축미를 더한다.

> 작은 섬은 무작정 달빛 쪽으로만 뿌리를 키웠을까?
>
> 계수나무 아래 실루엣으로
> 여전히 웃고 있는 아버지
> 그 동경 속에서 삭아온 나를 뽑아버리고 싶은데
> 어쩌나, 뿌리 너무 깊어
> 달에 걸린 발목 빠지지 않네.

현상적인 섬과 달, 파도에 시인의 빼어난 상상력이 혼연일체된 경지를 이루고 있다. 여기에 종결어미 '~있네'조의 리듬효과와 '저 딱딱한 마침표를, 감탄사를, 느낌표를' 같은 연속형 감탄기법도 시적 감동을 더한다.

그리고 박영하의 시 「석류꽃」은 새롭게 꽃 이미지를 통한 그리움 간절한 사랑을 객관적 상관물로 표출해 내고 있다. 모두 세 개의 연으로 이루어진 시편에는 각 연마다 상이한 이미지의 연결로 그리움과 사랑의 열정을 심상화한 것이다. 첫 연에서는 시각 이미지('능금처럼'), 둘째 연은 청각 이미지('그 노랫소리')가 색채 이미지('무지개처럼')보다 강세를 보인다. 그리고 셋째 연에선 후각 이미지('낙엽 냄새 짙은 밤')가 색채 이미지('석류꽃')와 조화되어 시의 광채를 살리고 있다. 여기에서 객관적 상관물인 '석류꽃'은 못내 그리운 핏빛 사랑의 기호처럼 자리하고 있다.

특히 마지막 연의 '내 가슴의 석류꽃'의 함의는 다의성의 뉘앙스를 띠고 있다.

낙엽 냄새 짙은 밤
그 모습
다시는 찾을 수 없어도
그 이야기는
내 가슴에 석류꽃으로 피고 있다.

여기에서 석류꽃은 이미 가신임이거나 남 몰래 그리워하는 임을 향한 뜨거운 연모의 소지가 짙다. 그만큼 석류꽃은 시인 자신뿐만 아니라 독자 모두에게 짙고 붉은 그리움과 사랑의 표상으로 인지되고 있기 때문이다. 모더니즘적인 색채가 짙은 이 시편에서 석류꽃은 일찍이 윌리엄 엠프슨도 제시한 다의성에 해당된다. 이 꽃이 함의하는 의미는 난해한 대로 천의 얼굴일 만큼 다양한 대상물로 수많은 독자들에게 폭 너른 사념의 공간을 제공하는 심상인 것이다.

이어서 오현정의 시 「청계산」은 의인화된 자연에 대한 통찰과 인생관조의 접근노력이 돋보인다. 청계산 옥녀봉 등반에서 얻은 상념을 불교적 상상력으로 다룬 사색의 시이다. 근래 펴낸 기독교적인 시집 『에스더 편지』를 감안하면 괄목할 시 영역 확장으로서 바람직한 실험이다. 일반인에겐 생소한 어리연꽃과 삼천 년 만에 핀다는 우담바라꽃의 인생완성적인 상징성과 심오한 업(카르마)의 의미 활용도 뒷받침된다.

해오름 바람골 지나, 비를 흠뻑 맞고 구름체꽃 어리연
'청계사' 담벼락에 우담바라 피울 때까지
사람을 건지는 지름길은 없다.

흐린 날도 사랑해 주는 것이 영원을 주는 것
녹인다, 업(業)
부드럽게, 헌걸차게.

전편을 한 연으로 삼은 시편의 후반부에서 보듯 중생을 제도하는 불교적인 발상이나 용어 등에서 시의 무게를 더하고 있다. 거기에 어떤 여건에 처하더라도 주어진 조건에서 최선을 다하자는 니체의 운명애 같은 테마의식도 담고 있어 수긍되고 남는다.

끝으로 홍금자의 시 「유년의 유물」 또한 위의 작품들과 대조를 보이면서 새롭게 읽힌다. 이 작품은 제목처럼 어릴 적 시골집의 우물에 관한 회상을 허리 디스크 앓는 중년 처지의 일상과 연결시키고 있는 것이다. 우물 속에 거울처럼 어른거려 보이는 자신의 모습을 들여다 보던 지난날의 상념이 선연하게 떠오른다.

특히 셋째 연은 마치 어른 스스로 쓴 동시나 동화를 읽는 감흥으로 새롭다. 윤동주의 「자화상」을 연상시키는 대목에서 동심의 시각적 이미지로 빛나 보인다.

유년의 하얀 이가 빛나던
단발의 계집애
파란 하늘이, 구름이, 그리고
커다란 꿈이 가득 고여
출렁이던 우물속의 그림들.

꼬마 얼굴이랑 하얀 이가 하늘 속 구름 사이로 비칠 정도로 맑은 생수 우물은 우리 가슴에 지금도 마음의 오아시스로 살아 있는 것이다. 이어진 다음 연에서는 마음의 그리움을 깃고픈 서정적 심상이 간절해 온다.

두레박을 깊게 내려 본다
오래된 밧줄에 걸린
목마른 그리움 하나

이 시는 이렇게 아련한 동심과 오붓한 시심을 한껏 잘 살려서 빚은 주옥편이다.

현실적 삶과 꽃사슴의 꿈

위에서 가나다 순서로 살핀 바 수요회의 여성 5인방 작품들은 내용이나 형식면에서 기실 오색 무지개처럼 저마다의 개성에 따른 다양성을 보인다. 아버지에 관한 상념에서 사실적인 수필 「삽 한 자루」에 비해 상상적인 서정시 「달에 걸리다」는 대조성을 보인다. 또한 여러 의미의 시적상관물인 「석류꽃」에 비해 불교적인 「청계산」은 사물에의 접근시각이나 의미를 달리한다. 여기에 동심 짙은 회상으로 쓰여진 「유년의 우물」 역시 위 작품들과는 시학의 기교면이나 음질에서 상이성이 드러난다.

그럼에도 우리는 이 문인들의 작품들에게 몇 가지 공통인자를 발견할 수 있다. 그것은 한국문단의 현역 실세인 중견급 여성이란 연륜만이 아니다. 거의가 시인이란 점도 참고 되겠지만 그보다 본질적인 작품 성향에서 일치되는 속성이 드러난다는 사실이다. 그것은 우선 서정적인 자아('나')를 통한 도시유목민의 원초적인 향수를 갈구한 것으로 귀결되는 셈이다.

그런 면에서 수요회 여성 5인방의 성격을 다음처럼 상징적인 시각으로 접근해도 통할 것 같다. 이 여성 문인들은 머리에 녹용 뿔도 산뜻한 꽃사슴의 인상으로 와 닿는다. 천사의 분신인양 연분홍 밤색 바탕에 흰점으로 얼룩진 몸매를 지닌 꽃사슴은 삼삼오오로 무리를 지어 다니면서 나뭇잎과 이끼나 풀, 도토리 등을 먹고 산다. 이들은 품성부터 평소 집요한 우리 사회 권역의 포식자 같은 맹수들과는 다르다. 그 맹수들이 남긴 부산물을 노리며 주변을 어슬렁거리는 하이에나와도 변별됨은 물론이다.

본디 유목민의 후예로서 도심생활에 시달리는 우리네처럼 여성문인들은 내심으로 영악스런 인간보다는 차라리 반문명의 반려자인 꽃사슴을 기리는가 싶다. 이들 속성은 깊은 산골 옹달샘에서 목을 축이며 또래들과 오순도순 푸른 풀을 뜯는 전원의 품을 동경하는 것이다. 그래서 더러는 어릴 적 농촌에서 농사짓던 아버지를 그리워하며 섬을 찾아 나서 달을 우러르고 부친영상을 그린다. 또한 도심의 공해 속에서도 못내 그리운 석류꽃 옛사랑을 구가하고 교외로 나가 청계산 옥류봉에 오르고 있다. 서울에 몸담고서도 소녀 적 시골 우물터에서 놀던 추억에 젖음도 마찬가지다. 그리하여 곧잘 솟아오르는 회귀본능의 궁극적인 그 갈망을 자신과 독자들에게 승화된 문학작품으로 달래는 경우만도 우리에겐 큰 위안이 되게 한다.

그런데 여기에서 우리가 수요회 문우들에게 바라는 주문이 있다. 그것은 무엇보다 여기에 선보인 이상의 좋은 작품을 빚어내는 일이 전제됨은 물론이다. 앞으로 우리 문단에 이 5인방 사백들이 꽃사슴처럼 나서서 약육강식하기보다는 서로 상생, 화합으로 발전해 나가는데 본을 보였으면 한다는 점이다. 그리고 나아가서 문화의 세기인 요즘의 혼탁한 정치사회를 정화하고 공해로 찌들어가는 환경을 살리는데도 싱그러운 산소처럼 서로 힘을 모으길 기대한다. 자꾸만 흐트러져가는 정치사회 및 생태환경을 바로잡는 일 또한 문단의 정화 못지않게 긴요한 과제이기 때문이다.

(2009년 9월)

물과 바람을 통한 향수의 서정시학

임은수 시집 『수하리 바람』의 화두는 우선 살아 움직이는 물과 바람의 특성으로 드러난다. 수록된 시 56편 가운데 대부분의 소재는 인상적인 표제에서처럼 물과 바람의 역동적인 상상력으로 이루어져 있다. 그 가운데는 시 제목부터 작품의 대상이나 시적 공간 등이 물과 바람의 요소를 함유하고 있다. 「물」·「나도 강물이고 싶다」·「오늘 비는 내리고」·「비야 작은 비야」·「수하리 바람」·「바람에게」·「사풍 부는 날」 등.

물은 일찍이 동양의 주역 등에서 음양오행설로 쇠, 나무, 불, 흙과 더불어 우주 생성의 기본 물질의 하나로 중요시 해온 지 오래다. 특히 노자 도덕경에서 물은 도의 기본적인 모델로 삼은 물질이다. 담는 그릇을 꺼리지 않는 물은 항상 아래로 흐르며 모두를 포용하고 씻어서 정화해 준다. 그야말로 천지화육을 돕는 자연 속의 물은 인간 생활에 필요불가결한 존재로서 만인에게 아낌없이 베푸는 실체이다.

또한 바람 역시 형체 없는 공기로서 인류의 삶을 지탱해주는 무상의 물질이다. 프랑스의 G. 바슐라르도 물질적 상상력의 기본 요소로서 물·불·공기·흙의 4원소 설을 들고 있다. 그 가운데 공기는 바람의 원형에 해당함은 물론이다. 바람은 변용된 공기의 또 다른 이름으로서 움직이는 속성으로 인해 소통과 순환의 기호이기도 하다. 시궁창에 고인 채 썩는 물은 밖으로 흐르게 해야 하듯, 바람은 한사코 밀폐된 공간을 벗어나 넓게 열린 세계로 자유롭게 순환시키는 속성을 지니고 있다.

유연한 물과 바람의 시학

1998년 ≪세계일보≫ 신춘문예 수필부문 당선자이기도 한 임은수 시인은 특히 위와 같은 물과 바람의 현상학을 시로 형상화하여 남다른 시의 미학을 구현하고 있어 돋보인다. 그의 시에서 무공해의 천연 생명수인 물과 공기의 활성화된 변용실체인 바람은 시 미학적 활용면에서 두 개의 중심축이 되고 있다. 물과 바람은 순환과 정화 및 상생의 촉매제인 것이다. 물과 바람의 상상력 이미지로 사물과 독자의 마음을 자유자재로 소통시키는 임은수 시인의 시는 독자들에게 순수와 서정의 심성을 교감하게 한다.

여름밤은
물 위에 뜬달
마음이 가는 발자국마다 따라와 고인다

우줄우줄 비라도 내리는 날은 멀리서

기차바퀴 구르는 소리 날라든다
그, 내 고향 무논에 살던
개구리들의 당찬 울음소리로

젊은 아버지를 따라서
물꼬 트러 가던 논배미에는
자운영 꽃길에 취한 저녁노을이
기우뚱 걸려 있었다

▶▶▷「여름밤은」에서

내게서 걸어 나간 바람이
지금 고향 어귀쯤 다다랐을까
이미 눈 설어진 그곳 헤매다 지쳐
정자나무 아래 오랫동안 서 있지나 않는지
(…중략…)

바람이
수하리 뒷산을 돌아서 그리운
어머니 냄새를 싣고 돌아온다면
나는 이제라도 고개 숙여 인사 하겠네
모두 안녕들 하신지
젊은이들 다투어 떠나고
머리 하얀 사람들만 신선인 듯
그런 듯이만 보이겠지

▶▶▷「수하리 바람」에서

위의 시에서 전자는 물의 이미지로써 농촌의 여름밤 정경을 한껏 서정적으로 그려내고 있다. 어스름한 저녁 흥건하게 고인 논배미의 물 위에 뜬 달이며 개구리 울음(웃음)소리와 물에 젖은 고무신을 신은 아버지의 모습이 선연하다. 시각·청각·촉각의 심상들이 한데 섞여 있지만 '마음이 가는 발자국마다 따라와 고인다', '물꼬 트러 가던'의 촉각적 심상이 더 짙고 물에 가깝다. 여기에서 '무논'이나 '논배미' 등의 흙 이미지와 '자운영 꽃길에 취한 저녁노을'의 불 이미지는 보조적일 뿐이다.

이에 비해서 후자는 '水下里'라는 동네의 관념적인 이미지 말고는 거의 활유화된 바람의 이미지로 이루어져 있다. 시적 자아(시인)가 전령사처럼 내보낸 바람을 통해서 꾀한 고향 찾기 행각이 흥미롭고 가슴 저미는 공감을 준다. 심부름 간 바람이 낯설어진 고향마을 어귀에서 서성대다가 수하리 뒷산을 돌아 행여 돌아가신 어머니의 옛 체취라도 싣고 오기를 기다리는 마음이 안쓰럽고 갸륵하다. 모름지기 「수하리 바람」은 타향에서 간절한 고향 소식과 어머니에 대한 그리움을 대자연의 정령인 바람을 통해서 접근한 시문학적 상상력의 값진 성과가 아닐 수 없다. 바람결 흐르듯 수하리를 찾아가는 품이나 '~구나, ~는지, ~겠네' 등의 종결어미를 비롯한 문장의 호흡 또한 잔잔한 감동을 뒷받침하고 남는다.

편의상 바슐라르의 구분에 의한 분포를 참고하면, 이 시집 전체에서 공기(바람)에 상관된 시는 23편, 물과 관련된 시가 21편이다. 이에 비해 불에 연관된 시는 10편, 흙에 연관된 작품이 9편 안팎으로 나타난다. 물론 분류 기준에 따라 다소의 편차가 있고 서로 겹친 경우가 많아 정확한 비율은 측정하기 어렵지만 임은수 시에서는 단연 물과 바람의 이미지가 두드러진 성향임을 알 수 있다. 예의 「수하리 바람」을 위시하여 「세심사 가는 길」·「비야 작은 비야」·「나도 강물이고 싶다」·「산 아래에는 사람이 있다」·「오늘 비는 내리고」·「봄비」·「부활의 노래」·「여름」·「한계령」 등이 그에 속한다.

설악에 들어 솟구치는 바다를 보았다
그 사이로 멀어지는 푸른 발자국
고향집 뒷동산만 담았던 가슴에
바람이 무더기로 달려와 묵은 숨길을 쳐댄다
(…중략…)
후미진 곳
돌아앉은 골짜기를 끼고
보이지 않는 바다까지 얼싸안은 바람

그 바람의 긴 타래를 풀어 이끼 낀 시간을 씻어 내자
마침내 작아져서 보이지 않는 내 혼의 겨드랑이 사이로
두 손 깊숙이 질러 일으켜 보자

▶▶▷「한계령」에서

시인의 상상력은 어쩌면 커다란 흙무더기로 높게 솟아 있는 한계령에 가서도 남다른 꿈을 모색한다. 그곳에 바람과 바다를 무더기로 불러와 자신의 영혼까지 깨우치고 씻어내는 것이다. 그의 물과 바람을 통한 사물과의 대화는 결코 여느 세속인들에서처럼 동물적 공격과 파괴가 아니라 사려 깊고 상생적이다. 이런 성향은 비교적 물과 바람 하나에 치우친 「간척지」·「입동」·「울고 싶은 날」·「구름」·「숲」 등에서도 마찬가지다. 뿐만 아니라 임은수의 시에는 개구리나 비비새, 달랑게와 대합 정도일 뿐, 눈이 순한 낙타가 있기는 하지만 결코 맹수들은 없다. 그 대신에 상생적 식물 이미지를 가진 「박꽃이 필 때면」·「봉숭아」·「분꽃 어머니」·「봄비」·「숲」·「숲이 눕고 일어서다」·「내 마음의 빈터」·「찻집 나무 그늘」·「부활의 노래」 등이 많은 분포를 이루고 있다.

그리운 고향 회상의 미학

그렇다면 과연 임은수 시인이 지향하는 시 작품의 내용적 주제는 무엇일까? 그것은 무엇보다 어렸을 적 동심을 품었던 고향 찾기와 인간성 회복이다. 아늑한 고향을 떠나서 낯선 곳에서의 생활이 주는 분주함 속에서 심신의 고단함을 풀어줄 본향을 갈망하는 것이다. 본디 부모형제의 사랑과 낯익은 이웃, 산천초목이 함께 했던 마음의 낙원에서 지친 몸을 쉬고 거칠어진 마음을 다잡아보려는 의식이다.

이런 테마를 위해 시인은 곧잘 연어인 양 물살을 거슬러, 또는 손오공의 나래인 양 시원한 바람을 타고 무시로 고향 산천을 찾아 나서곤 한다.

이번 임은수 시집에서 그리운 고향 찾기와 향수를 담은 시편은 총 수록작품 56편 가운데 20여 편을 넘고 있다. 테마적인 그것은 정겨운 어머니를 노래한 13편이나 아버지를 그린 2편과 함께 다수가 겹친 채 작품 속에 용해되어 있다. 주제적인 이 수치는 소재적인 물이나 바람의 빈도에 못지않은 분포이다. 어쩌면 작품 분석의 눈금을 활용하는 방법에 따라 임은수의 시작품 거의 전반에서 이 향수적인 테마코드를 찾을 수 있다. 다음과 같은 몇 작품만 살펴도 이를 짐작할 수 있다.

찰진 풍요로도 채워지지 않는 간척지의 고뇌가
발가락 끝까지 관통하는 저릿저릿한 그리움을 키운다
때때로 한 쪽 어깨를 육지에 묶어 두고 제 어미를 향하여
낮은 포복으로 밀어도 보고 힘주어 당겨도 본다
꿈,쩍,도 하지 않는다
저 안 뻘밭에 살아 있는 갯지렁이며 바지락
달랑게와 대합들… 그 뒷자리 사이사이
아무 데서나 이름 없이도 행복했던 날

무구한 원시적 자유로움이 생생한,
아직은 소금기 묻은 향수를 지울 수가 없다

▶▶▷「간척지」에서

어린 시절, 동네 꼬맹이들과 더불어 새 떼가 나는 서해안 그 간척지에서의 모습이 눈에 잡힐 듯하다. 갯벌에서 달랑게나 바지락을 낚으려고 안간힘을 쏟는 원시적 낭만을 통해서 시인은 '소금기 묻은 향수'를 되살리는 것이다.

또한 다음 시에서는 자꾸만 낯선 미래로만 달려가는 일상 속에서 마음은 옛 고향집 감나무와 우물로 향하는 심정을 나타낸다. 시인의 신춘문예 데뷔작인 수필 「마음의 샘」을 연상케 하는 작품이다.

어디서
단발머리 어린 동생이 나풀나풀 걸어온다
쪽을 진 중년 어머니가 분주하게 오가는
살강머리 앞 키 낮은 부뚜막이 보이고
반쯤 열려진 사립짝 밖에
출입 잦던 아버지의 낯익은 중절모

벼슬이 늠름했던
수탉 한 마리가 있었네
큰누이 시집갈 때 초례청에서
기세 좋게 날려 보낸 수탉 한 마리
날아간다 날아간다 어디?
몇몇 해 건너 저 멀리
간곳없이 날아간다

해묵은 감나무 아래
우물을 찾는 이가 그치지 않았다
어머니의 새벽 정성이 다녀가고
꼬지레한 악동의 주먹손이 다녀갔다
해산을 앞둔 새댁의 두근거리는 희망도

▶▶▷「낯선 시간이 다가온다」에서

전편 다섯 연 가운데 2, 3, 4연인데 중간 연이 과거의 고정된 사진첩 같은 향수를 영상화하고 있어 더 재미있다. 부모님과 동생은 물론 감나무 아래 우물을 찾는 정성과 주먹손에 이어 새댁의 희망보다 한 수 더하여 시를 살리는 활력소다. 수십 년 거슬러 당겨온 회상 공간 속에다 시인은 큰누이 시집갈 때의 초례청 수탉 한 마리를 살려내는 액자화상을 보여주고 있는 것이다.

그런가 하면 다음 시는 풍성한 가을 수확을 맞는 농촌의 어머니 마음과 도시의 자식 처지를 통한 고향 인심이 뭉클하게 와 닿는다. 물과 공기(바람) 대신에 불(햇살, 붉은 고추, 따가운 사랑)과 흙(고향 땅 이랑 긴 산밭의 살진 흙) 이미지가 호벅지다. 여느 경우와 달리 시각적이고 촉각적인 심상이 불과 흙의 이미지에 맞는 궁합을 이루고 있다.

붉은 고추멍석 위에 엎드린 어머니
목덜미 따가운 사랑은 안으로 익어 가고
마음은 벌써 도시로 나간 자식 곁으로 달려간다
고향 땅 이랑 긴 산밭의 살진 흙속에서는
고구마 저희끼리 맛 들어간 지 오래인데
아무것도 들고 나갈 것이 없는 오늘
나는 햇살 보기가 민망하다
내 몸이라도 송두리째 내어 보내서

햇살 소나기 만나고 싶구나

▶▶▷「가을 햇살 속에서」 후반부

앞에서 살펴본 「수하리 바람」과 「여름밤은」 역시 고향을 그리워하는 향수의 시편이다. 이미 북방의 향토시인인 백석 시 연구를 고향의식 중심으로 접근했던 시인은 간절한 유년시절의 고향의 정겨움을 회상으로 복원하며 상상력으로 음미한다. 「순례의 달」·「사붕 부는 날」·「그대, 비둘기호를 타지 않겠습니까?」·「성묘길」·「여름」·「박꽃이 필 때면」·「입동」·「울고 싶은 날」·「혈연」 등도 그렇다.

시집 이름에 오른 충남 아산의 농촌에 자리 잡은 수하리 마을. 그곳은 결코 임은수 시인만의 유년기 체험 공간에 그치지 않는다. 이 물아래 동네는 사막의 낙타에 의지한 대상인양 일상의 삶에 지친 채 도시의 유목민으로 갇혀 사는 사람 모두가 갈망하는 오아시스인 것이다. 이는 험한 태풍을 만난 요나가 고래의 뱃속에 들어간 덕에 큰 바다 풍파를 이겨내고 무사히 다시스로 건너간 요나 콤플렉스의 안식 이미지를 지니는 성서적 공간이기도 하다. 임은수 시를 통해서 원초적인 휴식공간으로 거듭 난 수하리는 어쩌면 수구초심 방위 이상의 객관적 상관물로 자리할 수 있을 것 같다.

빼어난 시어 활용의 묘미

흔히 일컫듯 언어 예술의 꽃인 시문학에서 임은수의 짜임새 있는 언어구사와 이미지 활용 면은 단연 돋보인다. 그의 시 문장은 서정적인 감수성이 넘치고 더러는 생략적이라서 수월하게 읽혀나간다. 「수하리 바람」이나 「여름밤은」 등의 신선한 감수성과 유연성뿐만이 아니다. 다음의 작품은 생략적이라기보다 허버트 리드가 말한 사물의 인상을 뭉뚱그려 표현하는 시적 압축미의 본을 보는 듯싶다.

나
온 힘으로
터뜨려 버리고 말거야!

벚나무가
봄에게 보내는 아우성

▶▶▷「봄비」 전문

또한 임은수는 곧잘 지적이고 리얼한 묘파로서 독자를 끌어당기는 매력을 발산한다. 그래서 그의 시편에서는 으레 한두 구절씩 시어 표현의 숙어처럼 외우고 싶은 대목이 반짝이곤 한다. 이런 그의 잠재력은 앞으로 펼쳐갈 창작활동에 큰 자산이라 여겨진다. 그에게는 막연한 관념이나 형체 없는 사물을 가시적인 이미지로 리얼하게 표출해내는 탁월함이 있다.

이를테면 '그 바람의 긴 타래를 풀어 이끼 낀 시간을 씻어내자'(「한계령」)는 황진이의 「동짓달요」 가운데 기나긴 겨울밤(시간)을 가위로 '셔리셔리' 자르는 사물화 못지않은 표현이다. 보이지 않는 바람을 타래로 형체화시켜서 불가시의 시간을 이끼 낀 대상으로 구체화한 것이다.

"타는 속살 드러낸 / 근심 한 조각"(「순례의 달」)은 관념의 구체적인 사물화를 기한 「간척지」에서의 '소금기 묻은 향수'처럼 마음의 상태를 물질적인 조각으로 표현한 것이다.

또한 "마악 / 여름을 건너온 바람이 계절 / 헹굼 질 해 널어놓은 한낮"(「가을햇살 속에서」)은 무생물인 바람을 의인화하여 여름철을 지내온 계절의 전령사 처지에서 무더위 더께를 가시게 한 초가을 낮 정경을 나타낸다.

"마음에 낀 두터운 황사 / 햇귀 밝은 바람결에 날려버리고"(「세심사 가는 길」) 역시 바람의 의인화는 물론 내면적인 마음 상태를 물질적인 것으로 사물화하여 묘사의 리얼리티를 살려내고 있다.

그리고 "잠을 송두리째 실려 보내고 새벽 두 시의 공허를 곯일 때마다 창틈으로 스미는 신선한 욕구 / 공복이면 더욱 선명해지는 생의 한 가닥이 필사적인 얼굴로 라면 발에 매달린 채"(「사는 일이란」)는 임은수에게는 드문 산문시로서 신선하게 다가든다. 배고픈 생리를 현상적인 사물처럼 표현하여 공감력을 획득한다.

"11월이 / 총대 맨 병정처럼 걸어간다."(「초겨울」) 이 표현은 삽상한 초가을 정취를 풍기는 '세월을 뒤집는 붕어빵 장수'와 함께 눈길을 끈다. 11월 숫자를 나타내는 인상파적인 묘사로서 두 사람의 병사 모습이 눈앞에 떠올라 흥미롭다.

"문득 바람 씻고 간 물 / 리을 리을 리을 리을"(「산 아래에는 사람이 있다」)은 바람이 스쳐서 파문을 일으킨 수면 현상을 눈앞의 시각적 이미지로 그린 묘미가 느껴진다. 끝으로 "피 / 천 년을 짓눌렀던 검고 푸른 고백이"(「사랑에 체하다」) 대목은 사랑과 실연의 고뇌로 멍울진 피의 색깔에다 인간의 마음을 비유한 표현이다. 물과 불 이미지가 한데 엉긴 피를 통해서 쓰라린바 심리적인 관념의 색채화로 변용을 꾀한 것이다.

여기에 첨가할 바는 시인의 객관적 상관물의 설정 솜씨이다. 이것은 「수하리바람」에서도 수하리의 두드러진 인상을 이미지화한 일과 상관지어서 생각할 문제이다. 즉, 어머니를 「분꽃 어머니」에서 '분꽃'으로, 구름을 「구름」에서 '방랑의 무희'로 표상화한 것이 수긍된다.

끝으로, 시 구성상의 인상적인 작품도 남아 있다. 사물의 여름 정경을 아홉 개의 소리로만 엮어낸 「여름」은 비 듣는 소리, 바람 지나가는 소리, 풋감 떨어지는 소리, 따르릉 우편배달부 자전거 소리, 새 우짖는 소리 등의 세심한 조립품이라서 흥미롭다. 물소리, 바람소리, 새 잎이 트는 소리, 아기가 하품하는 소리로 엮은 「부활의 노래」도 그렇다. 창조주의 숨은 뜻을 섬세한 시인의 감각적 상상력으로 구현해 낸 시적 소산물이다.

위에서 우리는 시인이며 수필가인 임은수의 첫 시집에 대한 내용을 살펴보았다. 『수하리 바람』에 드러난 그의 원형질적인 문학 코드는 물과 바람 이미지를 통한 향수의 미학이다. 그의 글쓰기의 지향점은 바로 원초적인 안식공간인 고향으로의 귀환임을 알아차릴 수 있다. 풍부한 서정적 감수성과, 남달리 정채 있는 시어활용을 통한 시편들 속에서 임은수 시의 특성들은 내밀한 빛을 발하는 것이다.

(2009년 6월)

제3부
part 3

비평적 담론의 현안을 찾아서

백철 문학의 특성과 방향 선택

인생 고독과 사랑, 예술
: 황순원, 「필묵 장수」 감상과 이해

남북한 대립과 시문학의 이질화
: 1950년대 전후를 중심으로

한국 지역문학과 세계문학

최명희 『혼불』의 문학세계

우리 농민문학의 길 찾기

문학적 상상력과 과학

백철 문학의 특성과 방향 선택

문제 제기

우리는 문학사가 겸 문학평론가인 백철(白鐵, 1908.3.18~1985.10.13)의 탄생 백주년을 맞이한 시점에서 그의 비평문학 특성과 문단적 업적 등을 그의 삶과 함께 총체적으로 정리해 보는 작업이 필요하다. 그것은 그의 77년에 걸친 생애 가운데 특히 1930년대 초부터 시작하여 타계하기까지 실로 반세기가 넘는 기간을 한국문단 일선에서 비평가로 일해온 실적 때문에서만이 아니다. 그의 오랜 대학 강의와 거의 20년 동안에 걸쳐 한국 펜 본부를 주관해온 활동 등을 통해서 한국문학의 국제교류에도 크게 기여해온 업적이 크기 때문이다.

이 글에서는 먼저 백철의 일생을 통한 삶과 문학을 거시적으로 살펴본 다음 백철 문학의 전환점을 이룬 해방공간 전후의 문제점을 미시적으로 조명해 보기로 한다. 광복 이후 과도기를 거쳐서 남북이 분단된 채 각기 체제를 달리한 정부를 시작한 지 60년인 동시에 통칭 신문학 100년의 나이테를 맞았기 때문이다. 따라서 여기에서는 가능한 대로 평론가 백철의 폭 너른 시공간적인 폭과 행동반경 및 문단이나 학계에 걸친 삶의 발자취와 문학의 본질적인 요체를 살펴보려는 것이다.

백철의 삶과 문학적 궤적

우선 한 평론가의 문학적인 업적을 올바로 살피고 총괄하기 위해서는 성장과정과 더불어 문학적인 연보를 제대로 정리해 보는 작업이 선행되어야 할 것 같다. 따라서 백철의 삶과 문학의 발자취를 크게 보면 다음과 같은 여섯 단계로 간추려 볼 수 있다.

① 유·소년시절(1908~1927): 평북 의주군의 벽촌에서 동학교도 집 아들로 태어나 자라며 가정에서는 옛 전기소설책을 읽거나 한문 서당에 다니다가 뒤늦게 고향 가까운 신식의 소학교에 들어간 다음 월반하고 신의주 고보에서 공부하던 학창 수업기.

② 청년시절(1928~1934): 당시 명문인 동경 고등사범학교(쯔쿠바 대학 전신)에 입학하여 학업보다는 일본 사회주의 청년들과 어울려 다니면서 계급주의 성향의 문예지인 ≪지상낙원≫·≪전위시인≫ 등에 습작시 등을 발표하며 나프 회원으로 활동. 1930년대 초에 귀국한 후 20대의 발랄한 평론가로서 천도교계 잡지인 개벽사 편집 등으로 매스컴을 장악하며 카프에 가담하여 활동하던 프로문학기.

③ 장년시절(1935~1944): 평단의 중심에서 새롭게 앙드레 지드성향의 인

간묘사시대 론을 내세우고 카프와 결별한 백철이 문학본연의 한 단계 심화된 휴머니즘 론을 펴던 전향활동기. 백철은 이 기간에 ≪신건설≫ 사건으로 인해 전주에서 1년 반의 옥고를 치른 바 있지만 그의 문학적 전향은 이미 투옥이전에 행해졌었음.

④ 중년시절(1945~1955): 일제 말엽에 수년 동안 ≪매일신보≫ 북경 지사장으로 있다가 귀국한 직후 해방을 맞자 과거 신체제의 반성과 근신으로 좌익계 문인들 모임을 경원하며 새로이 대학 강의를 나가며 신문학사조사를 집필하던 중용과 강단정착기. 백철의 남한 잔류나 교수 진출 등에 상관된 방향선택에서 중요 전환점이 되고 있음.

⑤ 완숙시절(1956~1973): 중견교수로서 중앙대 문리대 학장을 맡으면서 미국의 주요 대학 학자들을 탐방하여 뉴크리티시즘 등의 새로운 비평 이론 등을 한국에 소개하는 한편 국제 펜 대표로서 세계문학자 대회에 자주 참석하여 주요 역할을 하던 국제문화 교류기.

⑥ 노후시절(1974~1985): 대학에서 정년퇴임을 하고나서도 여러 해 국제펜클럽 한국본부 회장으로서 제37차 세계작가대회를 서울에서 개최하고 여러 신문, 잡지에 여러 해 폭 너른 체험을 바탕으로 한 자서전을 연재한 노후정리기.

해방공간에서의 방향선택

백철 문학과 삶 연구에서 해방공간(1945년 8월 광복~1948년 8월 정부수립)은 그 핵심에 닿는 아킬레스건이다. 이 3년에 걸친 그의 문단 활동은 물론이요 자연인으로서의 일생이 좌우될 운명의 갈림길이었다. 본디 평북 변방 출신인 백철이 왜 해방 이후에, 부모와 친지들이 사는 곳으로 북행을 하지 않은 것일까? 더구나 일제의 지배로부터 풀려난 당시에 앞 장 서서 이끈 임화나 김사량, 김오성 등은 이미 먼저 월북한 데다 1950년 남침 때에는 직접 서울에 종군해서 내려와 만났는데도 백철은 끝내 월북하지 않은 것이다. 동갑인 임화 부부와도 친숙하고 작가 김사량과는 일찍이 백철이 ≪매일신보≫ 북경 지사장으로 있을 적에 여러 번 찾아온 친구와 한집에 묵으며 친분을 쌓은 사이이다. 더구나 동경 유학 중 천도교 장학생으로 자주 만났던 평론가 김오성은 당시 북한의 청우당(靑友黨) 실세로서 백철이 북행한다면 여러 모로 유익할 조건인데도 그랬었기에 더 의아스러운 바 있다.

해방 직후이던 당시 백철이 좌익진영의 옛 카프파 문인들과 거리를 둔 이유는 여러 가지로 이해될 수 있다. 무엇보다 일제에 동조했던 백철 자신의 과거 경력에 대한 반성의 의미가 그것이다. 해방된 며칠 후 원남동에서 임화계 문인들이 모였을 때 서기장으로 선출된 백철 자신이 그 자리를 사양하고 물러난 사실은 결코 우연한 일이 아니다. 백철이 되도록 좌익적인 유파의 모임에 참가하기를 꺼렸던 결정적 요인은 역시 자유주의적이던 그의 문학관 때문이던 것이다. 백철은 이미 1930년대 중엽에 옥살이하기 전부터 예의 「인간묘사론」 등에서 맹목적인 이데올로기 추구보다 휴머니즘에 기본을 둔 문학을 추구해야 한다며 카프조직을 경원해 왔었다. 그 문학적 신념 때문에 백철은 임화와의 우정을 고려하면서도 자신의 문학적 태도는 굽히지 않았다. 그 밑바탕은 역시 천도교적인 민족주의 정신과 올바른 중정(中正)의 길을 걷는다는 중용의식 때문이다.

▶▷ 중용의 길 걷기

해방공간은 실로 좌우익의 대립과 이합집산이 극심했던 과도기였다. 좌익진영의 경우, 남로당 계열의 임화를 주축으로 한 조선문학건설본부가 해방 직후 결성되고 그해 말경에 조선문학가동맹으로 규합되자 반대파가 맞서고 일어났다. 이에 대응한 우익진영 역시 뒤늦게 박종화 등이 해방 다음 달에 중앙문화협회를 결성하고 이듬해 봄에 전국문필가협회와 김동리 조연현 등의 청년문학가협회 등이 좌익진영과 대치한 상태였다. 이런 당시의 좌우익 대립상은 마치 1920년대 중엽에 카프가 결성되자 프로문학파와 민족(국민)문학파와 팽팽하게 맞서 있는 형세였다.

이와 같은 좌우익 문단의 난립과 대치 속에 백철은 특히 카프 해소파인 임화 측의 끈질긴 권유에도 불구하고 끝까지 중도의 길을 걸어 눈길을 끈다. 그것은 문단인들이 좌우익 모임에서 서로 전향과 탈퇴 등으로 이합집산을 벌인 나머지 월북하거나 월남해 와서 바야흐로 한국문단의 대이동으로 인한 문단 재편성을 이루던 시기인지라 더 주목된다. 그런데도 일찍이 일본에서 나프 활동을 하다가 카프에 옮겨와 다시 전향했던 백철이 어느 유혹에 빠져들지 않고 중립을 지킨 모습을 보인 때문이다.

그야 물론 해방공간에서 백철이 과거에 카프맹원이던 전력에 의해 김기림·정지용·박태원 등과 함께 보도연맹에 가입해 있더라도 문단 모임에 드나들거나 옮겨가는 일쯤이야 손쉽게 이루어질 형세를 감안하면 의아스런 것이다. 이렇게 과도기인 해방공간의 좌우익 틈바귀에서 한사코 중립을 지키려는 백철의 경우를 염상섭·홍효민·박영준·황순원 등과 묶어서 흔히 중간파라고 부른다. 그러나 정작 백철은 중간파라는 명칭을 언론사측에서 편의상으로 부르는 것이라며 불만을 나타내면서 그 명칭 대신에 신현실주의자라는 명칭을 쓴 바 있다.

소위 중간파에 관해서 백철은 '문학의 자유분위기를 희망하는 문학인들로서 문학상의 자유주의적인 일군단(一群團)'이라고 설명하고 있다. 해방이 이루어진 뒤 새로 출발한 우리 문단운동을 담당한 단체는 조선문학가동맹과 조선문필가협회의 2대 조류라고 지칭하면서 제3의 존재를 언급한 것이다.

위에서처럼 해방기 문단에서 백철이 좌우익 어느 곳에도 치우치지 않고 소신대로 자기 길을 걸었던 자세를 논자는 중용(파)의 태도라고 생각한다. 중간파 내지 중도파라는 명칭은 아무래도 소신 없이 양쪽의 눈치를 보는 통속적 인상이 짙을뿐더러 신현실파 또한 시류에 민감한 선택성향이 농후해서 만이 아니다. 중용(中庸)은 적어도 고전인 동양의 사서 가운데서 비롯된 것이며 백철의 집안 종교인 천도교 사상과도 맥을 잇고 있기 때문이다.

알려져 있다시피 중용은 윤리 도덕적으로 올바른 마음을 중심삼아 바르게 산다는 중정(中正)과 떳떳한 마음(常)으로 바른 언행(用)을 준수한다는 용(庸)의 사상체계이다. 어느 때(時), 어디서나(所), 처지에 걸맞게(位) 치우침과 모자람 없이 떳떳한 처세를 해야 한다는 규범인 것이다. 민족종교라 볼 수 있는 천도교에서도 다름 아닌 중정(中正)을 주요 행동강령으로 삼고 있으므로 백철에게 직접간접으로 이 중용의 체득이 자기선택의 요인으로 작용했다고 파악된다. 이런 중용적 처신으로 인해서 험난한 좌우대립과 이데올로기의 사슬에서 벗어난 백철은 월북의 유혹이나 부역 등의 굴레에서 자유로울 수 있었다.

▶▷ 상아탑에 올라서기

해방기는 그 당시 불혹의 나이테인 백철에게 일생의 중간지점인 동시에 새로운 도약을 위한 전환점이었다. 백철의 일생을 발전단계별로 보면 다음처럼 파악해 볼 수 있을 것 같다. 학창 수업기를 준비기간(起)으로 칠 경우, 프로문학기와 전향활동기는 다음 삶과 연결하는 기간(承)으로 볼 수 있다. 그리고 중용과 강단정착기(轉)는 노후정리기(結)를 앞둔 전환기인 동시에 인생의 기틀을 확고히 하는 정착기에 해당한다. 따라서 이 기승전결의 원형적 순환과정에서 백철은 일생일대의 전환점에서 지혜롭게 운명적 선택을 한 편이었다.

또한 이런 삶의 역정을 소박한 대로 헤겔식의 변증법에 대입해 본다면 대체로 정(正)－반(反)－합(合)의 틀에 걸맞는다. 즉, 백철의 삶에서 해방공간은 중용과 강단정착기로서 일생 중에서 가장 모험이 도사린 시기에 해당된다. 아늑한 고향에서 자라던 시골 소년이(正) 청년기에는 일본에서 반항아처럼 사회주의 열기에(反) 빠져든 나머지 귀국 후에까지 한동안 열띤 문예활동을 하다가 나중에는 정치 이념에 기울어진 카프에 회의를 느낀 탓에 스스로 본연의 문학에 돌아온 합(合) 계제로서 제 자리를 잡는 단계에 해당된다.

그러나 그 후에 백철은 두문불출하며 야심적인 신문학사 집필에 임하고 지내는 중에 뜻밖에도 신설 여자대학의 강좌를 의뢰받은 덕택에 강의용 교재의 문학개론 원고도 새로 준비하기에 이른 것이다. 그 결과 백철은 과연 기념비적인 저서들로써 새롭게 상아탑으로의 발 돋음을 하기에 이른다. 백철은 드디어 이 저서의 명성과 평판으로 말미암아 서울대와 국학대, 동국대 등에 출강하며 교수로 진출하였다. 일본에서 귀국한 이래 15년 동안 저널리스트로 종사해 오던 백철이 드디어 아카데미즘의 전당인 상아탑에 학자로 등장한 것이다.

요컨대, 백철은 그가 개척, 집필한 『문학개론』과 『조선신문학사조사』로써 광복 후의 우리문학을 학문적으로 체계화시켰다. 그와 동시에 소외되어 왔던 국어국문학과의 이원제이던 전공에 근대문학 파트를 추가하여 국어학, 고전문학, 현대문학의 3분법을 정립시켰다는 김윤식의 견해는 타당하다. 그리고 광복 이후 자연계와 사회계 전공에 밀려나 있던 인문학의 위상을 높였을뿐더러 선진한 미국의 대학을 탐방하여 한국대학에 인문교양의 폭을 넓히는 학제 시행에 이바지했던 것이다. 또한 백철은 또한 전란기를 벗어난 1953년 당시 한국에 문화예술을 전문화해서 개설된 서라벌예술대학의 교무처장으로서 한국

최초로 문예창작과의 개설에도 이바지했음을 추가할 수 있을 것이다.

백철 문학의 특성

위에서 우리는 한국 문단의 대표적인 한 평론가의 삶과 문학의 총괄적인 발자취를 시간적 순서로 살펴보았다. 특히 일본유학에서 귀국한 이후 신문사와 잡지사 등에서 저널리스트문학가로 활동하던 백철이 광복 직후 해방기에는 문학사 저술로서 아카데미의 전당인 대학 강단에 정착한 과정도 살펴본 것이다. 그렇다면 이를 참고로 하여 그의 문학적 특성과 그 중심 코드는 무엇인가 검토해 볼 차례이다. 그것은 그의 문학관과 변증법적인 요소 및 세계적인 지향 등으로 다음과 같이 정리할 수 있다.

▶▷ 휴머니즘 추구의 문학

첫째로, 수많은 비평문학의 이론을 펴면서 여러 차례의 변모과정을 겪으면서도 백철이 추구하는 문학의 중심점은 역시 문학의 정도(正道)인 휴머니즘이라는 점이다. 그러기에 그의 초기 문학 출발은 사회나 이데올로기 중심의 프롤레타리아적인 문학이었고 누구보다 친근한 관계를 유지했던 임화를 비롯해서 수많은 카프진영 문인들의 공격과 설득에도 불구하고 끝내 프로문학을 경원하거나 외면하게 되었던 것이다. 이런 사실은 앞에 든 바와 같이 문단 데뷔 초기의 농민문학 문제와 창작방법론 등에서 공식적이요 기계적인 성향을 반대하게 되었음을 보아도 짐작되고 남는다.

그리고 카프계열의 문인들이 늘 사회계급과 이데올로기 문제에만 치중함에 반발하여 문학은 아무래도 인간 문제를 중심한 묘사와 휴머니즘 추구가 기본과제라고 강조하여 1930년대 문단의 주된 문학 쟁점으로 만들고 있음을 본다. 그것은 처음 「인간묘사시대」라는 평론에서 제기하여 인간 탐구로 강조되고 있음을 확인할 수 있다.

물론 이런 일련의 휴머니즘 운동이 우리나라에서 자생적(自生的)으로 일어난 것이기보다 이웃 나라인 일본의 매스컴이나 문단 동향에서 영향 받은 요소가 많지만 당시의 우리 평단(評壇)의 쟁점으로서는 시의에 적절하고 참신한 주제였던 것이다. 따라서 백철의 이런 휴머니즘론 주창은 전환기 비평의 선구적인 것으로서 초창기 비평의 미숙성을 극복할 수 있는 계기를 만들었다.

▶▷ 변증접적인 삶의 문학

앞에서 살펴본 바처럼 77년에 걸친 그의 생애를 고찰하면 여러 모로 다난했던 근대와 식민지 환경 속에서 변천 과정을 겪어 왔는데 이런 점이 백철 문학의 두 번째 특성으로 드러난다. 그것은 그가 밟아서 차차 활용해온 수학과정도 처음에는 서당에서 동양적인 한학(漢學)과 한국 고전읽기로 시작해서 중학 과정의 신식문물을 거쳐 대학에서는 영문학을 전공한 다음 나중에는 국문학 교수로서 활약한 점을 들 수 있다. 뿐만 아니라 주로 활동해온 장르 면에서도 출발은 시를 중심한 창작문학(한때는 중편소설도 발표)이었지만 곧 토의문학적인 평론에 종사하며 강의를 겸해 오다가 만년에는 자전적인 에세이문학에까지 가담했던 것이다.

이런 문학 활동의 사상적인 축을 거시적으로 보면 식민지시대에 활약한 마지막 평론가로서 세운 큰 업적과 폭넓은 삶의 자취는 문학적 변증법의 일환이었다. 헤겔의 접근방법에 따르면 그의 유소년 시설에 얻은 원초적인 문학의 감화가 '正'이라면 청장년 시절의 반항적 프로문학 활동상과 친일협력에 걸친 전향은 '反'이요 광복이후의 완숙기에 드디어 민족문학에 돌아와 정착한 것은 '合'단계로 볼 수 있다. 그런 견지에서 일제강점기의 나프와 카프에 연결된 열떤 카프운동과 전주 사건으로 인한 옥살이와 전향 선언 및 뼈아픈 오욕의 체험 등은 대자적(對自的)인 발전 단계를 위한 반성이요 시련의 약이기도 하다. 해방 이후에는 결코 카프계의 충동에도 흔들리지 않고 우리 신문학사를 정립시키며 꾸준히 자유주의적인 세계 속의 민족문학을 지향하는 것으로 귀결시켜 본래의 올바른 문학의 제 모습으로 되돌아온(自己還歸) 것임이 분명하다.

이렇듯 거시적으로 보면 식민지시대 한 때의 과오가 없지 않았음에도 불구하고 77평생에 반세기가 넘게 문단활동을 해온 백철 문학의 참모습이 성공적인 일생으로 평가될 수 있음은 무엇보다 그의 인품과 함께 정력적인 노력과 대가적인 문학관 때문이라 생각된다. 그것은 마치 만연체이고 엉성하면서 정력적인지라 투박하되 전체적인 문맥은 오히려 올바르고 큰 줄기가 분명하며 튼튼한 그의 평론문체와도 같은 면이 있다. 이는 평소에도 곧잘 매튜 아놀드의 비공리(disinterested)적 태도를 강조하며 마음이 여린 '白世哲'이란 본명 대신 굳센 '白鐵'이라는 필명으로 고쳐서 행한 그 공평무사(公平無私)의 준엄한 비평 자세와도 무관하지 않다.

▶▷ 세계적인 시공지향의 문학

백철 문학의 또 하나 특성은 그 비평문학적인 시야가 보다 세계문학적인 접근 폭을 지녔다는 점이다. 한국 신문학 이래 수많은 평론가들이 명멸해 갔고 무수한 비평행위가 행해졌지만 그 접근법이나 사고의 폭이 대체로 좁고 근시안적이었다. 그런데 이러한 비평계에서 백철은 누구보다도 세계적인 시야와 폭넓은 향동반경을 지닌 비평문학을 추구했다고 볼 수 있다. 적어도 어릴 적부터 길들여온 한국 전통문학의 바탕과 중국의 한학 소양만이 아니다. 학창시절부터 익힌 구미(歐美)의 문학은 물론이요 러시아, 중국·일본문학과 시대적 흐름을 잘 파악하고 늘 그들의 의식을 참고해서 우리 문학을 생각하고 방향 모색해온 편이다.

하기야 한국의 신문학은 서양의 근대문학 영향에서 형성, 발전해온 터이므로 외국문학에 많은 관심을 보여 왔던 평론가는 적지 않았다. 주로 번역문학에 많은 업적을 쌓은 김억을 위시하여 영미문학 운동에 깊은 조예를 지닌 최재서와 김환태, 김기림이 있다. 그리고 프랑스 문학을 전공했던 이헌구 같은 평론가도 없지 않은 것이다. 그렇지만 실제 외국문학의 흐름을 거시적인 안목으로 파악하여 주체적인 우리 민족문학의 성장, 발전에 타산지석으로 삼아온 일에는 이들 외국문학 전공자들이 결코 백철을 뛰어넘지 못했던 것이다.

그의 출세평론인 「농민문학문제」도 그렇지만 「인간묘사시대」나 「휴머니즘론」은 모두가 외국의 문학적 흐름을 참고하여 우리의 문단 과제로 제기한 것으로서 항상 중대한 쟁점으로 만들어 기선을 쥐고 있었던 것이다. 특히 그의 기념비적인 역저인 『新文學思潮史』도 근대적인 세계문학의 사조로 우리 문학을 파악한 접근법으로서 이루어진 결실이다. G. M. C. 부란데스의 유명한 저서인 『19세기 文藝主潮史』에서처럼 해박한 지식과 깊은 사상 및 문학 작품에 대한 깊은 이해가 동기로 되었던 것이지만 이를 참고한 한국 신문학의 체계화는 벅찬 작업이 아닐 수 없다.

이밖에 1950년대 말에 신비평(뉴크리티시즘)의 첫 소개는 물론이요. 「東西批評의 고대이론」과 「한국비평사를 위하여」 같은 중후한 논문은 현대 비평가로서는 감히 접근하기 어려운 우리 전통 문학과 서양의 비평을 비교, 천착한 업적인 것이다. 그의 전공이 한학(漢學)이나 한국의 고대소설 습득과정을 거친 다음의 영문학인 점이 한국문학의 세계문학적 접근의 기본적인 축이 되겠지만 백철비평의 세계문학적인 시공지향성은 단순한 이론에 그치지만은 않는다. 그는 사실 수시로 세계 펜(P.E.N.)대회 등에 한국대표로 참석하여 저명한 외국의 문인들과 으레 서양을 지칭하여 '저쪽'이라는 어휘를 잘 활용해온 습성도 항시 이와 같은 세계 속의 동서양 문학을 의식했던 일과 무관하지 않다.

문학사적 공적

이상에서 논자는 험난한 식민지시대로부터 광복 이후 좌우의 와중에서 중용의 도를 지키며 북행(北行)하지 않고 1980년대의 중엽까지 분단시대를 비평가로 살아오면서 숱한 영욕을 점철해온 백철의 생애와 문학을 논의해 보았다. 77년을 살아온 생애에서 실로 반세기가 넘는 문단활동과 언론출판계 및 교수생활에 걸쳐서 이룩한 그의 큰 업적을 검토하고 그 비평문학의 정체와 가치를 올바로 이해하기 위해서이다.

새삼스럽지만 평론가로 활약해온 백철이 우리 문학 발전에 이바지한 공적과 문학사적 위치 등을 살펴보면 남다른바 적지 않다. 물론 일제 식민지 치하에서 한때 저지른 그의 친일행적은 외면할 수 없는 흠결인지라 지탄해야 마땅하다. 하지만 우리는 동시에 그 과오의 몇 곱절을 상쇄하고 남을 만큼 어려운 분단시대를 살아오면서 쌓아온 문학 및 문단사적 업적과 상아탑 안팎에서 행한 공로는 제대로 평가해야 할 것이다. 그런 점에서 이 기회에 일종의 개관사정(蓋棺事定)적인 처지로 백철을 재검토하는 작업은 더 짙은 의미가 있다.

그는 우선 일본에서 돌아온 1930년대 초부터 농민문학 문제 제기 이래 인간 묘사론에 이은 휴머니즘론 주창과 1950년대 말의 신비평(뉴크리티시즘) 등, 항시 새로운 문학의 쟁점으로써 평단을 이끌어 온 문단의 선도자(先導者)였던 것이다. 또한 광복 후의 황무지에서 우리 신문학(新文學)의 형성과 발전과정을 처음으로 집대성하여 문학사적으로 체계화시키고 계속 보완해서 학문적 업적을 세웠다. 그의 문학개론서와 사조사적인 문학사의 영향으로 국어국문학과에 현대문학을 전공 3분법 체제를 확립한 공로 또한 그가 이룬 성과였다. 뿐만 아니라 그는 1930년대 초 이래 우리 문단에서 활동한 56년 남짓한 기간 동안 평론을 위시해서 보인 왕성한 작품실적은 다른 비평가의 추종을 불허할 정도라는 사실도 그렇다. 그리고 이미 교환교수로서 외국에 우리 문학을 소개했던 일은 물론이요, 20년 가깝도록 한국 펜 본부장을 역임하면서 수차 국제문인대회에 참석하고 때로는 세계 작가대회를 서울로 유치하여 주관하는 등, 한국문학의 국제적인 교류와 그 선양에 기여한 공로자라는 점들은 높이 평가되어야 할 것이다.

이 글은 역시 한국 신문학사의 증인이며 문단의 거목이던 평론가 백철의 문학과 삶의 자취를 간추려 본 것이다. 이제 탄생 1백주년을 넘긴 백철 평가는 앞으로도 보다 그 공과를 거시적이고 객관적으로 보완하며 진지하게 진행되어야 마땅하다. 그리고 우리는 결코 이런 거목을 부러뜨리거나 무관심 등으로 인해 고사시켜서는 안 될 것이다. 어쩌면 해방기의 좌우대립 속에서도 백철은 의연하게 중용의 길을 걸으며 대표적인 비평가 겸 교수로서 통일 민족문학의 모델이 될 수 있기 때문이다.

(2008년 5월)

인생 고독과 사랑, 예술

: 황순원, 「필묵 장수」 감상과 이해

황순원의 「필묵 장수」는 1955년 ≪현대문학≫ 6월호에 단편으로 실린 뒤 그 해에 펴낸 창작집의 표제이기도 한 작품이다. 구한말 개화기로부터 광복을 거쳐서 6.25 전란기를 살아온 한 시골 노인의 외로운 삶을 통해서 인정과 예술을 선연하게 전해주는 주옥편이다.

> 본디부터 서 노인이 필묵 장수는 아니었다. 젊어서는 근 이십 년 동안이나 글씨공부를 하여 묵화도 쳐온 사람이었다.
> 이러한 그가 종내 그것으로 이름을 이루지 못하고 필묵 장수로 나선 지도 어느 덧 사십 년 가까이 된다.

서두처럼 작품의 주인물인 서 노인은 서예와 묵화를 공부해온 예술 지망생이었다. 그의 아버지께서 일찍이 풍병으로 오른쪽 다리를 저는 아들에게 독훈장을 여럿 들여서 서화를 가르쳤던 것이다. 그러나 그의 노력에도 예술적인 진척이 없고 부친 돌아간 뒤로는 호구지책으로 필묵장수가 된 셈이다. 하지만 개화바람에 그 장사마저 여의치 않아 근근이 지내던 터였다.

필묵장수는 동해안 따라 봄, 가을 한번쯤 울진에서 떨어진 샛골마을에 들르곤 한다. 종이나 붓이며 먹, 벼루 등을 팔기 위해서였다. 그럴 적이면 그곳 늙은 동장 댁 사랑방에서 며칠 묵으며 답례로 족자에 어줍지 않은 글씨와 사군자를 쳐주던 것이다. 그리고는 또 괴나리봇짐을 진 채로 다른 곳을 향해 떠난다.

그런데 해방된 이듬해 늦가을이었다. 강릉에서 주문진에 이르는 어느 산모퉁이에서 차가운 비를 만났다. 서 노인은 비를 그으려 근처 마을 한집으로 들어가게 된다. 혼자 사는 중늙은이 여인이 두루마기를 부뚜막에 말려주고 이야기하였다. 일본으로 징병 뽑혀간 아들이 돌아오지 않자 정혼해 두었던 처자마저 다른 곳으로 시집을 갔다는 것이다.

이야기 끝에 여인은 아들이 징용 뽑혀 나간 뒤로는 거지 하나도 그냥 돌려보내지는 않노라면서, 서 노인더러 이곳을 지나게 되는 때면 아무 때고 와 주무시고 가라고 했다.

그러다가 여인의 눈이 서 노인의 발에 머물렀다. 발뒤축이 보이고 발가락이 드러난 양말짝이었다. 오른쪽 다리를 절기 때문에 그쪽은 언제나 다른 쪽보다 덜 해지곤 했으나 그럴 때마다 이쪽저쪽을 바꿔 신기 때문에 양쪽이 다 마찬가지였다.

중늙은이 여인이, 이제 날도 추워질 텐데 버선 한 켤레를 지어 주겠다고 했다. 서 노인은 너무 황송스러워 얼른 무어라 대꾸도 하지 못했다.

여인이 서 노인의 발을 가늠해 가지고 무명필을 내어 마르기 시작했다.

서 노인이,

"그건 댁 아드님 혼숫감이 아니시오? 그걸루 어찌 제 버선을……"

하니 여인은 조용히,

"아들만 돌아온다면 이런 것이 대숩니까?"

했다.

밤 깊기까지 버선 한 켤레를 다 지었다. 그것을 신어보는 서 노인의 손이 절로 떨리었다. 여인이 이렇게 버선을 지어주는 것은 그것이 먼 타향에 가 생사를 모르는 자기 아들을 위한 선심에서 나온 것이라고 하더라도, 서 노인으로서는 칠십 평생에 처음 맛보는 따뜻한 정의가 아닐 수 없었다.

이튿날 아침, 서 노인은 그곳을 떠나면서 여인에게 매화 한 폭을 쳐 주었다.

중늙은이 여인은,

"이게 벽에다 붙이는 거지요? 아들이 돌아오걸랑 신방에다 붙일라오."

하며 소중히 말아 궤짝 속 깊이 넣었다.

서 노인은 서 노인대로 이 중늙은이 여인한테서 받은 정의를 언제까지나 가슴 속 깊이 간직해 두었다.

그 후로 서 노인은 그곳을 지날 적마다 동네사람들에게 그 여인과 징용간 아들의 소식만 묻곤 하는 것이다. 그가 여인 집으로 찾아들어간다는 것은 어딘지 지난날 자기가 받은 정의를 미끼삼는 거 같이 내키지 않아서이다.

그러던 중 6.25 며칠 전, 서 노인은 병색 짙은 거지행색인 채 샛골에 들렀다. 붓 한 자루와 먹 한 개를 사준 동장에게 한사코 묵화 한 폭을 그려주려 한다. 평소 탐탁지 않게 여긴 동장은 새삼 놀라움을 느낀다.

동장은 이 늙은이가 아직 앓고 있는 중이라고 생각하며, 오늘은 그만 그리라고 했다. 그러다가 무심코 그림에로 눈을 준 순간 동장은 다시 한 번 놀랐다. 지금 서 노인이 그린, 늙어 비틀어진 매화가지에 달린 꽃송이가 흐들, 하고 살아 움직인 것이었다.

그리기를 마친 서 노인은 갑자기 그 그림을 잽싸게 허리춤에 집어 넣고는 밖으로 뛰쳐나간다. '이것이다. 이것이다. 여태 내가 그리고자 한 것이 이것이다!' 중얼대면서였다. 주막에서 전에 없이 술까지 마신 서 노인은 그림이 마음에 들지 않아 찢어버렸다고 말한다.

이튿날, 이 그림을 받을 임자를 찾아 주문진을 향해 떠나는 서 노인의 발걸음은 가벼워 보인다. 하지만 며칠 동안 전쟁으로 막힌 길을 걸어 그 산모퉁이에 이르러 폭격에 맞은 집들 앞에 주저앉고 만다.

화창한 봄날, 난리 통에 나타나지 않던 서 노인이 샛골 뒷고갯길에서 숨진 채 발견된다. 거지꼴인 그의 괴나리봇짐에는 팔다 남은 붓과 먹이 들어 있는 한편에 백지로 찬찬히 싼 것이 있었다. 거기에는 돈 얼마쯤과 진솔버선 한 켤레 외에 글이 적힌 종잇조각이 들어 있다.

> 여기 들어 있는 돈으로 장례를 치르어 달라, 그리고 그때에는 수고스러운 대로 여기 같이 들어있는 버선을 신겨 달라는 것이었다.
>
> 동네 사람 하나가 이 서 노인의 주제와는 통 어울리지 않는 흰 버선을 들고 뒤적이다가 그 속에 곱게 접혀 있는 종이 한 장을 끄집어냈다.
>
> 펴보니, 언젠가 동장네 집에서 그려 가지고 미친 사람 모양 밖으로 뛰어나간 일이 있는 그 매화였다.

이런 마무리에서 보듯 「필묵 장수」는 여러모로 「소나기」와 한 쌍을 이루는 황순원 대표작의 하나이다. 그것은 전시(「소나기」는 1952년 10월)와 휴전 이후에 쓰이어진 주옥편이라는 점에서 만이 아니다. 격변의 소용돌이 속에서도 차분하게 인간본연의 훈훈한 사랑과 감성 짙은 서정이 두드러진다. 특히 「필묵 장수」에서는 예술세계의 진수를 전해준다.

더욱이 두 작품은 상생적인 효율성의 전범을 보여준다. 「소나기」에서의 소년과 소녀, 「필묵 장수」에서의 서 노인과 중늙은이 여인의 애틋한 사랑은 참하다. 그들이 만나게 된 동기가 된 소나기와 차가운 비도 그렇다. 특히 소녀는 소년이 업었을 때 입고 있던 얼룩진 스웨타를, 서 노인은 그 여인이 지어준 진솔버선을 신겨서 묻어달라는 대목이 감동적이다.

「필묵 장수」는 인생과 사랑을 예술에 접목시킨 주옥편으로서 새로움을 더하는 것이다. 또한 이 작품에서 작가는 6.25 전란으로 인해 빚어진 무자비한 파괴 속의 훈훈한 휴머니티를 살려내고 있다. 2차 대전과 한국전쟁에서 상처 입은 양민을 통해서 소중한 인간의 존엄성과 사랑의 메시지를 전하고 있는 것이다.

(2011년 8월)

남북한 대립과 시문학의 이질화

: 1950년대 전후를 중심으로

문제 제기

남북한이 갈린 지 다섯 해만에 겪었던 동족상잔의 세계적인 한국전쟁이 발발한 지도 60주년을 넘었다. 이런 민족사적인 시점에서 전쟁이 시작된 당시에는 최전방의 접전지였던 이곳 파주 현지에서 〈6.25 전쟁과 분단문학〉 심포지엄을 여는 일은 매우 적절하고 뜻 깊다고 생각한다. 한반도의 남북한은 같은 문화와 역사를 지닌 한겨레이면서도 세계의 유일한 분단국으로서 문학과 제도 및 가치관의 이질감이 너무 심화되어 있기 때문이다.

따라서 여기서 필자는 6.25전쟁으로 비롯된 남북한 시문학의 대립상과 이질성의 심화양상을 간추려서 살펴보기로 한다. 텍스트는 자유롭게 발표되어 널리 알려진 남한 시작품들과 당의 시책과 통제에 의

해 쓰이어져서 출간된 북한의 여러 문학사류에 실린 시작품들로 삼는다. 그 인용은 지면의 사정을 고려하여 특성을 드러냈다고 여겨지는 대표 시로 제한한다. 그리고 되도록 남북한 시문학을 균형 있게 대비적으로 접근키로 한다.

여기서 다루는 기간은 1950년대 전반과 1960년대 중반 및 1970년대 후반의 남북한 시문단을 중심으로 한다. 그 이유는 전쟁이 계속되던 당시와 휴전이후 전후(戰後)문학기가 이어 있기 때문이다. 사실 우리는 수많은 파괴와 희생을 당한 비극 중에도 1, 2차 대전의 현대문학적인 체험을 선진 영미제국이나 일본과는 다르게 한국전쟁에서 체득한 부수적인 소득도 없지 않았던 것이다. 따라서 한국 문단도 뒤늦게나마 이전 문학의 퇴영성을 벗어나서 새로운 전후문학의 대열에 드는 계기가 되었다.

여기에서 문학사적 시대구분의 기준은 문예적인 것을 주로 하여 이끌어감이 바람직하지만 정치군사적 권력이 압도적이던 전시하였므로 통례에 따른다. 남한의 문학사들은 기술하는 사람에 따라서 다양하지만 1950년에 6.25전쟁이 일어나고 1960년에 4.19혁명이 일어난 사실은 큰 전환기의 획을 긋는데 걸맞기 마련임을 참고해야 할 것 같다. 당의 지시에 의해 집체(集體)적으로[1] 쓰이어진 북한의 문학사들도 이런 점은 다르지 않다. 거의가 문학사 시기구분을 정치사회적 전환점 중심으로 통일하고 있다. 북한에서 비교적 근년에 서술된 시대구분 가운데 해당 기간은 다음과 같이 정하여 통용되고 있다.

※ 위대한 조국해방 전쟁시기문학: 1950.6~1953.7.

※ 전쟁복구건설과 사회주의기초건설을 위한 투쟁시기: 1953.7~1960.[2]

---

1) 사회주의 국가들에서 흔히 실행해온 집필방법으로서 혁명이념과 당의 시책 등을 효율적으로 반영키 위해 복수의 필자를 기획적으로 참여시키는 제도로서 4.15문학창작단, 백두산창작단 등의 집체작들 역시 이에 해당됨.

양 진영으로의 재편과 동화

분단시대 남북한 시문학을 미시적으로 고찰하기 전에 광복 전후의 문단 흐름과 문인들의 동향을 살펴봄이 순서일 것 같다. 남북한의 분단은 전 세기의 역사와 문학사적인 문단구조 등에 밀접한 연관성을 지녀왔기 때문이다. 그리고 해방정국과 전쟁으로 인한 문인들의 이동 사항 역시 중요한 요소인 것이다.

특히 1950년대 전후의 남북한 시문학 문단 구조는 사실 이전의 국민문학파와 카프가 대립한 연장선상으로 파악해야 한다. 1925년에 결성된 카프(KAPF)가 계급과 이념을 내세우고 득세하자 이에 대한 대타의식으로 민족과 예술을 앞세운 국민문학파는 10여 년 동안 대립해오다 물밑에 잠겨 있던 중 8.15해방과 동시에 다시 맞서게 되었다. 그것이 새로 상륙한 소련과 미국에 의해 좌우익의 양 진영으로 강하게 드러난 상태이다. 기존의 대다수 재북(在北) 시인과 재남 시인은 각기 당면한 체제로 전향하여 합류하거나 남북 중 하나를 택하여 각각 자리잡아가기에 이르렀다.

그러다가 남북에서 각기 다른 정치체제의 나라를 세우자 문인들은 다시 하나를 선택하여 남북한 별로 시 문단을 형성하게 되었다. 해방 직후 월남한 구상·김동명·유정·조영암·김영삼 및 전쟁 중이던 1.4후퇴 때 월남한 김영삼·박남수·양명문·이인석·장수철·함윤수 등이 해당된다. 또 이들보다 훨씬 많은 시인들의 월북 경우도 참고할 사항이다. 전쟁 전에 북행한 박세영·박팔양·오장환·임화·조운 등.[3] 여기에는 6.25 남침 이후 자의반 타의반으로 월북했던 김상훈·설정식·이용

---

2) 박종원·류만, 『조선문학개관』 II, 사회과학출판사, 1986, 차례.
이런 해당 기간에 대한 구분은 북한의 최초 문학사였던 사회과학원문학연구소 편, 『조선문학통사』, 1959, 차례; 사회과학원문학연구소 편, 『조선문학사』(1945~1958), 과학백과사전출판사, 1978, 목차에서도 그 기조를 이어오고 있음.

3) 여기에는 박석정·박산운·박아지·조벽암·조영출·조허림도 포함됨.

악·임학수·조남령·최석두 등4)이 추가됨은 물론이다. 이밖에 북한군의 남침 당시 납북되었다고 추정되는 김기림·김동환·김석송·김억·박영희·정지용의 민족문학적 손실은 안타까운 일이다.

하지만 같은 한반도에서 같은 시대에 한글을 통해서 시작(詩作)활동을 하면서도 남북문인들은 서로 다른 길을 걸어왔다. 그것은 남북 양측이 다투어 〈민족문학의 수립(확립)〉을 표방하면서도 정작 그 내용이나 방향은 대립되고 상이한 내용이게 마련이었다. 역시 남측은 구미의 자유주의적인 예술중심의 시문학을 추구한 데 비해 북측은 규제된 소련이나 중공의 이념적인 시문학을 지향해온 결과이다. 예의 당성, 인민성, 노동계급성을 모토로 삼은 사회주의 문예이론에 입학한 산물이기 때문이다.

전쟁과 송가시(頌歌詩), 반전시(反戰詩)와 다양성

먼저 남북한 시문학의 성향을 전쟁이 한창이던 1950년대 문단부터 살펴보기로 한다. 이념 속에 갇힌 시와, 세계로 열린 시의 문제점은 1945년의 광복으로 인한 분단이나 좌우익 대립은 물론 다음 항목에서 언급될 문제이다. 이어서 1960년대 및 1970년대의 남북한 문단을 대비하며 시문학 양상의 대강을 차례대로 고찰해 나가기로 한다.

1950년대 전반을 압도하는 화두는 전쟁 현장의 시이다. 현역 국군 신분으로 전쟁 현장을 직접 다룬 시집으로 이영순의 『延禧高地』(1951), 장호강의 『銃劍賦』(1952)뿐만이 아니다. 피란도중 문총구국대의 종군작가단으로 참여했던 시인들의 활동이 돋보인다. 유치환의 『步兵과

4) 이 부류에는 김광현·김철수·상민·양운한·여상현·유종대·이병철·이선을·임병철·임호권 등이 포함됨.

더불어』(1951), 구상의 『焦土의 詩』(1956), 조지훈의 『歷史 앞에서』(1959) 등은 문인의 전장체험을 소재로 한 시편들로서, 민족적 비극의 고통스러운 현장을 형상화하였다. 이중 이데올로기를 넘어서는 삶의 진실을 포착한 조지훈의 『다부원에서』와 존재론의 차원에서 인간구원을 노래한 구상의 『焦土의 詩』 연작이 주목된다.

오호 여기 줄지어 누워 있는 넋들은
눈도 감지 못하였겠구나.

어제까지 너희의 목숨을 겨눠
방아쇠를 당기던 우리의 그 손으로
썩어 문드러진 살덩이와 뼈를 추려
그래도 양지바른 두메를 골라
고이 파묻어 때마저 입었거니,

죽음은 이렇듯 미움보다도, 사랑보다도
더 너그러운 것이로다.

▶▶▷구상, 『焦土의 詩』 중에서

한국전쟁 중 북한의 시문학은 김일성에 대한 충성을 드러낸 송가와 인민군의 영웅성을 노래한 작품이 대량 창작되었다. 전자의 경우로는 리맥의 『장군님께서 오신 마을』(1951), 안룡만의 「수령님의 이름과 함께」(1951), 김우철의 「사랑의 손길」(1952), 백인준의 「크나큰 그 이름 불러」(1952) 등이 있다.

오늘 그이는
조선인민의 영예의 상징

싸우는 조선의 투쟁의 기치
동서의 전선을 한손에 틀어쥔
승리의 조직자, 탁월한 령장
세계의 인민이 그 이름을 노래한다
≪령웅조선≫으로 불려지는 그 이름을…
월가의 양키들이 그 이름에 떤다
≪싸우는 조선≫으로 불려지는 그 이름에…

▶▶▷백인준, 「크나큰 그 이름 불러」에서[5)]

전자로는 안룡만의 「나의 따발총」(1950), 조기천의 「나의 고지」(1951), 「조선은 싸운다」(1951) 등의 전선체험적인 작품이 눈길을 끈다. 채경숙의 「빛나는 혁명전통은 우리의 심장 속에서」(1950), 김조규의 「이 사람들 속에서」(1950), 동승태의 「호랑이 사수」(1951), 박세영의 「숲속의 사수 임명식」(1951) 등도 마찬가지다. 시인들은 이른바 1950년의 남침(조국해방전쟁) 때 종군하거나 또는 따발총을 쏘며 전선에서 진격하는 영웅적 인민군대의 용감성을 독려하는 시를 써냈다.

따바리 불타는 총자루
앞세워 승승장구
38선을 넘어
벌서 아득한 천리길,
나의 따발총이여
더웁게 단 총구멍
식혀줄 사이도 없구나
(…중략…)

5) 박종원·류만, 『조선문학개관』 II, 인동, 1988, 144쪽.

나의 따바리! 가자
대구 진주를 거쳐
려수 목포 부산으로 아니 제주도 끝까지
가자 나의 따바리!

▶▶▷안룡만, 「나의 따발총」 중에서[6)]

그리고 전쟁 직후부터는 조벽암의 「광장에서」(1953), 한명천의 「당증을 펴들고」(1956) 등 김일성 및 조선로동당을 칭송하는 작품들과 더불어 복구건설을 위한 노력을 반영한 작품들이 많이 선보였다. 정서촌의 「등불」(1954), 류종대의 「복구건설의 노래」(1954), 정문향의 「벌목부의 호소」(1954), 「새들은 숲으로 간다」(1954), 석광희의 「로라운전수」(1955), 한명천의 「보통로동일」(1955), 김북원의 「건설의 노래」(1955), 박산운의 「은혜로운 조국의 논밭머리에」(1958), 김우철의 「굴착기」(1958) 등이 그것이다.

동무들 나는 다른것은 생각지 않소
나는 벌목부요, 20년 동안
그러나 20년 동안
내가 베어낸 나무는
어디서도 찾을수없이 된 셈이요……
우리의 마을과 거리들이 어떻게 되었소
우리는 이것을 새로 세워야 한단 말이요

▶▶▷「벌목부의 호소」 중에서[7)]

---

6) 사회과학원 문학연구소 편, 『조선문학사』(1945~1958), 과학, 백과사전출판사, 195~196쪽; 박종원·류만, 『조선문학개관』 II, 도서출판 인동, 1988, 146쪽(사회과학원 현대문학편, 1986, 270~271쪽).

7) 이명재 편, 『북한문학사전』, 국학자료원, 1995, 933쪽.

이와 같이 남북한 시인들은 1950년대 초엽의 한국전선을 취재하여 시로 발표하였다. 북한 시들에서는 특정인에 대한 찬사와 충성을 곁들여 남침군대의 용맹성을 전쟁시적으로 구가하고 있다. 이에 비해서 남한 시편에서는 동족상잔의 폭력적인 전쟁을 고발하며 전사자들의 혼을 위로하는 인도적 반전시(反戰詩) 성향을 보여주고 있다. 남북한 시문학의 대비점은 무엇보다 이념과 휴머니즘의 여부부터 짙게 드러나 보인다.

또한 휴전이후인 1950년대 후반의 시문학에서 남북한의 그것은 더 큰 상이점을 드러내고 있다. 북측은 지도자나 당을 칭송하면서 전후의 복구에 땀 흘리는 인민의 노고 등을 중심삼은 탓에 단조로움을 면치 못한다. 반면에 당시 남측의 시문학 작품들은 다양한 주제와 원활한 시적 기법을 실험하여 전후문학의 활성화를 이루고 있는 것이다. 당시 피란 수도 부산에서 박인환·김경린·조향·김차영·이봉래·김차영이 창립한 ≪後半紀≫ 동인들의 모습이 선연하다. 이들은 유엔군과 더불어 상륙한 구미식의 후기 모더니즘으로 한국시를 거듭나게 하는데 앞장섰다. 또한 전후 현실에서 도시적 감각과 내면적 정서를 추구한 조병화·김남조·정한모·송욱·전봉건·김춘수·김종길·홍윤숙 등의 시 작품들 역시 그렇다. 거기에 한국 시의 주류로서 전통정서에 깊이 뿌리내린 서정주·박목월·박두진·이동주·박재삼 등의 건재는 의심할 여지없음은 물론이다.

이어서 그 이후 남북한 시의 동향과 실적을 참고해도 대동소이함이 확인된다. 위 『조선문학개관』 II의 마무리 부분에 해당하는 '1967~ ' 항목을 살펴보자. 이른바 주체사상[8]을 확립한 1967년이라는 시점이라서 주목되는 바 있다. 소설문학-시문학-영화 및 극 문학 순서 중

8) '주체사상'은 사회주의 헌법에도 명시되어 있는 북한의 최고통치이념으로서 획기적인 성격을 지님. 중국과 소련의 틈바구니에서 고뇌하던 김일성을 강력한 리더십으로 홀로 서도록 하기 위해 황장엽이 고안했다고 전함.

에서 '송가적인 시작품의 활발한 창작과 서정시 「나의 조국」'이란 항목의 일부분이다.

> 무엇보다도 경애하는 수령 김일성동지와 친애하는 지도자 김정일동지를 칭송한 송가작품들이 많이 창작되었다. (…중략…)
>
> 위대한 수령님의 탄생 60돐을 맞이하는 1972년에 창작된 가사 〈수령님의 만수무강 축원합니다〉(집체작)을 비롯하여 서정시 〈어버이수령님 만수무강을 축원합니다〉(집체작), 〈태양이 누리에 빛나는 이 봄에〉(최영화), 〈남녘의 마음〉(렴봉우), 〈60만이 드리는 충성의 노래〉(한덕수) 등은 그 대표적인 송가작품들이다.[9]

끝으로 북한에서 간행된 10종 가까운 통합문학사 가운데서 비교적 최근 문학을 다룬 대목을 들어본다. 1970년대 중반부에 해당하는 시문학 서술부분이다. '1966년~1975년 문학'을 간추린 7장 가운데 김일성 자신의 형상과 그 가정 및 그에게 충직한 인민군용사들의 형상 등, 5장을 제외한 마지막 항목. "위대한 주체사상의 기치밑에 진행된 남조선 혁명과 조국통일을 위한 투쟁의 진실한 반영"에 드는 안창만의 가사 〈조선은 하나다〉(1974)이다.

> 단결하자 조선민족아 통일의 문을 열자
> 혁명의 태양을 따르는 민족의 마음은 하나
> 수령님 밝혀주신 5대강령 홰불을 따라
> 자주의 한길로 통일의 한길로 조선은 하나다
>
> 통일이냐 분열이냐 엄숙한 이시각에

9) 박종원·류만, 앞의 책, 326쪽.

겨레여 나서라 투쟁의 한길로 조선은 하나다[10)]

이상에서 방금 들어본 기간에 해당하는 남한 측 시문학을 대조해 보더라도 남북한 시문학의 이질감이 더 골 깊어가고 있음을 알아차릴 수 있다. 무엇보다 북한에서는 엄두도 낼 수 없는 4.19 학생혁명으로 시작된 1960년대는 참여문학의 열기가 높았다. 김수영·신동엽·신경림·조태일 등의 앙가주망적 시 행보가 잦았다. 서정주를 비롯한 전통시의 성행은 물론 김현승의 경건한 절대고독의 기독교 시들도 활발하였다. 1970년대 시에서는 김지하·양성우 등이 유신정권에 맞서고 고은 등은 산업화과정에서 소외된 서민들의 고통을 위무하며, 조태일 등은 분단의식을 노래했다. 그리고 신세대 시인들은 신선한 도시적 감수성을 선보이곤 해서 한국시의 다양성을 살려내고 있었다.

문예지를 통한 발표 지면을 감안할 경우 역시 남북한은 그 격차가 너무 크게 나타난다. 주요한 문예종합지를 보더라도 분명해진다. 남한에서는 휴전 이후 창간된 ≪현대문학≫, 1960년대 중엽에 창간된 ≪창작과비평≫·≪월간문학≫, 1970년대 초반에 창간된 ≪문학과지성≫·≪문학사상≫·≪한국문학≫ 등에 다채롭고 많은 작품들이 발표되었다. 물론 한때는 유신통치와 군부에 의해 강제 폐간되거나 규제 당하기도 했으나 지금은 오히려 시전문지까지 너무 문예지가 난립된 나머지 포화상태이다.

그런가 하면, 북한의 경우야, 한국전쟁을 전후하여 창간되어 지금까지 발행되고 있는 발표지는 종합문예지 형태로 된 4·6배판 80쪽 미만의 월간에다 다블로이드판 4면 분량의 문학신문이 다일 뿐이다. 조선작가동맹 기관지인 ≪조선문학≫·≪청년문학≫·≪아동문학≫이 발표지면이다. 주 1~2회 간행하여 문예정책을 신속하게 반영, 전달하는 ≪문

10) 사회과학원 문학연구소 편, 『조선문학사(1959~1975)』, 과학백과사전출판사, 1977, 549쪽.

학신문≫ 역시 작가동맹 및 문예총 기관지로서 모두 철저한 검열을 거치는 것이다.

북한의 시문학은 1950년대는 물론이요 1960년대나 1970년대 전반에 이르러서도 그 경직성과 단조로움이 계속되고 있는 것이다. 오히려 '주체사상'이라는 쇠 올가미가 한줄 더 수령 부자 중심의 일가를 위한 송가문학과 남북 화해의 제스처로서 내건 조국통일 표방으로 강화되었을 뿐이다. 이런 사실은 아무래도 문학예술이 사회를 계도하는 올바른 본분보다는 거꾸로 '문학은 당에 복무해야 한다'는 사회주의의 한계점 문제가 아닐 수 없다.

문학예술에서 우선적인 시적 표현을 보면, 북한의 시 작품은 대개 시어의 절제된 밀도감이나 기교면의 상징성보다는 선동적인 이념의 표출화가 잦고 투박한 편이다. 그것은 일찍이 선구적인 미래주의파로서 모더니즘을 지향했던 소비에트의 혁명시인인 마야코프스키[11]의 대중들을 고양시키던 선전, 선동시 영향 때문으로 파악된다. 일찍이 볼셰비키 혁명 초기부터 서정과 서사의 결합을 시도하며 독특한 시 형식을 구사했던 그의 열정과 감화력은 큰 것이었다.

뿐만 아니라 북한문단은 그 정부수립 이전부터 사회주의의 종주국인 소비에트문학에서 받은 영향이 여러모로 결정적이었다. 그것은 다음 항목들만 들어도 이해되고 남는다.

(1) 마르크스 레닌 이념의 답습

(2) 정론적이고 투박한 선동문학 초래

(3) 송가문학(頌歌文學)과 수령(首領) 형상의 계승[12]

---

11) 그루지아 태생의 마야코프스키(1893.7.19~1930.4.4)는 라프맹원의 시인 겸 극작가로 활동했었음.

12) 이명재, 『한국현대민족문학사론』, 한국문화사, 2003, 137~166쪽.

그리고 그들의 문학사 기술방법 또한 남한의 그것과는 너무나 대조적임이 확인되고 있다.

(1) 남한－문예사조나 동인지 등의 문단활동을 주로 하나, 북한－문학이념과 투쟁활동을 위주로 삼음.

(2) 남한－표현상의 특징과 예술적 기교를 중시하는데, 북한－이념적 투쟁을 위주로 평가, 기술함.

(3) 남한－민족적인 순수작품을 지향하는데, 북한－사회주의적 혁명문학을 추구하고 있음.

(4) 남한－국민문학파 주류로 삼고 카프문학을 참고로 다루는데, 북한－프로문학을 기조로 잡음.

(5) 남한－문예지 등에 발표된 문인작품을 텍스트로 삼는데, 북한－활자화되지 않은 일반인들의 구전작품도 대상으로 삼음.

(6) 남한－집필자 개인의 견해대로 기술하는데, 북한－철저한 통제하에 통합문학사로 서술함.[13)]

남은 과제 및 맺음말

이상에서 한국전쟁과 남북분단에 따른 여러 대립양상과 심화된 시문학의 이질화 문제를 대비적으로 고찰해 보았다. 실로 8.15광복과 동시에 분단된 데 이어 6.25전쟁으로 인한 동족상잔 이후에도 남북한의 문학은 너무 상반된 길을 걸어왔다. 하지만 이제 전쟁발발 60년을 지낸 민족사적 시점에서 상생과 통일을 위한 국면전환을 모색할 계제에

13) 이명재, 「우리문학사 기술의 대비적 연구」, 『인문과학논문집』 35집, 중앙대학교, 1992, 36~41쪽.

이르렀다. 일찍이 북한의 선전선동부 책임자로서 30여 년 동안 영화를 비롯한 문학전반을 장악해온 최고지도자의 반성과 진정한 민족 발전을 위한 전향적인 시책들이 기대된다.

그러므로 앞으로 우리는 오래도록 허리병 앓는 한반도를 근치하기에 앞서 동맥경화증으로 위중한 북한문단과 교류하며 응급 치료하는데 힘써야 할 것 같다. 경직된 정치권과 군사당국보다는 유연한 문학분야서 문화적으로 대화하며 물꼬를 틀 수 있을 것이다. 아무래도 무서운 불보다는 부드러운 물이 더 강한 도의 상징이라는 노자의 깊은 의미를 새롭게 되새기며 실행해 볼 일이다.

(2011년 6월)

한국 지역문학과 세계문학

문화의 세기인 2000년대 초입부터 우리 사회에서 문학은 전에 없이 소외된 채 위기를 맞아왔다. 전통적인 언어예술인 문학이 첨단적 영상매체와 시각적 즉흥성의 공연예술에 밀린 나머지 고사의 위기에 처한 실정이다. 따라서 여러 문학대회를 통한 문학 위기 탈출과 한국문학 활성화 모색은 매우 뜻 깊다고 생각한다. 서울 중심의 중앙집권적인 문단구조의 혁파와 문단 분파(分派)의 해소, 교류 등은 물론이요 각 지역 중심의 경쟁적인 문학인구 증대와 문학기념 사업 등을 효율적으로 행할 수 있어서이다.

여기에서는 한국 지역문학과 세계문학의 상관관계에 대하여 다음 몇 가지를 중심으로 논의해 볼까 한다. 어쩌면 현안의 문학 위기 진단과 그 극복 방안 모색 등에 연결되는 사안들이라 생각해서이다. 먼저 지역문학의 생성, 발전이론을 확립하고 그 중요성과 세계문학의 상호 관련성을 재정립한다. 그리고 지역문학의 지향점 및 앞으로의 구체적인 과제를 검토, 제기해 보려 한다.

지역문학의 이론적 형성과정

우선 지역문학(=향토문학)의 의미와 중요성부터 살펴두어야 할 것 같다. 요즘 정치에서도 풀뿌리 민주주의는 지방 소선거구로부터 이루어진다는 것처럼 한국문학이나 동양문학을 넘어 세계문학도 자신의 본고장으로부터 비롯되기 때문이다. 흔히 지칭되는 지방문학 또는 향토문단이라면 자칫 배타적이고 후진 단위라는 선입견이 따르는 통념도 없지 않음도 사실인 것이다. 이런 고정관념은 여기에서 곧 탈피하게 마련이지만 여기서는 대체로 지방문단이라는 용어보다 지역문학이란 명칭으로 사용키로 한다. 지방문단이라면 역시 중앙집권적인 서울문단에 종속된 하위개념으로 오인될 선입견이 없지 않다. 이런 지방문학의 개념을 터득하고 향토 사랑과 해당 지역 나름대로의 문화적 긍지를 지녀야 바람직한 문학의 길을 지향해 가는 열쇠를 찾게 마련이다.

여기에는 일찍이 중세 유럽의 르네상스기 초엽으로 거슬러 올라가 보게 된다. 당시 이름 없는 정치지망생이던 단테(1265~1321)가 어린 연인인 베아트리체를 위해 의미 중심의 라틴어로 쓴 서정시를 모은 야심작 『新生』을 실패한 사실이 참고 된다. 요정 같은 그녀를 향한 사랑을 열정적으로 읊어서 요절한 그녀를 감동시키려 했으나 독자들의 반응은 냉담해서 실망시켰었다. 그래서 좌절에 빠져 있던 단테는 『新生』에서의 딱딱한 문어체(文語體)인 라틴어 사용을 과감하게 버렸다. 그 대신에 지옥－연옥－천국편을 연이어 만년의 13년 동안에 완성한 『神曲』에서는 한사코 자기 고향인 남부 이탈리아 현지 주민들의 몸에 배인 프로방스 지방의 토스칸(Tuscan) 사투리로 발표하여 구구절절 심금을 울리는 시로써 세계적인 시성(詩聖)으로 성공한 것이다.

단테는 이런 실패의 경험을 거울삼아서 당시 남부 유럽 지역 방언(方言) 14개 중에서 일상의 생활 감정과 지역의 풍습이 생생하게 몸에 밴 토스칸 토착어(土着語)의 주요성을 일깨워 준 것이었다. 이런 사정은 르네상스 무렵 소설문학 경우에서 라틴어를 버리고 남부 유럽의 로마니쉬말을 써서 성과를 거둔 로망스 소설문학이 발흥했던 사실과도 같다. 고식적인 문어체 보다는 정감이 살아 넘치는 지역 사투리를 쓰는 일이 필요함을 손수 실천한 그는 이런 견해를 「俗語論」(1304)이라는 평론으로도 이론화시켰다. 그것이 곧 지방어문학(Vernacular Language Literature)의 토대를 이루어 지역 특성적인 정서와 역사성을 중요시하는 오늘의 지역문학 모델로 적용될 수 있게 한 셈이다.

르네상스 이후 이 지방어 문학적 기운은 점차 유럽 전역에 퍼지고 18세기 말엽에는 프랑스 문학의 종속에서 벗어나려는 독일의 헤르더(Herder, 1744~1803)에 의해 민족문학(National Literature) 개념이 정립되었다. 서로 다른 언어와 역사 및 지역성을 지닌 민족의 문학은 제각기 고유한 문화전통을 지닌 채 존재한다는 것이다. 독일과 러시아 민요를 채집해온 그는 게르만 민족과 슬라브 민요가 여러모로 대조된 점에서 민족문학의 의미를 파악하기 시작했었다.

처음에는 이탈리아에서 단테에 의해 지역 문학적인 지방어(사투리) 사용의 운동으로부터 시작된 민족문학이 독일에서 이론적 기초를 세우고 구체화된 것이다. 그리고 헤르더의 이 민족문학 개념은 같은 시대의 괴에테(Goethe, 1749~1832)에게도 많은 영향을 끼쳤다. 가장 개성적인 민족문학에 의한 세계문학(World Literature)에 착안한 괴테는 그의 일기장에서 세계문학이란 명칭과 더불어 분명한 개념을 확인하고 있었던 것이다.

이런 지방어 문학—민족문학—세계문학의 상관성을 그림으로 나타내면 다음과 같다. 여기에 부수적인 방띠겜의 비교문학(比較文學)이나 르네 웰렉의 일반문학(一般文學) 개념은 혼동을 피해서 접어둔다.

伊 단테		獨 헤르더		獨 괴에테
地方語文學	→	民族文學	→	世界文學
14세기 초		18세기 말		18세기 말

보기에서와 같이 처음에는 중앙집권적인 지역(지방) 사투리인 라틴어 보다는 몸에 배인 해당 지역의 자연스런 사투리(方言)를 활용한 지역 문학의 필요성은 르네상스기로부터 제기된 편이다. 이런 지역사투리(지방어) 중심적인 중요성은 몇 세기 다음에 독일에서 민족문학 이론으로 발전되고 드디어는 세계문학의 명칭까지 창안해내기에 이른 것이다. 따라서 지역문학(地方語文學)은 민족문학의 기초이며 세계문학의 근원임이 확인되고 남는다.

우리나라 경우 역시 일찍이 서양의 지방어문학 운동을 전후해서 유사한 문예의식이 행해져 온 편이다. 다른 나라의 뜻글자인 중국 한자(漢子)에 우리 말 표기를 대신할 신라 향가(鄕歌)나 이두(吏讀)에서 그 시도를 보였지만 조선시대의 김만중이나 박지원 또는 정약용 등도 한국사람은 우리다운 글을 써야 한다고 주장하며 실천해온 바 있다. 이들 선배 문인들 역시 한 결같이 정체성 있는 민족문학론을 구현한 선구자들이다. 그런 의미에서 늘 강변되어 온 바처럼 오늘의 한국문학은 T. S. 엘리엇 등도 유명한 평론 「전통과 개인의 재능」 등에서 강조한 민족문화적인 개성을 지닌 고전문학의 전통을 지녀야 한다. 마찬가지로 광주·전남은 예부터 시가(詩歌)와 가사문학(歌辭文學)의 본산지로서의 시문학 정통성을 지켜 나온 향토문학의 특장점을 높이 평가해야 한다.

한국문학은 역시 팔도강산마다의 지역적 특성을 지닌 채 세계 사방으로 열린 보편성으로 이루어진 문화공동체인 것이다. 이를테면 광주

—전남을 주로 한 남도문학도 전북을 아우른 호남 지방의 개성을 살리면서 영남이나 기호, 서북, 관동, 관북 지방문학 등과 상생(相生) 교류함과 동시에 세계문학의 길로 나서는 한국문학의 한 축을 이루고 있는 것이다. 따라서 근래의 남도 문단도 보다 향상된 민족문학 발전을 위해서는 어느 정도 각 지방이나 지역문단과의 문예지 운동과 문단활성화 양상도 대비적으로 살펴봄이 필요하다. 이제는 재래의 중앙집권적인 서울중심의 문단을 혁파하고 각 지역문단이 고야발로 세계(global)화와 지방(local)화 합성어인 글로컬(glo-cal)시대에 걸맞은 주인의식으로 개선해 가야 할 것이다.

그리고 한국문학은 각 지역 특유의 냄새가 물씬한 개성을 지녀야 마땅하다. 듬뿍 담아내야 규모 큰 서울에 맞설 수 있음은 물론이다. 가상 지방적인 풍물이 가장 세계적인 것이라는 괴테나 앙드레 지드의 지론이 통하는 연유가 여기에 있다. 저마다의 지방이나 지역적 특성은 제 고유의 역사와 풍토에 바탕을 둔 지방사투리에 이르도록 문화적 전통에 이어져 있게 마련이다. 이런 면에서 각 지방 특유의 향토문단을 새롭게 논의하게 되는 것이다. 개성 있는 각자의 지역문단이 활발한 조건 속에서 바람직한 한겨레문학을 거쳐서 환영받는 세계문학으로 발전해 갈 수 있는 것이다.

따라서 우리는 한국문학과 세계문학의 기반인 지역문학부터 건실하고 활성화되어야 튼튼한 민족문학이 이루어지고 나아가서 다채롭고 튼실한 세계문학의 열매를 맺을 수 있음을 이해하게 된다. 지역문학은 민족문학과 더불어 세계문학의 대립개념이 아니라 상호밀접하게 조화되고 협력해야 할 관계이다. 지역문학의 개별성과 민족적 언어 요소는 일반적인 세계문학의 보편성과 다문화적(多文化的) 조화 성향으로 접근되어야 할 것이다.

지역문학과 세계문학의 상관관계

앞에서 살펴본 바처럼 중세 남부 유럽에서 단테에 의해 성립된 보기에서도 각 지역의 고유한 언어나 문화 전통에 바탕을 둔 지역문학의 성격을 알 수 있었다. 그렇다면 지역과 세계는 과연 어떠한 상관관계를 지니는 것일까? 이를 위해서 우리는 먼저 지역문학의 본고장인 여러 지역문단과 사실상 전국 지역의 거의 모든 문화를 지배하며 관장하고 있다시피 해온 서울 중심의 중앙문단과는 어떤 관계를 유지하는가 고찰해 볼 일이다.

거듭 밝힌 대로 지역이나 지방문단은 민족문학의 기초인 동시에 세계문학의 출발점이다. 전국 각 지역의 문학 인구들이 저마다 자기 고장에서 자라며 나름대로 습작기를 거쳐서 문단 활동을 시작한다. 그리고 이런 각 지역의 문단인들이 합해지면 한국문단을 형성하게 된다. 그런데 문제는 지금까지 각 지역문단은 신문이나 문예지 등의 발표지면 제약과 문단 교류 및 권익 면에서 빈약한 실정이었다. 그래서 한국문학은 문단제도 등에서 서울 중심의 중앙집권화 현상을 이루어 왔다.

하지만 앞으로는 점차 지역문화의 성숙이나 자치제의 활성화와 정보 통신의 원활화 내지 교통의 발달로 인해 지역문학의 여건이 개선되었다. 따라서 각 지방은 지자체(地自體) 나름대로 일정량의 문학에 대한 예산 책정과 문화진흥 시책에 따라 보호 또는 지원도 받게 되어 있다. 이런 여건 속에서 각기 특성화된 각 지역의 문학 자산을 잘 활용하면 보다 튼실한 지방문단을 육성하고 바람직한 한국문학도 이룰 수 있게 되었다. 결과적으로 각 지역문단은 서울 중심의 중앙문단 종속성을 벗어나 민주적인 제 자리를 확보할 수준에 이르렀다.

결국 서울문단도 상대적인 규모만 큰대로 여느 지역문단과 마찬가지로 동일한 지역문단의 한 단위일 뿐이다. 우리 영역인 제주도 서귀포시나 부산 동래구, 충북 진천 문단 역시 정치적 선거구처럼 같은 개념의 지역이다. 나아가서는 한민족문학 구성원으로서 장차의 통일에 긴요한 평양, 원산 지역도 마찬가지이다. 뿐만 아니라 넓게 보면 미국의 LA 지역이나 호주의 시드니 지역, 중국의 연변 조선족 자치주 지역 등도 한국의 여느 지역과 동등한 것이다.

그런데 지역문학에서 중요한 것은 역시 문학의 제일 요소인 언어적 특성과 차별화된 문화 전통성이다. 르네상스 초기 남유럽의 프로방스 지방의 사투리를 활용해서 성공한 단테의 경우에서만이 아님은 물론이다. 김소월의 「朔州龜城」, 김영랑의 「오메, 단풍들것네」, 서정주의 「질마재 神話」, 신경림의 「錦江」, 진헌성의 향토시 등은 그 지역의 특색과 정서들을 물씬 풍긴다. 또한 조명희의 「洛東江」, 김동리의 「巫女圖」, 이기영의 『故鄕』, 박경리의 『金藥局의 딸들』, 방영웅의 『糞禮記』 등에서도 각 지방의 짙은 토착성을 맛보고 있다.

나아가서 우리는 이런 지역문학의 특성적인 실적 면에서 여러 문학 장르의 시발점을 새롭게 논의할 수 있다. 이른바 각 지역이 나름대로 해당 장르의 메카라는 긍정적인 주장을 경쟁적으로 펼 소지를 지니고 있다. 이를테면 영남 지역은 향가문학 외로 김시습의 「금오신화」를 들어 서사문학의 발원지로 볼 수 있다. 위에 비해서 호남 지역은 백광홍의 「關西別曲」, 정철의 「關東別曲」 등의 가사문학(歌辭文學)과 서편제, 동편제의 판소리 발상의 본고장인 것이다. 이밖에 시조문학은 기호 지역으로서 그 발상지 주장이 가능하다는 등으로 선의의 경쟁적인 지역문학 기리기 운동은 바람직하다고 생각한다. 결코 배타적 폐쇄적 자기 지역 지키기 차원이 아니라 보다 개방적 상생적인 자세로 개성 짙은 지역문학을 활성화시킴과 동시에 한겨레문학적인 전통 문화로 하여 세계문학의 광장으로 발전해 나가야 한다. 이는 인터넷 통신수단이나 교통 면에서 세계가 시공간적으로 일일생활권인 글로벌화 추세에 걸맞은 여건이기도하다.

이런 점에서 최근까지 진행해온 한국지역문학인협회 중심의 광주·

전남 문학 메카 선언과 남도문학 박물관 사업 추진은 그 상생적인 접근자세나 종합성 내지 열성 면에서 뜻 깊다고 평가된다. 가뜩이나 문학예술의 수난 위기 속에서 문학을 살려내고 문단을 활성화시켜 보려는 자구노력의 일환으로서 여러분에 의한 앞으로의 꾸준한 성원과 성과가 기대된다. 이런 일련의 한국문학 기반인 지역문학 중심의 문학 살리기 노력이 모두 민족문학의 업적으로 쌓여서 드디어는 동시대의 세계문학 발전에 이바지하는 셈이 되기 때문이다.

요컨대, 한국의 여러 지역문학은 공간적인 의미에서뿐만 아니라 통시적, 의식적인 면에서도 건전하고 바람직한 민족문학 구성의 기초인 것이다. 따라서 우리는 하루 바삐 분단된 채 특이한 지역문학으로서 이질화된 북한문단과 소통하고 동질화를 꾀하는 문학상의 통일을 기하여야 한다. 그리하여 우리 스스로 올바르고 활성화된 지역문단의 육성으로써 중국이나 일본 또는 인도 등에 뒤지지 않는 질량으로 아시아문학의 중추로서 세계문학 구성에 손색없도록 해야 할 터이다. 그렇게 내실을 다진 우리 민족문학이 국제화시대 세계문학의 광장에서 한국 고유의 미풍양속과 훌륭한 문화 전통을 지닌 문학으로 대접받고 머지않아 노벨 문학 대상으로 평가될 수 있는 것이다. 이를 테면 한국의 시조(時調)와 일본의 와까(和歌) 하이쿠(俳句) 보기들에서처럼 민족문학적인 특성을 살려나가야 한다.

광주－전남에서는 2천 년대에 들어 10년 동안 지역문학 교류대회를 열어서 총론적인 지역문학의 중요성과 균형문제 등으로 한국 16개 시·도의 지역문학 현황 등을 다루어 왔다. 처음에는 '지역문학을 통해서 아시아로, 세계로'라는 슬로건이 이런 면에서도 절실한 우리 문단의 실천과제가 되어 왔다고 생각한다. 그러나 이런 구호는 아무래도 한반도에 치우친 한계성이 있으므로 근년에 다시 '지역문학을 통해서 아시아로 세계로'라는 표어로써 확대, 지향하는 바가 더 전향적이어서 좋다.

나머지 과제

위에서 우리는 지역문학이 민족문학의 기초인 동시에 직간접적인 관계에서 세계문학의 중심임을 확인하였다. 따라서 괴테에 이어서 노벨상 수상작가인 앙드레 지드(Gide, 1869~1951)도 갈파했듯 가장 지역적이고 민족적인 것이 가장 세계적이라는 명제를 거듭 확인하고 남는다. 이제 한국문학도 바람직한 세계문학적 견지에서 새로운 세기에 부응할 만큼 정보화, 세계화, 다민족, 다문화 추세에 부응하는 지역문학 시대에 상생적인 자세로서 거듭나야 할 것이다.

이런 견지에서 우리 문학인 스스로 알뜰한 지역문화를 솔선해서 가꾸고 청소년 문학도를 길러야겠다. 각 지방과 서울 지역 등의 수평적인 교류를 원활히 하고 상호 협력하여 문학의 소외현상을 극복하는데 나서야겠다. 그리고 문학인들은 각 지자체 관계자들과도 협조하여 향토 문학기념관 등의 문학선양 사업을 펴는데 더 능동적이어야 할 것이다. 문학인 스스로 문학을 사랑하고 일깨우며 키워가는 데 앞장서서 일하는 자세는 아름답기 그지없다.

따라서 앞으로는 보다 구체적으로 들어가서 단계적으로 접근해갈 차례라고 생각된다. 이를 테면 포항공단 지역과 정선군의 다슬기 등, 심각한 각 지역의 생태문제를 다룰 수 있다. 그리고 이질적인 북한 지역문단의 현황도 각 장르별로 살피는 일 또한 가능하다. 더 나아가서는 외국의 국가별 문학도 지역문학적 차원에서 비교해 접근해 볼 수 있다. 아울러 중국 연변조선족 자치주나 미주의 LA, 호주의 시드니 등지에 나가 살며 한글로 문예지를 내고 있는 한인들의 문학이나 현지어 작품성향을 대비적으로 살핌도 가능하다.

(2010년 11월)

최명희 『혼불』의 문학세계

『혼불』의 작가 최명희(崔明姬, (음)1947.10.10~(양)1998.12.11)는 여러 모로 소설미학의 두드러진 특성을 지닌 채 소중한 우리문학의 한 정전(正典)으로서 문학사적 자리에 위치하고 있다. 남원군 사매면 서도리에서 전주로 이주한 삭녕 최씨 집안의 2남 4녀 중 장녀로 태어난 그는 화원동(경원동)－풍남동 등에서 자라며 초－중－고 과정을 마쳤다. 일찍이 와세다 대학 법과 출신인 부친이 사회생활에서 수난을 당하면서 오히려 강해진 어머니를 도우며 살아온 그는 남다르게 궁핍과 가문의식을 체득하였다. 전북대 국어국문학과를 마치는 그해 부친마저 46세로 작고하자 부친 없는 환경에서 문학도로서 더욱 입신하였다.

최명희는 모친과 다섯 동생들을 추스르면서 전주 기전여고와 서울 보성여고에서 교편을 잡으며 소설 창작에 전념했다. 어릴 적부터 부친의 고향인 남원군 사매면의 노봉마을과 전주사범 병설중학 때부터 막역한 문우인 극작가 이금림 가문 등을 문학적 자료로 삼아 장편소설 『혼불』로 서사화하는 데 성공했다. 그는 이미 51세의 아까운 나이로 갔지만 필생의 역작인 대하소설로 민족문학의 금자탑을 세운 것이다. 서구적인 문물의 범람과 침식으로 인해서 사라져가는 근원을 이루는 민속, 음식, 언어, 향토사 등에 걸친 기층문화를 비롯한 미풍양속이나 전통정서를 되살리는 그의 끈질긴 창작노력은 가상한 바 많다. 따라서 우리는 그의 대표작을 중심한 문학적 원형질이나 위상들을 다음 몇 가지로 정리해 볼 수 있다.

최명희는 우선 불후의 대표작품을 통해서 페미니즘적 가족사소설의 모범을 보였다. 구한말 이후 호남 지방의 한 매안 이씨(설정) 종가를 지켜 온 3대에 걸친 여인들을 중심으로 1930~40년대 전통가족의 수난과 사회 변모상을 다루고 있다. 전북 남원의 사매면 매안마을 이씨 가문으로 시집와서 몰락한 가문을 일으키고 지키려는 청암부인－율촌댁－효원으로 이어진 종부(宗婦)들의 삶과 진한 아들 키움을 통한 부계중심의 혈통 잇기 집념이 선연하다. 여기서는 주인물인 종부들에 비해서 정작 남성들(이준의－(양자)기채－강모－철재 등)은 거의 부수적인 인물들로 주변화되어 있다. 물론 매안마을의 양반어른들과 천한신분으로 사는 거멍굴 사람들의 관계설정도 가미되어 서사의 주변을 이룬다. 그러므로 거의 동시대를 자장으로 1930년대 가족사소설의 쌍벽을 이룬 염상섭의 『三代』나 채만식의 『太平天下』에서 조 의관 가계와 윤직원 가계의 남성 위주 서사체계와는 대조적이다.

또한 최명희는 대표작에서 한국 전래의 전형적인 여인상을 재현해 냈다. 『혼불』에 등장하는 여인들의 수난 속에서의 정절과 인종의 정한 내지 품격이나 헌신 및 화순심이 고전적인 여인의 덕목을 드러낸다. 적어도 지체 있는 집안에서 계녀서(戒女書), 여사서(女四書) 등에서 양반의 법도와 음식솜씨는 물론 침선까지를 익힌 그녀들은 그윽한 부덕(婦德)을 지녀 너무나 자유분방한 현대 여성관의 사표가 되고 남는다. 신혼 초부터 이씨 집안의 청상과부로 살아온 청암부인을 비롯해서 첫날밤에 소박맞고 평생 배틀 위에서 한을 삭이는 인월 댁은 숙명적인 계율에 희생된 전통여성의 표상이다. 거기에 밖으로만 도는 남편을 대신해서 어려운 집안일을 꾸려가며 오히려 부군의 외도를 배려하는 효원의 의연함이나 집안 오라버니와 정을 통하고 동네 남정네에게 강제 임신 당한 강실의 처량한 이미지 등도 그렇다.

그리고 최명희는 독특한 소설문장으로써 서구적 산문의 기계적인 틀을 벗어나서 새로운 문체를 정립하였다. 스스로 '언어는 정신의 지문(指紋)'이라 주장하며 그 자신이 '유전된 정신의 넋인 모국어'를 구사하는데 남다른 자세를 지니고 있다. 여기에는 그가 한사코 생생한 남원 지역의 토착어를 즐겨 쓰는 노력도 이에 함께함은 물론이다. "나는 『혼불』을 통하여 순결한 모국어를 재생해 보고 싶었다"는 것이다. 대하소설 서두의 '청사초롱' 경우, 대숲에 바람 이는 대실 마을 정경을 묘파하는 대목부터 예사롭지 않은 솜씨다. 스산한 느낌이 일 정도로 시적이며 서정성이 짙게 스며있다.

> 그다지 쾌청한 날씨는 아니었다.
>
> 거기다가 대숲에서는 제법 바람소리까지 일었다.
>
> 하기야 대숲에서 바람소리가 일고 있는 것이 굳이 날씨 때문이랄 수는 없었다. 청명하고 별발이 고른 날에도 대숲에서는 늘 그렇게 소소(蕭蕭)한 바람이 술렁이었다.
>
> 그것은 사르락 사르락 댓잎을 갈며 들릴 듯 말 듯 사운거리다가도, 쏴아 한쪽으로 몰리면서 물 소리를 내기도 하고, 잔잔해졌는가 하면 푸른 잎의 날을 세워 우우우 누구를 부르는 것 같기도 하였다.

그리고 손쉬운 대로 중간 부분의 거멍굴 사람들의 대화 장면 가운데 질박한 사투리 맛도 일품이다. 일제가 공출뿐 아니라 창씨개명을 강요하며 숟가락이며 제기 등속을 걷어가는 무렵에 논에서 김을 매다 정자나무 밑에 모여 점심을 들며 주고받는 대목이다.

"아나 밥이나 어서 묵어라. 암말도 말고잉? 말 많이 허면 매급시 헛심만 팽긴다. 뱃속에다 쟁에 논 것도 없이 씨잘디 없는 소리만 긁어 내지 말고. 말 안헌다고 속도 모르능 것 아닝게로."

공배네가 보리밥 사발을 춘복이 앞에 놓아 준다.

"댑대 우리 같은 사람덜한티는 잘된 일이제 머. 이런 때 성씨도 새로 맨들고 이름도 처억 바꿔불면 누가 누군지 알거잉교? 그러다가 누가 아요? 우리도 지아집 짓고 종 부림서. 에얌, 허고 사는 날이 올랑가아……. 하도 요상헌 시상이라. 알 수 없제."

침을 탁, 뱉어가며 쏘아붙이는 춘복이 말에 공배가 밥숟가락을 입에 넣다가 말고

"자 좀 바라, 자 좀 바. 너 어디 가서는 당최 그런 소리 말어라. 덕석말이 일 달헌다. 몰매맞어어. 나 듣는 연에나 말허까. 무단시 비얌맹이로 그 방정맞은 섯바닥 조께 날룽거리지 말란말이여."

(…중략…)

"말이 그렇다 그거이제 머. 무신 소릴 했간디? 내가 서방 없는 년이라고 성님이 나한티 외나 막말을 허싱만."

"아고매, 호랭이 물어갈 노무 예펜네. 누가 그런다냐? 됩대 꼬갈을 씌우고 자빠졌네에."

옹구네가 실쭉해지는 것을 보고는, 마음이 여린 공배네는 얼른 웃음으로 눙치며 광주리에 그릇을 챙겨담는다.

10권 째의 맨 마무리 부분을 살펴보아도 두드러지게 이 작가만의 독특한 글맛이 나타난다.

춘복의 아이를 밴 강실을 몰래 절에 보낸 듯 숨겼는데 행방이 묘연

해진 이기웅—오류골 댁 무남독녀가 살아 있기만을 비는 장면이다.

> 이제……부디 ……그대가 살아서, 나를 용서해 주오.
>
> 효원은, 강실이의 목숨만이 자신의 생애를 건져줄 수 있을 것 같아, 한없이 까라지려는 몸을 추스르며, 강실이 얼굴을 부른다.
>
> 강실이가 비록 누항(陋巷)의 시궁창 그 어떤 질곡에 빠져, 말로 못할 더러움을 겪고 있다 하여도, 그네가 온전한 몸으로 살아만 있다면, 효원은 이 무서운 죄책에서 놓여날 수 있을 것 같았다.
>
> 어디에……어디에 있소……
>
> 효원은 등을 구부리고 기도하듯 강실이를 부른다.
>
> 그 온몸에 눈물이 차 오른다.

어쩌면 의식의 흐름과 더불어 감정을 담은 그의 문장에는 서정시를 읽듯, 판소리를 읊조리듯 리듬이 실려 있다. 흔히 서사문학의 대표 장르인 현대소설은 일체의 감정을 배제한 산문으로 써야 한다는 구미의 문법을 벗어난 지 오래다. 그는 보다 내밀하게 토속적인 언어로써 교감하는 특유의 유려한 문체로 새로운 글쓰기를 개발, 구현하고 있다. 따라서 그의 작품을 부산하게 인스턴트식으로 대하는 독자들에게는 소화불량에 걸리게 마련이다. 차분한 마음으로 전통 별미를 음미하듯 제대로 익혀야 진진한 맛과 영양을 얻게 된다. 그러기에 그의 『혼불』은 2006년 현재 53쇄로써 150만 부가 팔리는 호응도를 이루었다.

그밖에도 최명희는 그의 소설에서 곧잘 외면된 채 스러져가는 우리의 기층(基層)문화적인 관혼상제나 세시풍속에 곁들인 주술성(呪術性)을 활용하여 효과를 거두고 있다. 이런 민속적 주술성은 어쩌면 샤머니즘적인 정신문화의 정체성으로써 신비스런 분위기 조성과 사건의 진행 및 복선적인 연결효과를 거두는 데 긴요한 장치이기도 하다. 이를테면 『혼불』 허두의 초례청의 혼례식 자리에서 색실타래가 얽혀 이

강모와 허효원의 금실이 여의하지 않을 조짐을 설정해 보인 대목부터 그렇다. 신혼 초 신랑이 불길한 예감으로 처가에서 하루만 더 묵고가고 싶다는 걸 마다해서 열병에 죽게 된 낭군의 죽음모티프 설정이나 청암 부인의 혼불이 집을 떠나는 영혼이미지 설정은 탁월하다. 평소 종부들께서 장손인 강모에게 부적을 달게 해서 액막이를 꾀하고 천민인 춘복이의 나선미 눈썹 관상이나 무당인 백단이와 짜고 청암 명당자리에 만동이네 아비 뼈를 두장한 일과 청호 저수지의 풍수지리적 접근도 인상적이다. 무당의 징소리 속에서 강모가 일찍 죽은 그의 형(강수) 명혼(冥婚)굿이 행해지던 달밤에 풀밭에서 강실이와 상피 붙는 정황도 와 닿는다. 특히 『혼불』 당선 이후 ≪신동아≫에 장장 7년 2개월을 연재하기 전의 수년간 지방지에 연재하다 미완성작으로 남겨둔 그의 쌍생아적인 장편 『祭亡妹歌』 역시 전주 지방의 소리광대와 무당네들을 다룬 세계로서 유사한 면이 짙다. 이렇게 연결되는 일련의 기층 문화적 요소들은 손쉽게 다루기 힘든 기법들인데 그는 퍽 진지하고 밀도감 있게 활용한 것이다.

더욱이 『혼불』은 여러모로 박경리의 『토지』와 대타의식(對他意識) 관계를 지니고 있다. 그것은 두 작품이 여러 매체를 번갈아가면서 기록적으로 상당기간 연재된 사실에서도 유추해 낼 수 있다. 『토지』(1969~1994)는 25년 동안 ≪현대문학≫·≪문학사상≫·≪문화일보≫ 등에 연재 후 5부 16권으로, 『혼불』(1981~1996)은 17년 동안 ≪동아일보≫·≪신동아≫ 연재 후 5부 10권으로 간행된 점. 이를 참고하면 최명희는 43세 때부터 연재하던 박경리의 『土地』에 대해 선의의 대타의식을 느꼈을 것임은 물론이다. 그가 34세 때인 1981년에 동아일보 창간 60주년 현상장편에 당선된 『혼불』은 시대적 배경이나 한국－중국－일본을 무대로 한 분포 등에서 여러모로 대비적으로 보인다. 응모 당시의 『혼불』 제목이 『地脈』이었을 뿐 아니라 두 작품이 드물게 여성을 중심한 여러 대에 걸친 가족사소설인데다 서희－길상, 강실－춘복처럼 반상이 혈연으로 이어짐은 우연한 일치 같지가 않다. 이런 점은 근래 이덕화, 오세은 등의 저서에서도 반영되고 있는 사실이다. 일제강점기 사회의 경남 하동의 평사리와 전북 남원의 매안마을을 통한 토속어나 정신문화의 차이성이 주목된다. 최참판 댁의 윤씨 부인과 최서희, 이씨 집안의 청안부인과 효원 설정 역시 대조된다. 앞으로 이들 작품의 심도 있는 상호 텍스트적 접근도 긴요할 것이다. 그리고 『혼불』은 작가 생시에 그 서사를 8.15광복은 물론 6.25전쟁을 지나서 4.19학생혁명에 강모와 효원의 아들인 철재까지 참여시켜 주요 역할을 하는 것으로 구상하고 있었던 사실을 그의 절친한 벗(극작가 이금림)도 증언하고 있다. 이를 감안하면 『혼불』은 결코 질량 면에서 『土地』에 뒤지지 않을 회심의 미완성 역작인 것이다.

끝으로, 첨가해 둘 나머지 문제점 하나는 누구보다 치열한 최명희의 문학혼(文學魂)이다. 실로 지명(知命)의 나이를 갓 넘기고 간 그는 평생을 순정한 문학과 결혼해 살며 글을 쓰다 마감한 삶이었다. 그동안 고교 교편을 잡으며 부모와 다섯 동생을 위해 가장노릇을 겸하던 그는 문학을 필생의 반려로 삼아 지내왔다. 습작기부터 단편 12편과 장편 2편 및 수필 60여 편을 남겼다. 특히 33세 되던 1980년에 단편소설 「쓰러지는 빛」이 ≪중앙일보≫ 신춘문예에 당선된데 이어 이듬해 『혼불』이 ≪동아일보≫ 공모에 당선되자 교편을 그만 두고 전업 작가의 길로 나선 것이다. 상경 후 20여 년 생활했던 서울 도곡동과 역삼동의 아파트공간에서 밤낮없이 『혼불』 쓰기로 심신을 불태웠다. 야심적이던 장편 『祭亡妹歌』도 장장 7년 2개월에 걸쳐서 원고 1만 2천 장 분량의 대하소설 연재에 혼신의 힘을 다하느라 연재 도중 미완작으로 접어야 했다. 여러모로 전통문화의 정전이라 평가될 『혼불』 텍스트만도 다섯 차례나 개작(≪동아일보≫ 연재분, ≪신동아≫ 연재분, 1983년 판, 1990년 판, 1996년 판)할 정도로 작품을 쓰고 다듬기에 모두를 건 집중력을 보였다. 한 고비 때는 혼자서 추운 겨울에 40일 동안 잠이 올세라 일부러 냉방 속에서 오롯하게 앉아 원고지에 그야말로 피로 쓰 듯 새로 첨가한 두루마리 원고를 가위로 오려붙이는 작업을 무리하게 해내기도 했다. 그 스스로 토로했듯 오직 만년필로 원고를 쓸 때면 손가락으로 바위를 뚫어새기는 자세 그대로 직조물에다가 한 땀 한 땀 수를 놓던 51개 고비에서 순직(?)하고 만 것이다.

그는 이미 떠났지만 우리는 결코 작가 최명희를 보내지 않았다. 역시 "예술은 길고 인생은 짧다"는 명제가 새롭다. 그가 남긴 사랑과 『혼불』은 길이 우리문화의 정체성 찾기로 남아 우리들 가슴에 거듭거듭 타오르며 진한 감동을 전해주고 있다. 수년 전까지 한길사판 『혼불』 10권짜리 전집도 53쇄를 찍어낸데 이어서 현재 작가의 남동생이 경영하는 매안출판사에서 여러 쇄 낼 정도이다. 수상실적으로 한길사 제정 단재상, 문화부 주관 세종문화상, 동아일보의 여성동아 대상, 호암재단의 호암상, 대한민국의 옥관문화 훈장 등. 그리고 전북대 모교 구내에 안식처로 마련된 '최명희문학공원' 건너 전주 한옥마을에는 '최명희문학관'이 들어서고 작품무대인 사매면 노봉마을 입구에도 '남원혼불문학관'이 세워져 있는 것이다.

필자 또한 뒤늦게 그의 문학적 업적을 기리는 자리에 참여하였다. 최명희 작고 이듬해에 우리문학기림회(대표) 회원으로서 『혼불』의 작품 무대인 남원 사매면의 노봉마을에 '최명희문학비'를 세우고(1999.11.6), 현대문학이론학회와 전북대 전라문화연구소가 공동주최한 '혼불의 작가 최명희의 문학세계' 주제로 전북대에서 행해진 1주년 추모전국학술대회에 주제발표를 한 바 있다(1999.12.4~5). 그리고 작가 작고 12주년을 맞이하여 '문학의 집 서울'(이사장 김후란)이 마련한 추모의 밤('음악이 있는 문학마당')에서 '최명희의 문학세계'에 대해 평설한 내용을 여기 간추려 싣는다.

(2010년 12월)

우리 농민문학의 길 찾기

원초적인 본고향 찾아

요즈음 문화의 세기라는 구호와 기대와는 다르게 앨빈 커넌이 지적한 바처럼 오히려 '문학의 죽음'이나 문화의 위기 징후가 적지 않다. 더구나 세계적인 경제 한파 속에서 생기는 귀농인구보다는 자꾸만 이농가족이 늘고 있다는 소식도 들린다. 본래는 오래도록 한국문단의 주된 자리를 차지해온 농민문학이 1970년대의 산업화 사회 이후, 전에 없이 국민들로부터 경원되고 있다. 게다가 스스로 쇠퇴한 나머지 이제는 기력마저 쇠진상태에 있는 느낌이다.

여기서는 기본적인 농민문학의 개념과 명칭 및 범위를 알아보려 한다. 그리고 이전에 활발했던 농민문학의 역사적 성쇠양상을 곁들여서 요즘 농민문학의 위기현황과 극복방법을 생각해 본다. 그리고 아직 산업화 면에서 상대적으로 낙후된 데다 체제상의 이질화로 인해 규제된 북한 경우는 간접적으로 대비될 뿐 구체적인 접근은 유보된다는 점을 전제해 둔다.

어쩌면 우리 농민문학은 과거 문학의 전통적 유산을 아우르고 친환경의 강점을 살리면서 바람직한 민족 정체성을 찾아 발전하는 모델이 될 수 있을 것으로 보인다. 그동안 농어촌 문학이 산업화와 정보화 사회로 옮겨 오는 과정에서 현안의 민주화나 이념 분쟁 내지 긴요한 통일과제 등에 뒷전으로 밀려왔던 면이 많다. 그러므로 가능한 대로 시대의 변천상에 따라 우리 농민문학이 거듭나서 새롭게 나아갈 방향도 모색, 제시해 본다.

무엇보다 우리의 농민문학은 시대의 흐름에 다소 보수적인 요소를 내포하고 있음에도 여러모로 소생시켜 활용될 가능성이 남아 있음은 분명한 사실이다. 그 가능성은 예전의 농민 대다수가 도회로 나가서 도시인으로 신분이 바뀌었지만 기본적인 정서나 의식은 질기게 농어촌에 향수(鄕愁) 이상의 뿌리를 내리고 있기 때문이다.

본디 농경(農耕)시대부터 조상 전래의 농어촌에 고향의식을 지닌 현대 도시의 유목민(nomads)들이 상존하고 있어서이다. 해마다 설날이나 추석절에는 귀성객과 성묘객으로 민족 대이동 현상을 빚는 사실이 이를 증명하고 남는다. 어쩌면 날로 도시화가 이루어지고 서구적인 사회문화로 인한 도심생활에 시달리는 현대 시민들에게는 오히려 농어촌문학이 향수의 대상으로 다가올 대상인 소지도 짙다.

도시민들은 서구적인 아파트 공간과 현대 메커니즘 속에 갇힌 채 일상에서 파김치된 심신을 위무하기 위해 고향인 농어촌을 찾고 휴식공간으로 그리워하게 마련이다. 도시 유목민들에게 시골의 원초적 터전은 타향에서 시달린 자신을 큰 바다 풍파 속에서 고개 뱃속에 들어가 안식을 얻은 요나 콤플렉스에 해당한다. 어쩌면 이런 농어촌에 뿌리를 드리운 요소를 잘 활용한다면 우리 문학은 세계에 새롭게 비상해 나갈 수도 있다고 여겨진다. 문제는 낡은 고정관념을 벗어나서 의식을 바로잡고 전향적으로 접근해 가는 노력에 달려 있다.

우리 농촌과 농민문학

먼저 농민문학에 관한 명칭이나 개념 및 범위부터 재검토해 봐야 할 것 같다. 흔히 〈농촌문학〉·〈농민문학〉 등을 혼동하거나 섞어 쓰고 있는 실정이기 때문이다. 이에 대해 역사적으로나 세계적 견지에서 보다 올바르고 전향적인 이해가 있어야 마땅하다.

〈농촌문학〉은 역시 중세 전후의 전원문학(Pastoral Literature)처럼 농경사회 속의 소박한 시골 정경을 주로 한 소재중심 명칭이다. 도연명의 「歸去來辭」, 윤선도의 「五友歌」, 워즈워드의 「인적 먼 곳에 사는 그녀(루시)」 같은 시작품들이 여기에 해당된다. 소설로는 토마스 하디의 『데베빌가(家)의 테스』, 더 현대까지로 끌어온다면 서정 넘치는 이효석의 「메밀꽃 필 무렵」 등을 빼놓을 수 없다.

〈농민문학〉은 근대 이후 산업화 사회에서 농업에 종사하는 사람들의 권익이나 생활상을 주로 한 농민문학(peasant-agrarian-literature)으로서 주제적 성향을 띠는 명칭이다. 우리나라에서는 일찍이 러시아에서 1869~1872년경에 벌였던 브나로드(민중 속으로) 영향을 받아 1920년대 중반 이후 10여 년간 농촌계몽운동까지 일으킨 바도 있다. 카프계열로는 조명희의 「낙동강」 이후 1930년 들어 이기영의 『고향』, 민족진영으로는 이광수의 『흙』, 심훈의 『상록수』가 유명하다. 당시 식민지 상황에서 반일적인 성향을 내포한 이들 작품은 낭만적인 전원생활의 작품과 달리 계몽적이고 의식적인 사회적 요소가 짙었음은 물론이다.

광복이후 여러 문인들은 그들 작품에서 농촌 배경과 농민문제를 다룰 때는 으레 농민과 농촌적인 요소를 가미해서 쓰는 경향을 보인다.

가난하되 훈훈한 인정을 가진 시골사람들이 이념 전쟁으로 겪은 수난의 애환을 쓴 오유권의 소설 「젊은 홀어머니들」, 차범석의 희곡 「山불」부터 들 수 있다. 그리고 농촌의 가난한 터수에서 찌든 탓에 부귀한 자에 대한 편견과 독학으로 이룬 자신의 오만 등으로 실패한 인생살이를 자전적으로 쓴 박경수의 『동토(凍土)』, 가난하되 인정어린 민촌들의 애환을 담아낸 신경림의 시집 『농무(農舞)』 등도 포함된다.

또한 농촌에 내려가 살며 농민들의 생활처시를 풍자적으로 제시한 이문구의 『우리동네 김(金)씨』, 연작 역시 마찬가지이다. 여기에 대하소설을 하나 추가한다면 한국 농민들의 끈질긴 생명력과 사회변천상을 민족 수난사로 엮어낸 박경리의 『토지』도 참고 되고 남는다. 하지만 최근의 것으로 경기도 농촌에서 손수 주경야독하는 이시백의 연작소설집 『누가 말을 죽였을까』(2008)는 아무래도 너무 표면적인 농민들의 불만사항에 치우쳐 있어 아쉬움이 따른다.

어촌과 어민(漁民)도 함께

하지만 21세기 문화여건이나 사회상황은 너무 많이 변모해 가고 있다. 해방 전후 무렵만 해도 전 국민의 8할 이상이던 인구분포가 도시인 비율에 역전된 지 오래이다. 바야흐로 세계는 산업화시대를 넘어 정보화와 국제화의 우주시대에 진입하고 있는 것이다. 따라서 우리 농민문학도 시대에 맞게 거듭나야 이 침체 위기를 벗어날 수 있음은 당연한 일이다.

지금까지는 농민문학과의 모호한 경계로 여겨오던 어촌이나 어민도 이제 농어촌 문학의 범주에 포괄시켜야 한다. 본격적인 원양어법과 해외 수출입 경우는 해양문학으로 구분해야 하지만. 산촌의 임업이나 목축업 또한 농민문학 대상임은 물론이다. 앞으로는 〈농민문학〉

보다 실제로 폭을 넓혀서 〈농어촌민문학〉으로 고쳐봄도 바람직하다고 생각 된다. 그것은 단순히 농림수산식품부라는 행정적 발상에서가 아니다. 농촌문학-농민문학의 개념이 본시 도시와 대치되는 의미였었다. 사실 한국 사회는 전래적으로 농업과 어업, 수산업, 임업, 목축업을 하는 마을이나 그에 종사하는 사람들 구분 없이 섞어서 영위하는 실정이다. 이들 직업이나 주민들은 결국 도시와 떨어진 지역에서 우리에게 일용할 식탁의 음식을 생산해 냈다는 역할을 함께 하고 있다. 한국의 이런 농민문학 구분은 아마 농토가 넓고 환경도 다른 중국, 인도, 몽골, 러시아, 브라질, 아르헨티나, 호주, 뉴질랜드 경우와는 상이할 터이다.

농촌문학에 어촌과 어민 등을 포용해서 〈농어촌문학〉으로 활용할라치면 우리 농민문학의 영역은 갑절 이상 넓어지고 다양해서 풍성해지게 마련이다. 소설의 경우, 오영수의 「갯마을」, 전광용의 「흑산도」, 이청준의 「석화촌」, 한승원의 『안개 바다』, 이동희의 『뻘 속으로 들어간 새』 등이 이어지게 마련이다. 이밖에 시의 경우 또한 유치환의 「울릉도」, 이은상의 「가고파」, 이생진의 「그리운 성산포」, 노향림의 「압해도」 등이 뒤따른다. 거기에다 요즘 화재를 일으키고 있는 젊은 작가들이 든든하게 뒷받침하여 긍정성을 더한다. 일찍이 거문도에서 태어나 자라다가 여러 군데로 뭍을 떠돌다 수년전 귀향하여 최근 어촌 소설집 『나는 이곳이 좋다』 등을 엮어낸 한창훈이 떠오른다. 계속해서 바닷가 어시장 풍경을 즐겨 써서 창작집 『바다는 상처를 오래 남기지 않는다』·『그곳에는 눈물들이 보인다』·『바닷가 그 집에서 이틀』을 펴낸 이상섭 작가의 활동이 대견해 보인다.

도시 유목민들의 농심

시골 고향을 떠나와 여러 도시의 아파트 공간에서 생활하는 대다수 현대인들은 도시 유목민들로서 일종의 정서적 실향민들이다. 그들은 자주 어릴 적에 정들었던 시골집과 산천초목이며 이웃 사람들을 그리워하곤 한다. 향수를 달래느라 더러는 주말 농장에 나다니며 푸성귀를 기르면서 흙냄새로 위안을 삼는 정도이다. 흔히 귀향과 향수 또는 귀성(歸省)을 즐기는 생활이나 간절한 심정을 글로 쓴 보기가 적지 않다. 본래 도시에서 태어나 자라고 생활하는 사람들 역시 자기 조상의 고향은 농어촌이므로 춘하추동이 새롭고 마냥 싱그러운 시골정취를 그리워하며 글을 통해서나 여행으로 찾는 경우도 마찬가지이다.

그러므로 농민문학은 '농민에 의한 농민을 위한 농민의 문학'이라는 재래식 고정관념을 깨야 한다. 설사 자신이 농촌 태생 아니고 농사 경험이 없더라도 스스로 느끼거나 보고 상상한 글을 써서 독자들에게 읽히는 일은 가능하다. 오히려 농민의 어려운 삶을 겪어보지 못한 사람이 동경하는 전원생활로 더 잘 그릴 수 있다. 우리는 농민문학을 너무 전문 문학가들의 전유물로 맡겨 두어서는 침체상을 벗어날 수 없으므로 그 문을 활짝 열어둬야 한다.

중요한 것은 이전 농민 문학의 배경인 농어촌과 대상 주체인 농어민보다 일반인의 농사와 시골에 대한 정서적인 마음가짐인 농심(農心)이다. 요즘 독자들은 오히려 농어촌에만 붙박인 채 전문적인 농촌 이야기만 쓰는 작가 문인들 작품을 꺼릴 요소가 많다. 그리고 대개의 문인들은 농어촌과 도시를 상상력으로나 실지로 넘나들며 의식의 공통공간으로 활용하는 것이다. 실제의 농어촌 현장보다는 의식 속에 살아 있는 농심을 주제로 한 셈이다. 이 농심은 농사에서 땀 흘린 만큼 정직하게 열매를 거둔다는 본뜻밖에 시골을 좋아하고 싱그러운 흙과 농민들 노고를 기리는 정서를 일컫는다.

이와 같은 농심 성향의 작품보기로는 소설의 경우, 이무명의 「땅을 그리는 사람」·「제일과 제일장」, 유승규의 『흙은 살아있다』·『농지』, 이동희의 「지하수」·『이무기가 사는 마을』에서처럼 인간모태인 농촌사회를 남달리 아끼는 정신적 관심이다. 그런데 오늘날 독자들은 이렇게 완고한 농심 지키기보다 소박하고 자연스런 아마추어식 농촌기리기를 선호하는 경향이다. 이를테면 가곡으로도 널리 알려진 정지용의 명시편 「고향」이나 「향수」가 그것이다. 앞으로는 이렇게 부담 없고 일반에 생활화된 성향을 따를 추세일 것 같다.

참고로 작년 ≪소설문학≫에 발표된 김웅의 단편 「향수」는 인상적이었다. 회갑이 넘은 연륜으로 경남 울산의 아파트에서 회상한 어릴적 고향인 전남 무안의 바닷가 농촌에서 투박한 사투리의 어머니가 장만해 주던 구수한 토속 음식 맛 이야기가 농심 짙어 좋다. 또 지역문예지인 ≪강남문학≫(2008)을 참고하더라도 서울에 살면서 고향을 추억하는 내용들이 아늑한 농심으로 다가와 공감을 준다. 강원도 옥계태생이라는 소설가 심상태를 자랑하는 「묵호를 아는가」에서는 그곳 특산물인 호박엿과 감 이야기가 정겨웠다. 대조적으로 충남 농촌지역의 가난했던 고향에 50년 만에 찾아가서 집 옆의 웅덩이를 메워 세웠던 학교는 폐교된 「둠병이 있던 자리」 역시 뭉클한 농심을 전해준다.

최근 처녀시집을 낸 임은수의 표제작인 「수하리 바람」 또한 좋은 참고가 된다. 충남 아산 태생인 시인이 서울 집에서 옛 고향이 못내 그리워 바람을 심부름 보내서 고향 마을 소식과 체취를 전해 듣는 심정이 와 닿는다. 도심의 일상 속에 쫓기며 사는 현대인들에게 옛 시골집을 못내 그리워하고 현실과 과거의 농심 겨운 상상력은 농촌문학의 본령임을 확인시켜 주고 있는 시편이다.

내게서 걸어 나간 바람이

지금 고향 어귀쯤 다다랐을까
이미 눈 설어진 그 곳 헤매다 지쳐
정자나무 아래 오랫동안 서 있지나 않는지
아무도 마중 나오지 않는 길을
나뭇잎 떨어져 쓸쓸히 간다
잎새마다 새겨지는 어머니의 발자국
두멍한 빛깔로 쌓이는 슬픔반이
무진 곱구나

바람이
수하리 뒷산을 돌아서 그리운
어머니 냄새를 싣고 돌아온다면
나는 이제라도 고개 숙여 인사 하겠네
모두 안녕들 하신지
젊은이들 다투어 떠나고
머리 하얀 사람들만 신선인 듯
그런 듯이만 보이겠지

▶▶▷「수하리 바람」 전문

농어촌서 새 활력소를

요컨대 국제화, 정보화 시대인 현대는 서구적 도시문학 편향시대이다. 일시의 행복 추구를 위해서 엽기적 살인과 배신, 독자들 이목을 끌기 위한 말초적 관능과 퇴폐를 서슴지 않는 문단풍토이다. 이런 현실 속에서 곧잘 매너리즘적인 글쓰기가 횡행하고 흥미 위주의 장르물들이 넘쳐나고 있다. 가뜩이나 침체된 문단의 위기를 벗어나려다는 구실을 앞세운 행태들이다. 인위적이고 타산적인 도심의 현대인들은 한계에 부딪혀 있는 족속인 셈이다.

그런 만큼 우리는 농촌문학=농어촌민문학으로써 인간본연의 원초적인 보금자리인 시골 자연공간과 마음의 고향인 농심을 기리고 가꾸어야 한다. 마음의 농어촌은 그대로 요나콤플렉스 속의 심정적 안식처이다. 그런 의미에서 우리는 21문화의 세기에 오히려 새롭게 거듭난 농어촌문학의 르네상스 운동을 벌여나가야 마땅하다. 새로운 농어촌문학은 문단을 활성화할 뿐 아니라 인간 자체도 거듭나게 한다.

자연 속의 농어촌이야말로 현대 인류문명의 황무지인 비정의 도시문명에 갇힌 채 지친 우리 심신을 식히는 자연치유의 오랜 터전이요 인간회복을 기하는 지름길이 되고 남는다. 우리는 요즈음 소외된 채 만연한 일상적 도시소설의 모래바람을 벗어나야 한다. 이는 물론 농촌체험 차원을 벗어난 모두의 소망이다. 동심처럼 마음 속 깊이 스며드는 시골의 논밭이나 개울물에서 한껏 일상의 찌꺼기를 씻어내고 스스로 본연의 자아를 추스르며 새롭게 사는 길을 찾아나가야 한다. 새로운 농어촌문학의 르네상스운동은 문학과 인간에 활력소를 주는 윈윈전략의 한 과제이기도하다.

(2009년 8월)

문학적 상상력과 과학

문제 제기

마침 세계가 월드컵의 열기로 뜨거운 계절에 이곳 천년 문화의 고도(古都)인 경주의 월성 원자력 고장에서 뜻을 같이한 P.E.N. 회원들이 함께 모여 갖는 이번 문학 세미나는 더 의미 짙다고 생각한다. 바야흐로 문화의 세기라는 새 밀레니엄 구호가 무색할 정도로 자꾸만 더해가는 문학의 죽음이나 문예위축을 야기하는 문학의 위기상황을 점검하며 그 활로를 여는 모꼬지인 것이다. 모름지기 동서고금을 통해서 전통적인 문화의 중추가 되어 온 무학이 숙연하게 자기를 되돌아보며 자아를 추슬러 새롭게 다짐하는 문인들의 잔치이기도 하다.

따라서 여기에서 필자는 오늘 주제인 「문학적 상상력과 과학」에 관한 발제(發題)를 통해서 여러분과 더불어 현안 몇 가지를 논의해 보려

한다. 먼저 문학적 상상력에 대한 이론적 고찰에 이어서 구체적인 작품의 양상과 앞으로의 방향제시를 펴가는 순서를 밟기로 한다. 어쩌면 영상매체의 총아가 된 요즘의 연예오락이나 스포츠의 위세 속에 대응해야 하는 언어예술의 생존전략을 모색하는 우리에게 오늘의 테마는 긴요한 문학적 과제이기도 한 것이다. 시의 적절한 주제에 소략(疏略)한 필자의 접근을 이해해 주기 바란다.

문학적 상상력과 과학의 거리

문학에서 상상력(imagination)이 중요한 요소임은 여러 문학원론 등에서도 많이 밝혀져 왔음은 물론이다.

"문학이란 想像, 感情 및 취미를 통한 思想의 기록이며……"(T. 헌트)

"문학은 想像의 결과라는 것, 독자에게 쾌락을 주는 것을 목적으로 하며 일반적 지식에 호소하는 것"(H. 포스넷)

"문학이란 문학이라는 예술－상상문학에만 국한할 때 가장 적절하다."(R. 웰렉)

이를테면, 현재의 지각과 대비되는 상상은 과거의 체험들과 연결되어서 시간과 공간을 원활하게 오가며 이루어지는 정신작용인 것이다. 그래서 S. T. 코울리지는 이런 상상이 이념화하는 과정을 승화(sublimation)라 부르며 이를 인간 정신 활동의 가장 아름다운 일면으로 보고 있다. 그리고 그는 특히 통일성 있게 아로새기는 힘(Esemplastic power)이라며 주요시하는 예의 문학적 상상에 비해서 지적인 상상성을 띤 공상(fancy)을 더 낮게 여기고 있다. 여기에서 그는 상상은 건설적인 창조적 정신작용인 데 비하여 공상이나 망상은 파괴적이고 무질서한 부정의 시각으로 본 셈이다.

상상은 기준이나 학자에 따라서 여러 가지로 구분(종류)될 수 있다. 그 가운데 W. 제임스가 제시한바 단순한 재생적 상상과 복합적인 생산적 상상으로 나눌 경우 후자가 C. T. 윈체스터 주장의 창조적 상상으로서 문학적 상상에 해당된다. 그것은 역시 I. A. 리챠즈가 『詩와 科學』에서 주장했듯 시인(문학가)의 상상은 체험의 소재들을 결합해서 새 물건을 만들어 낸다는 의미에서 바람직한 창조적 요소란 것이다. 그러나 여기에서는 결코 상상이 무(無)에서 유(有)를 창조해 내는 것이 아니라 과거에 체험했던 여러 이미지들과의 상호 연결 작용으로 이루어짐을 분명히 하고 있어 주목된다.

적어도 상상력을 주로 할 경우, 문학은 여러모로 대조적인 과학에 우선하는 속성을 지니고 있다. 다분히 하드웨어적인 과학에 비해 문학이 소프트웨어적으로 활성화된 특성 때문에서 그런 것만은 아니다. 아리스토텔레스도 일찍이 그의 『詩學』에서 언명한 바 그 기본적인 대조점 역시 그 상상력에 의한 특장점들로 하여 문학이 과학을 앞서 있는 셈이다. 여기서는 시인과 역사가를 예로 들었지만 그것은 곧 문학(자)과 과학(자) 경우도 마찬가지이다.

> 詩人의 분야는 현실적으로 발생했던 일을 이야기함이 아니라, 발생할 수 있는 일, 다시 말하면 蓋然的 또는 필연적인 결과로서 있을 수 있는 일을 이야기함에 있다. 역사가와 시인의 차별은 전자가 산문, 후자가 운문으로 쓰는 데 있지는 않다. 헤로도토스의 작품을 운문으로 쓴대도 그것은 여전히 역사일 것이다. 그 차별은 전자가 현실적으로 발생했던 일을, 그리고 후자가 발생할 수 있을 일을 그리는 데 있다. 그러므로 詩는 역사보다도 더 철학적이며 더 엄숙하다 할 것이니, 그 이유는 역사의 서술이 특수적인 것을 상대로 함에 비하여 詩의 그것은 보편적 진리를 상대로 하기 때문이다.

아무래도 원활한 상상력을 주로 하는 문학은 인간의 내포적 언어와 정서를 주로 하는 정신적 활동인 미(美)지향의 창조세계이다. 여기에 비해서 과학은 사물의 외면적 현상을 위주로 분석, 적용하는 지적 활동이며 진리 탐색의 물질세계이다. 이들 대조되는 두 세계에서는 접근의 주체의식에서도 인간 본위의 문학이 물질 위주의 과학보다는 더 우선해서 앞서가는 요인들을 지니고 있음이 사실이다.

동서양 작품에서의 양상들

상상력을 활용한 문학 작품들은 동서고금에 걸쳐서 상당수 발견되고 있다. 대체로 그것은 고전보다는 현대 작품에, 시문학 작품보다는 소설들에 더 많이 분포되어 있는 것으로 파악된다. 여기에서 비교적 두드러진 성향을 띤 해당 작품들을 열거하면 다음과 같다. 상상력은 아무래도 실제 물질을 대상으로 하는 자연과학에서는 물론이요 사회현상을 위주로 삼는 사회과학에서는 도저히 접근되지 않는 문학만의 특장점이다.

먼저 불교적 상상력을 드러낸 고전소설로는 중국 오승은의 『西遊記』를 들 수 있다. 인간계와 동물계, 땅과 하늘을 넘나들며 신출귀몰의 조화를 부리는 손오공의 활략상은 인상적이다. 그리고 한국 고전의 경우, 김시습의 『금오신하』에 실린 『만복사 저포기』 등이 주목된다. 남원의 노총각인 양생(梁生)이 부처님과 윷놀이 내기를 하던 중 수년전에 왜구한테 죽은 처녀의 현신(幻身)을 만나 사랑을 속삭인 상상력은 놀랍다. 또한 김만중의 『九雲夢』을 통한 상상력도 눈길을 끈다. 육관대사의 제자인 성진(性眞)이 여덟 선녀와 희롱한 죄로 인해서 양소유(楊少游)란 인물로 인간 세상에 유배되어 전공(戰功)을 세우고 승상(丞相)과 부마(駙馬)가 되어 팔선녀 후신인 여성들과 차례로 부부 인연을 맺어 살다가 불문(佛門)에 함께 귀의한다는 줄거리인 것이다.

그런가 하면 서양 고전의 경우, 단테의 희곡 『神曲』은 가톨릭교적인 상상력을 보이고 있어 대조적이다. 시인 자신이 옛 연인이던 베아트리체의 안내를 받아서 연옥－지옥－천당을 순례하며 온갖 군상의 인간들을 만난다는 발상법과 그 과정이 돋보이는 것이다. 그런데 이들 고전의 다리를 지나면 그보다 훨씬 많고 다양한 현대 작품에서의 상상력을 만나게 된다. 역시 현내문학 부분에 와서 상상력의 결실이 더 풍부해진 결과이다.

서양의 현대소설에는 특히 미래사회적 상상력을 활용한 문명 비판적 장편소설이 많이 알려져 있다. H. G. 웰즈의 『타임 머신』은 시간여행자가 타임머신을 타고 7~8세기를 거슬러오르거나 몇 세기 후의 시대상을 순례하고 돌아온 가상의 세계 이야기이다. 이런 작가의 미래학적 발상은 S.F. 소설적인 그의 『우주 전쟁』과 『달나라의 첫 인간』이란 인기 높은 장편을 계속 발표하기에 이른다.

위 작품보다 더 명성을 누렸던 G. 오웰의 『동물농장』은 압제를 일삼던 농장 주인을 쫓아낸 동물들이 서로 권력 암투를 벌이다가 지식계급인 돼지(나폴레옹)의 철저한 독재와 자기선전으로써 당시의 스탈린 독재체제를 풍자하고 있다. 또한 이 작가의 대표작으로 평가되는 『1984』 역시 그 무렵에 팽배했던 전체주의 독재 체제를 가상하여 풍자한 문제작이다. 정치적 절대 강자로서 군림하여 거대한 통제 사회를 구축한 빅 브라더(大兄)의 횡포에 맞서서 본연한 인간적 삶을 갈구하다 파멸을 맞고 마는 윈스턴 스미스의 비극은 디스토피아적 인류 미래 사회의 문제점을 제시해 보인 것이다. 철저하게 전쟁을 단속하는 평화성, 일체의 개인적 감정과 사고를 터부시하고 왜곡을 일삼는 애성(愛省), 빈곤 문제를 담당하는 풍부성, 선전만을 전담하는 진리성(眞理省)을 통한 문명비판 전략이다.

또 A. 헉슬리의 『멋진 新世界』 역시 고도로 과학화되고 규격화된 미래의 물질 만능사회적 메커니즘을 예시(豫示)한 문명 비판적 미래소설로서 유명하다. A.D. 2540년(26세기)으로 설정된 이 소설의 서두에 보이는 "중부 런던 인공부화 조건반사연구소" 팻말과 세계국가 표어인 "공유—주체성—안정" 등에서처럼 환상적인 사회이다. 하지만 사회구성원의 출생인자를 애초부터 필요한 유형별로 부화시켜서 생각, 성생활, 감정생활을 원천적으로 기획 통제한 체제에 저항하여 한낱 조직의 부품 같은 처지를 벗어나서 진정 인간다운 삶을 추구하던 존이 자살하고 마는 결말은 충격적이다.

한국의 현대소설 중에도 이런 물질문명의 폐해로 인한 문제점을 미래소설적인 상상력으로 제시한 단편들이 몇 편 발표된 바 있다. 현대사회의 메커니즘적 통제 체제를 고발, 제시한 김동립의 「大衆管理」, 상존한 핵전쟁의 위험성을 그려 보인 김윤주의 「災殃浮彫」 및 근래신춘문예 당선작인 「개마고원」 등이 그것이다. 특히 최근의 작품인 이기호의 「수인」이 새삼 눈길을 끈다.

수영이 폐가로 들어간 지 이 개월도 지나지 않아 남부지방에서 끔찍한 사고가 일어났다. 남동부와 남서부에 건설된 원자력 발전소 두 곳이 두 시간의 시차를 두고 모두 폭발해 버린 것이었다. 모든 대규모 인명 사고가 그러하듯 그 사고 역시 예고 없이 우연하게 일어났다. 원인은 문제가 되지 않았다. 더 큰 문제는 피해가 회복할 수 없을 정도로 너무 컸다는 데 있었다.

사고가 일어나자마자 발전소 반경 사십 킬로 안에 살고 있던 주민들 대부분이 그 자리에서 즉사해 버렸다. 방사능은 사백 킬로미터 이상 유출되었고 전국토의 칠십 퍼센트 이상이 낙진으로 뒤덮이고 말았다. 사람들은 공포에 질려 지하실로 숨어들었고, 방사능을 피해 북 쪽으로 북쪽으로 피난을 떠나기 시작했다.

정부는 이 우연한 사고에 별다른 대책을 내놓지 못했다. 그저 동요하지

마라, 서둘러 특단의 대책을 내 놓겠다, 등의 피상적인 구호만 외쳐댔을 뿐이었다. 하지만 사람들은 이미 그들 마음속에 있던 정부를 깨끗이 지워버린 상태였다. 이제 그들에게 지시하고 명령을 내릴 수 있는 유일한 존재는 오직 방사능과 회색 낙진뿐이었다.

사고가 일어난 지 일 주일 만에 휴전선이 뚫렸다. 사람들은 철책이나 이데올로기 따위는 안중에도 없다는 듯 철원과 파주, 화진포를 거쳐 북으로 넘어갔다. 지뢰를 밟아 사망하는 사람들이 여럿 생겼으나 그건 아주 작은 희생에 불과했다. 오십년 이상 지속되어 왔던 분단체제는 방사능으로 인해 아주 자연스럽게, 너무나 허무하게, 허물어지고 말았다. 남쪽정부도, 북쪽정부도, 그 누구도 그들의 발걸음을 멈춰 세우진 못했다.

유엔에서 대책을 내놓은 것은 사고 발생 한 달 후의 일이었다. 그땐 이미 남쪽정부도, 북쪽정부도, 아노미 상황에 빠져버린 이후였다. 정부가 완벽히 소멸된 상황, 유엔에선 일단 남쪽정부를 해산시키고 국민들을 선별, 세계 각지로 소개시키기로 결정했다.

▶▶▷「囚人」(2005) 중에서

물론 가상적인 설정인 대로 남한의 발전소 두 기가 폭발해서 한반도 전체 면적 칠십 프로가 뿌연 낙진으로 덮인 가운데 유엔 기구 협력 아래 해외로 소개되는 상황이 리얼하다. 그런 속에서 일 년쯤 산속의 폐가에 들어가 장편소설 집필에 여념 없던 여성작가 박수영이 작가로서 외국 송출에 필요한 작가 증명용의 작품을 찾기 위해서 광화문 교보문고 땅속을 파들어 가는 모습은 상징적이다. 이런 핵 운용 하의 북핵(北核) 현안 같은 문제점이 국제적 분쟁뿐 아니라 그 평화적 관리에 이르기까지의 우리 현실문제로 다가온 과제의 하나임을 환기시켜 주고 있다.

그런가 하면, 한국 현대시에 반영된 상상력은 상대적으로 소설에 비해 그 규모가 작고 빈도수는 적은 대신에 퍽 다양한 모습으로 나타남을 엿볼 수 있다. 물론 수많은 대상 시편들 가운데서 필자가 발견한 일부 작품만을 보기로 드는 셈이지만 그 대체적인 성향만은 가늠하고 남는다. 대체로 시에서는 소설에서 다룬 바의 거창한 미래사회의 극한적인 디스토피아적 상황이나 통제 체재 고발상과는 상이하다. 그런 우주적 제재를 다룬 관계 시편들에서는 보다 유연하게 상징적으로 응축시키고 아득한 시간을 자유자재로 다룸은 물론이요, 바람직한 생태학적 상상력을 활용하고 있어 수긍되고 남는다.

> 지구가 강아지만할 적 일이랴
> 늘 빠져 나가려 드니
> 태양이 허릿발로 지구를 매달아 놔
> 쬐끔 이쑤시개로 침도 놓고
> 산맥들이 서로 달아나려 할 적 빽빽이 목책들 박았듯이
> 지구도 소시 적엔 꽤 개망나니였던가 봐
>
> 어느 새 지구도 나이 들어
> 턱수염 길러 털멩이 신고 유람도 하고
> 원단엔 산에 올라 제법 해맞이 인사도 할 줄 알고
> 세월이 약이라더니
>
> 그러나 공심환 같은 완치약이면 좀 곤란할 게야

▶▶▷진헌성, 「생각하는 나무들 54」 전문

이 글에서는 태고 적에 태양에서 떨어져 나와 생성된 지구를 망나니였던 털 강아지로 상정하여 이쑤시개로 침놓고 길들인 망나니로 비유한 접근이 흥미롭다. 거대한 우주적 실체를 인간적인 시각으로 본 느낌을 시적으로 응축한 것이다. 그리고 요즘의 월드컵 경기를 보는

경우에서도 먼 옛날의 단군왕검을 등장시키고 골을 성공시킨 공을 주워 먹는 희화적 발상으로 현재화하는 기법 또한 과학에선 다룰 수 없는 상상력의 소득인 것이다.

운동장은 고춧가루 연기로 차서
상대방의 골문을 당차게 뿜어 올린다
"매운 맛을 보여! 매운 맛을 보여!"
일제히 소리치는 함성에 파고는 태평양보다 드높다
꼬레야 대—한민국을 외쳐대는 깃발에
단군 할아버지가 골맛 보기는 처음이야
운동장에 달려 나가 골이란 골은 다 잡수려하시니
그나마 골바리가 까졌으니 배꼽을 싸매 안 웃길까

▶▶▷진헌성, 「붉은 악마 1」 중에서

과학과 차별화된 문학의 상상력 활용의 보기로서는 요즘 문명의 이기로 각광받는 인터넷을 다룬 작품에서도 발견되고 있다. 견실한 물체로 보이는 컴퓨터 안에서 이루어지는 인터넷 세상에서는 전 세계에 열린 자유로운 공간에서 갖가지 인물과 선택적으로 만나고 내밀한 생활을 즐길 수 있는 것이다.

나의 분신이며 왕국인
내 아바타가 있는 커뮤니티에 들어간다.

내 아바타에게 흘러넘치는 레이스
긴 드레스를 입혀두고
나는 가끔 그에게 내 집의 안부를 묻는다.

나의 아바타가 너무 많아
때로 두 달이 넘도록 그를 만나지 못한다.

나는 거룩하거나 위대한 사람의 대열에
문득 끼어 거대한 지구의 왕이 된다.

수많은 아바타와 이메일 주소와
나만의 쇼핑왕국을 가지고

▶▶▷김신영, 「인터넷 유희 1」에서

또한 문명 비판적 환경시(環境詩)는 최근 생태계 파괴와 공해로 인한 위기의식에서 비롯되어 관심을 더 한다. 공해를 지탄한 김광섭의 「번영의 폐수」나 최승호의 「공장지대」, 「무뇌아」 같은 작품들이 이에 해당한다. 그 가운데 전자의 글에서는 여느 과학의 그것과는 변별될 만큼 논리성과 연쇄성에 리듬을 가미하여 시적 감동을 자아낸다.

번영이 버린 물
바다에 흘러들어
고기 병신 되어
벌래가 된 것을
어미가 물어다 먹인
새끼 제비가 죽은 것을 보고 놀라
갑자기 눈이 어두운 어미제비도
전봇줄에 앉아 울다가
떨어져 죽었다.

▶▶▷김광섭, 「번영의 폐수」에서

그런가 하면 후자에서는 정화시설 등의 친환경 대책을 외면한 공해 사각지대 마을에서 살다가 무뇌아를 낳은 산모의 병적인 징후는 인상적이다. 시에 동원된 섬뜩한 객관적 상관물의 이미지들은, 일찍이 언어는 상상의 자극 수단으로 제일이라는 홉스의 견해를 뒷받침 한다.

무뇌아를 낳고 보니 산모는
몸 안에 공장지대가 들어선 느낌이다.
젖을 짜면 흘러내리는 허연 폐수와
아니 배꼽에 매달린 비닐 끈들.
저 굴뚝들과 나는 간통한 게 분명해!

▶▶▷「공장지대」에서

그런데 위의 김광섭이나 최승호처럼 환경 문제를 다루면서도 배한봉의 다음 시 「과수밭은 둥글다」 경우는 보다 식물적인 상상력을 보이고 있어 신선한 정감을 준다. 온갖 과일 나무들의 가지나 뿌리들이 연리비(連理枝)로 서로가 사이좋게 얽힌 채 따스한 토양과 햇볕을 받으며 인간의 마음과 어울려 천지화육(天地化育)하는 상태를 내밀하게 다룬 글인 것이다. 나무와 햇빛과 인간이 오순도순 연애하듯 상생화합(相生和合)하는 생태적 상상력이 돋보이는 시편이다. 이런 경지는 암만 해도 과학 분야에서는 도저히 꾀할 수 없는 문학의 상상력 영역일 따름이다.

복숭아나무가 감나무 손을 잡고
감나무가 자두나무 손잡는 걸 보니
새삼 눈물 난다
저 가지들이 내 인생에 들어와
은근슬쩍 연애라도 하자 하면

둥글게 과일 익어가듯 연애하다보면
나도 둥글게, 둥글게 이웃 손을 잡고 있을까
그러다 동서남북 서로 얽힌 저 나무뿌리들이
내 삶을 송두리째 점령한다면
거대 자본이 뿜어내는 소비사회의 강풍에도
끄떡없는 검푸른 숲 되어 있을까
절제 없이 가지 뻗어 얽힌 나무 풍경이야
어제오늘 보는 것만도 아닌데
나는 왜 새삼 가슴이 다 아픈 것이냐

▶▶▷배한봉, 「과수밭은 둥글다」에서

상보적인 조화를 위하여

위에서 우리는 표제로 삼은 문학적 상상력과 과학에 관한 상관성이나 여러 문제점을 고찰, 논의해 보았다. 문학적 상상력 이론을 살핀 다음, 문학과 과학의 대비된 점들을 곁들여 검토해 보았다. 그리고 동서양의 해당 작품들을 들어 상상력의 활용양상과 일반 성향을 추출해 본 것이다.

그 결과, 본디 내면적 상상력을 주로 하는 문학예술이 다분히 외연적 접근을 일삼는 과학보다는 더 앞서서 인류의 문화발전을 이끌어 왔음을 유추해 볼 수 있었다. 처음에는 문학 분야에서 창조적 상상력에 바탕을 둔 작품모색으로 방향을 제시하면 나중에 과학자들이 물질적인 실험 노력으로 그것을 구현하는 수순을 밟아온 것이다. 이미 한 세기 전에 H. G. 웰즈가 소설로 그려 보인 「달나라의 첫 인간」을 한 세기 후에야 지구에서 발사한 아폴로 호로써 암스트롱 등의 달 착륙을 실현시킨 사실도 좋은 보기가 된다 하겠다.

하지만 우리는 결코 이런 면에서 문학이 과학에 앞선다고 속단하거나 안주해서는 안 될 것임은 물론이다. "20세기에 와서는 과학자와 문학자는 그 관계에 있어서 거의 다를 바가 없다"고 설파한 B. I. 에반스의 견해도 이에 참고가 된다. 여기에는 일찍이 「불의 정신분석」·「흙과 휴식의 夢想」·「몽상의 詩學」 등으로 세계적인 '想像의 형이상학'을 정립한 문학이론가 G. 바슐라르 역시 일찍이 물리학 교수를 거쳐서 철학을 강의했던 이력의 소유자였음이 좋은 사례가 되고 남는다.

올바른 문화발전은 정신과 물질의 조화를 필수적인 전제로 하듯 문학과 과학은 서로 보완적인 관계를 이루어나감이 바람직하다. 따라서 상상력은 문학예술의 모체요 자연과학은 문학적인 상상력의 소산인 만큼 문학가는 과학자가 문학적 소양을 쌓아야 하는 필요 이상으로 응분의 과학적인 식견도 지녀야 마땅한 것이다.

(2004년 7월)

제4부
part 4

일상적 삶과 에세이의 세계

김소운의 문학사적 자리

문제 제기

2007년은 김소운(1907.1.5~1981.11.2) 탄신 1백주년임과 동시에 작고한 지도 벌써 사반세기 세월을 넘었다. 따라서 이곳 구미 선산(善山)에서 모처럼 갖는 수필의 날 행사에 참석하여 여러분과 더불어 소운(巢雲)의 문학적 위상을 논의하게 된 것을 매우 뜻 깊게 생각한다.

아마 주최 측에서 필자를 김소운에 대한 세미나 발표자로 택한 것은 나름의 이유가 있는 것 같다. 그것은 1998년 초에 필자가 주관하던 '우리 문학 기림회'에서 부산 영도 해변공원에 '金素雲文學碑'를 세운[1] 일을 생각한 배려에서인 모양이다. 그리고 바로 그해 여름에 부

1) 순수 민간 모임인 이들 회원들은 1998년 2월에 김소운 출생지에 맨 처음 추모 문학비를

산에서 우리문학 기림회와 동경대학 비교문학회, 동비회(東比會)[2] 공동주최로 개최된 '김소운문학 국제학술 심포지엄'에 김소운론으로 평론에 당선되고 김소운문학회 대표로 참여한 강석호회장과 더불어 필자도 참가한 점을 참고한 셈이라 생각된다.

여기서 필자는 실로 74년의 생애 동안 한반도와 일본열도를 넘나들며 작품 활동을 해온 김소운의 문학적 업적과 특성 및 위상(位相)을 문학사적으로 점검해 보고자 한다. 어쩌면 여러 장르에 걸쳐 행해온 김소운문학은 질과 양면에서 에세이가 본령이었고 여러 모로 선구적인 수필가로서의 역할을 다해 왔기 때문이다.

남달리 많은 업적을 남긴 수필가

잘 알려진 대로 김소운(아명 教重-教煥, 아호-三誤堂. 巢雲)은 장르상으로 여러 방면에 걸쳐서 문학작품 활동을 해왔다. 그것은 낱낱의 작품뿐만 아니라 작품집들로 확증되고 남는다. 일찍이 국내에서는 1920년대 중엽 이전부터 詩를 발표하고 어렵게 시집 『出帆』도 낸 바 있는 시인이다. 또한 1950년대 초엽에 동화집 『보리알 한 톨』을 펴낸 아동문학가 활동도 해왔다.

그런가 하면 일본에서는 1920년대 중반 이후 광복 이후까지 탁월한 번역 수준을 평가받은 단행본 여러 권을 출간하여 명성이 높다. 예의 이와나미문고(岩波文庫)로 간행된 『朝鮮童謠選』·『朝鮮民謠選』이나 『朝鮮詩集 젖빛(乳色) 구름(雲)』과 미술전집 등의 보기가 줄을 잇는다. 앞에 든바 필자가 참여한 부산과 동경 심포지엄에서도 소운의 높은 번

세웠음.

2) '동비회'는 동경대학 비교문학, 비교문화대학원에 재적한 학회인데 필자는 이들과 함께 2000년 11월에 동경대학에서 행해진 제2차 김소운 국제학술심포지엄에도 참가한 바 있음.

역 수준에 대한 찬사가 계속되었다. 일찍이 『朝鮮詩集』 서문을 쓴 사토 하루오(佐藤春夫)부터 소운이 구사한 밀도감 짙은 일본어 솜씨를 두고 "참으로 기적이다"[3]라고 감탄하길 서슴지 않았다. 이렇게 일본어로 번역된 소운의 우리 작품 단행본만도 수필집을 제외하고 필자가 조사한 바는 14권에 이른다.

하지만 삶에 직결된 김소운 작품의 질적 내용이나 수량 또는 시, 공간적 영역과 그 효용성과면에서는 수필이 단연 상대적으로 우위를 보인다. 역시 수필은 김소운의 경우에 있어서도 중년 이후 들어 점차 많은 실적으로 두드러져 있다.

발표 요지문 뒷면에 첨부한 김소운 연보[4]에 제시된 수필집 말고도 그 생전에 출간된 수필집을 필자가 조사한 대로 추가하여 살펴보면 다음과 같다.

한국서 펴낸 수필집(연보 외)

『三誤堂雜筆』, 진문사, 1955.

『희망은 아직 버릴 수 없다』, 남향출판사, 1964.

『이 일본사람들을 보라』, 수도문화사, 1965.

『붓 한 자루』, 범우사, 1976.

『김소운수필선집』, 아성출판사, 1978.

『등불이 지기 전에 인생을 젊은이와 이야기하고 싶다』, 남향출판사, 1981.

『맨발의 인생행로』, 중앙일보사, 1981.

『천 냥으로 못 사는 보배』, 중앙출판공사, 1981.

---

3) 芳賀徹, 「김소운과 동시대 일본문인」, 국제학술심포지엄 논문요지문 『韓日交流와 김소운의 문학세계』, 1998.29, 33쪽. 또한 北原白秋도 『조선민요집』(1929) 서문에서 '놀라움 금할 수 없을 지경에까지 번역에 성공했다'고 격찬하고 있음.

4) ≪문학사상≫, 1981.12, 128~129쪽(김소운 추모특집).

일본서 일본어로 펴낸 수필집

『아시아의 四等船室』, 講談社, 1954.

『희망은 버릴 수 없다』, 河出書房, 1975.

『일본이란 이름의 기차』, 冬樹社, 1977.

『가깝고도 먼 나라로부터』, 新潮社, 1979.

『마음의 벽』(김소운에세이선), 1981.

『안개가 보이는 날』, 1981.

이와 같이 소운이 생존했던 당시 모국에서 펴낸 수필집 총수는 연보의 11권을 더하여 모두 20권에 가까운 실적이다. 여러 신문이나 잡지들에 발표한 것을 모아 경향 각지의 출판사서 펴낸 단행본인지라 태반이 중복된 면이 많은 대로 대단한 분량이다. 정작 소운 자신은 수필가라고 자처하지 않았는데도 여느 수필가에게서는 볼 수 없는 작품 성과이다. 그리고 일본에서의 수필 발표 경우 역시 한국 전쟁 초기에 ≪中央公論≫에 전재되어 파란을 일으킨 '일본에 보내는 공개장-「木槿通信」'[5]을 비롯하여 위의 일본어 수필집 6권을 헤아리면 소운이 일본에서 펴낸 편역본(編譯本) 20여 권 가운데 상당한 분포를 이룬다.

이처럼 시, 번역, 아동문학, 수필에 걸쳐 폭 너른 문필활동을 해온 김소운의 주된 장르는 여러 모로 볼 때 단연 수필이 으뜸인 것이다. 대체로 중년 이후 두드러진 그의 수필은 여러 면에서 일본서의 빼어난 번역 영향력 못지않게 한국과 일본 두 나라에서 이름을 날리며 많은 호응과 함께 원고료 수입원(收入源)을 이루었다. 거기에는 인기 면에서나 경제적 소득에 앞서서 독자들에게 문학예술적인 기쁨과 공리

5) 무궁화통신이란 의미의 「목근통신」은 당시 전쟁와중의 한국을 지옥이라고 비하하는 대담을 실은 일본의 주간지 ≪썬데이每日≫ 기사 내용에 격분하여 부산의 ≪대한신문(국제신문)≫에 연재하고 그 번역문을 그해 11월호 일본 ≪中央公論≫에 특별기고로 전재하여 큰 호응을 얻은 서간체 에세이임.

적인 가르침을 함께하는 것임은 물론이다.

흔히 그의 수필은 상상력보다는 "철저한 체험의 세계"[6]를 다루면서 일본문화의 경계와 교류의 자세로서 남다른 특성을 지녀 적잖은 오해도 받는다. 여느 상식에 갇힌 일부 층에는 다음 같은 소운 자신의 말에서도 자칫 오독(誤讀)할 소지를 발견하는 모양이다. "붓대를 손에 쥔지 40여년, 그새 단 한번 산천경개나 雪月花의 운치를 두고 글을 쓴 적이 없다. (그런 글을 경시한다는 뜻이 아니고 그런 詩情에 한눈을 팔 겨를이 없었다는 것이 거짓 없는 실토다.) 인간에 대한 관심과 祈願……, 내가 쓴 글은 언제나 이 범주를 벗어난 적이 없었다."[7] 그래서 자칫 김소운의 수필에는 서정성이 없다고 지적하며 아쉬움을 표하는 걱정도 있지만 부질없는 속단이 아닐 수 없다. 오히려 소운의 수필에는 유아시절 개성형성기부터 절실하게 겪어온 바 고아 처지를 쓴 「어머니의 털외투」, 가난한 포석 작가가 아침 끓일 쌀값으로 빌린 돈을 갚기 위해 먼 눈길을 걸어 왔다 가는 뒷모습 묘사 등은 여느 음풍명월 못지않은 서정적 비애감을 전해준다.

또한 어릴 적에 아버지와 사별한 데 이어서 어머니와 생이별한 정신적 아픔을 표출한 대목에서는 여느 서정을 뛰어넘는 감동을 느끼게 된다.

> 이날까지 그 슬픔은 면면히 이어져서 내 가슴에 자리 하나를 잡고 있다. 어떤 기쁜 일을 만나도 나는 슬픔의 베일을 가리지 않고는 그 기쁨을 대할 수 없다. 기쁨을 대할 때는 오히려 당황하고 슬픔을 만나면 정작 마음이 가라앉는다.
>
> 어려서 밤 기차를 멀리 바라다 보던 그 슬픔—얼굴 모르는 어머니를 가

6) 윤재천, 「철저한 체험의 세계」(≪문학사상≫, 1981.12), 100쪽(김소운 추모특집).

7) 『김소운수필선집』 2, 아성출판사, 1978, 350쪽; 김효자, 「김소운의 수필세계」, 앞의 국제학술대회심포지엄 요지집, 7쪽.

만히 입속으로 불러보던 그 그리움……[8]

뿐만 아니라 자유당 통치 때 귀국하지 못하고 일본에 묵고 있으면서 김포로 들어가는 동료 시인 편에 전하는 「딸에게 보내는 편지」 경우도 그렇다.

제트기로 90분
동경-서울은 이렇게 가까운데
아버지와 너희들 사이는 땅 끝보다도 멀구나.
메마른 남의 땅, 사막 같은 동경 거리를 거닐면서
영아야, 인범아, 윤아야, 하고
오늘도 너희들 이름을 입속으로 불러본다.
1962년 8월 2일[9]

의연한 선비로 살다간 전업문인

수필가 김소운은 민족수난의 축소판이라 할 만큼 기구한 삶을 영위해온 분으로서 드물게 우리 문단에서 오직 글을 써서 생활해온 전업문인(專業文人)의 모델이었다. 그런 직업문인인 점에서는 일찍이 프로정신으로 소설쓰기에만 전념해서 살아온 작가 정비석(鄭飛石)에 못지않은 모범을 보였다. 이런 면에서 소설가 아닌 문인으로서 부업 없이 생활하기 어려운 당시에 수필작가가 솔선해 왔다는 사실은 주목할 일이다. 더욱이 인기작가에 따라다니던 통속의 시선들을 벗어나서 청신

8) 수필집 『希望은 아직 버릴 수 없다』, 남향출판사, 1964 가운데 「분홍행건」에서.
9) 수필집 『健忘虛妄』, 남향문화사, 1966, 구상 시인의 발문에서.

한 이미지까지 지니고 있어 금상첨화라 할 터이다.

여기에서 주목되는 바의 하나는 여러 모로 어려운 환경에서 생활하면서도 결코 글을 쓰는 문사의 길을 포기하지 않고 줄곧 계속해 왔다는 사실이다. 그런 면에서는 어쩌면 현실적인 시련을 이겨내고 드디어는 그 간난의 체험들을 수필쓰기 등을 통해서 문예적으로 형상화하는데 성공한 셈이다. 이런 일련의 요소들은 결과적으로 수많은 문사들에게 일종의 사표가 될 수 있다고도 내세울 수 있겠다.

김소운의 자전적 파일을 살펴보면 그야말로 파란만장한 한 편의 드라마이다. 구한말의 요직 관리였던 아버지가 동족의 손에 피살된데 이어 어머니마저 러시아로 사라져서 고아신세로 자랐다. 할아버지 밑에서 자라며 소학교를 여러 군데 전전하다가 졸업 전에 일본에 밀항하여 고생의 연속이다. 이런 과정은 마치 작가 최서해(崔曙海)를 연상시키지만 서해가 부유층에 항거하는 빈궁문학인 데 비해 소운은 모정결핍처럼 일본의 기득권 사회에 애증(愛憎)을 곁들인 상실문학 성향을 띤다. 허기로 길가에 쓰러져 있는 자신이 구원받은 이야기를 다룬 「東京의 첫날밤」을 지내고 야간에 다니던 동경에서 중학(開成中學)마저 관동대지진으로 중퇴하고 만 것이다. 물론 많은 책읽기와 독학 및 가끔은 대학에 찾아가 넝마주이 공부를 통해 일반학생 이상의 실력을 쌓은 편이다. 하지만 일본에서의 갖가지 체험을 주로 한 학습 수준이야 전통적인 불교사상을 바탕에 둔 미당(未堂)이나 동리(東里)와는 또 다른 성취도를 얻었음은 물론이다.

성인이 되고나서의 약력에서도 소운의 신수는 그렇게 순탄하게 펴진 형편이 못된다. 광복 전 젊은 시절부터 통신사나 신문사, 잡지사에 취직했으나 결국은 오래 지속하지 못하고 그만 두었다. 해방이후 재혼해서 시골에서 양돈, 양계도 시작하고 서울에선 아동잡지와 출판사 등을 시작해 보았으나 실패한 선비로서의 한계를 겪는다. 그렇게 해서 마치 정반합의 변증법 과정처럼 결국은 원고쓰기에 돌아와 문학을 생활방편으로 삼아온 과정이 뚜렷하게 드러나 있다. 그런 중에서도 가상한 사실은 항시 선비다운 자태를 잃지 않고 의연한 풍모를 지녀왔다는 점이다.

망명적인 삶을 지내온 문인

또 하나 김소운의 삶과 문학에서 내쳐버릴 수 없는 속성의 하나는 우리 문단에 드물게 외국에서 망명문인과 다를 바 없는 생활을 해왔다는 요소이다. 일정한 제나라 땅에 정착하지 못하고 낯선 지방으로 유랑하는 현대판 디아스포라적인 속성에 해당한다고 볼 수 있다.

이런 사실은 한국 현대문학사에서 최초로 1928년에 러시아로 스스로 망명했던 작가 조명희(抱石 趙明熙, 1894~1938)에 비교된다. 국내에서 소설집 『낙동강』으로 명성을 날리던 포석은 연해주에서 10년 동안 고려인들에게 한글문학을 가르쳐서 소비에트 고려인문학의 씨를 뿌렸던 것이다. 이에 비해서 소운은 이러구러 반생을 자의반타의반으로 일본에서 생활하며 빼어난 일본어 솜씨로 한국 민요나 시작품들을 일본에 소개하는데 크게 이바지하였다.

망명 이전부터 서로 친숙하던 두 선구적인 문인들은 각각 북방의 소련 대륙과 남방의 일본열도에 들어가서 한민족 문학의 영역을 나라 밖에 넓히고 교류하는데 기여했던 것이다.

그러나 통제 체제 속에서 자유로운 창작활동을 못한 포석은 소비에트의 고려인 강제 이주 무렵에 소련 당국에 의해 희생되고 말았다. 멀리 중앙아시아 땅으로 이주된 포석의 고려문인 제자들만 1945년 직후 해방된 북한에 와서 북한문학을 소비에트문학화하는 데 나설 뿐이었다. 이와는 대조적으로 소운(巢雲)은 심한 민족 차별 속에서도 어느 정도 자유로운 분위기 아래서 꾸준히 문단활동을 계속해 나왔다.

구상(具常) 시인은 김소운을 가리켜 '生來的인 떠돌이'라고 일컬은 바 있지만 어쩌면 그것은 개인적인 체질에 앞서서 식민통치와 위정자들의 횡포가 낳은 시대에서 비롯된 요인이 더 많다. 이미 어릴 적에 부모를 차례로 잃어버린 그는 어머니를 찾아 러시아 가까운 곳에 찾아가 보기도 했고 현해탄을 자주 넘나들었으며 일제 강점기 당시 만주에도 다녀온 바 있다. 특히 1952년 9월에는 예의 유네스코 초청 베니스 국제예술가회의 참석차 가는 도중에 동경서 가진 ≪朝日新聞≫과의 자유당 정부에 대한 비판성 인터뷰로 인해 여권을 압류 당한 채 13년 동안을 강제로 체류 당하며 많은 글을 발표하면서 고뇌를 겪는 시간을 지냈다. 일찍이 식민지 통치시절에 일본열도에 머무르던 때와는 사뭇 다르게 타의에 의해 추방된 처지로서 일종의 현대적 망명인 처지였다.

그래도 조국으로부터의 추방령을 김소운은 자신에 대한 훈장처럼 여기고 일본에서 꾸준한 작품 활동을 계속해 왔다. 그럼에도 불구하고 추방객은 "그의 전 생애의 모든 작업이 祖國愛 때문에 이루어질 수 있었고, 조국이 그를 사랑하지 않아도 자기 혼자만이라도 조국을 짝사랑해 왔고 그렇게 계속할 것이기 때문에"[10]·귀국하기에 이른다. 자유당 정권 붕괴 후인 1965년 가을에야 서울에 돌아온 소운은 새로운 모국에서의 수필전성시대를 맞게 되었다. 그만큼 김소운은 자신에게 주어진 시련을 작품이나 새로움 모색으로의 충전효과를 거두어 거듭나는 문학의 계기를 이룬 것이다. 13년간의 추방에 의한 망명 처지에서 조국 품에 돌아온 이후 망명객은 전에 없이 여러 권의 수필집들을 엮어내고 있음을 확인한다.

10) 최박광, 「김소운문학과 生의 초상화」, 앞 문예지 추모특집, 121쪽. 1978년 동경대학 문학부 초청 「한국과 일본의 틈바구니에서」 강연에서.

민족문학사적인 자리매김

위에서 우리는 100년 전 일제강점기에 태어나서 74년 한 평생을 시종 민족수난과 더불어 가족의 고난을 함께 겪어온 소운 김소운(巢雲 金素雲) 문학의 문학사적 의미나 위상을 살펴보았다. 필자는 여기에서 이전의 작품집이나 개인적 교유관계로서 지엽적인 인상과 특성을 주로 한 논자들의 미시적이고 전기적 견해를 보다 객관적이고 총체적으로 접근해 본 것이다. 무엇보다 김소운의 삶과 문학 업적을 새롭게 문학사적 시각으로 보아야 하기 때문이다.

시종 불우한 환경 속에서 뛰어난 문단활동을 거듭해온 김소운은 우리 근대 문학사에서 남다른 위치를 차지하고 있다. 그는 거의 학별 없이 넝마 줍기 공부를 통해서도 실로 한국과 일본문단에서 빼어난 실력으로 시, 번역, 아동문학, 수필을 함께 써서 각광받은 대형 문인이다. 특히 중년 이후 두드러진 그의 에세이 문학이 중심된 나머지 살아생전에 펴낸 수필집 20권에 이른 업적과 전업적인 프로의식은 우리 문단 수준을 크게 향상시킨 본보기가 되고 있다.

무엇보다 김소운은 남다르게 거의 반평생을 남의 나라에서 망명성 짙은 떠돌이 생활을 하면서도 조국과 민족의식을 올바로 지켜낸 그대로 민족과 개인의 수난을 문학적으로 형상화한 특장점을 이루어 주목되는 문인인 것이다. 그럼에도 아직 우리 사회 일각에서는 이런 김소운의 문학을 경원하거나 백안시하는 일부의 선입견을 바로 잡아야 할 것이다. 실로 반생을 일본에 나가 살면서 일본어로 글을 발표하거나 번역, 소개한 일을 두고 친일로 속단해온 폐단이 그것이다. 이런 문제는 일본인들에 한국 문화 전통의 우수성을 알린[11] 예의 조선시 문학

11) 소운 자신도 「木槿通信」에서 “일본을 알고 일본에서 배워, 일본의 尊大 앞에서 韓國文化와 傳統의 美를 소개하는 것을 자랑스럽게 살아온 사람이다”고 말하고 있음.

선집 번역 말고라도 한일양국에 화제를 불러일으켰던 「木槿通信」을 정독하면 풀리게 된다. 김소운의 태도는 한국전 당시 고난을 당하고 있는 한국에 무책임하고 비도덕적인 망발을 이웃 민족 당사자로서 "過不足없이 正視[12]하여 지탄, 비판한 知日의 자세"[13]인 것이다. 그의 일본에 대한 감정은 「恩讎三十年」이란 글에서처럼 숱한 원한과 호감이 뒤섞인 채 장단점을 그대로 인정하는 객관성을 지녔다.

2007년은 작고 26년이 지난 김소운 탄신 100주년이다. 지금도 정작 당신의 파란 많던 수난과는 달리 중후한 체격에 안경 끼고 미소 띤 얼굴에 담배를 피워 문 스틱을 짚고 우뚝 서 있는 김소운의 모습이 새롭게 다가든다. 우리는 적어도 그의 불행을 위로하지는 않더라도 김소운이 애써 이룬 문학적 업적만은 제대로 평가하여 열린 민족문학사 자리에 올려놓아야 할 것 같다.

(2007년 8월)

---

12) 김소운, 『목근통신』, 아롬메니아, 2006, 9쪽.

13) 이런 성향은 강석호, 「김소운의 수필세계와 知日性」, ≪月刊文學≫, 1989.12도 참고됨.

피천득 수필의 기법적 특성

접근의 방향

녹음도 짙은 한여름에 남도의 고장에서 전국 문학인 여러분과 함께 수필문학을 논의하고 음미하게 되어 기쁘다. 평소 비평적인 에세이인 평론에 종사해온 필자가 모처럼 가까운 수필 장르의 식구들과 만나는 자리라서 더 뜻 깊다.

더구나 이번 모임은 우리 문단의 원로이신 금아(琴兒) 피천득의 구체적인 작품을 대상으로 하는 특색이 있다. 사실 필자 역시 지금까지 금아문학은 10여 편의 수필만을 단편적으로 접해 오다가 이번에 80여 편의 주옥편들을 집중적으로 읽는 보람이 컸다. 근래 분석 비평과 구조주의 및 해체 비평 등에서 텍스트의 정독(精讀)을 강조한 성향과도 일치한다.

따라서 여기서는 주제적인 내용보다도 기법적인 형식면을 주로 하여 고찰해 보려 한다. 금아 수필은 과연 어떻게 쓰이어졌는가 하는, 표현 문제를 다음 몇 가지로 살펴보는 일이다. 텍스트로는 30년대 등단 이후 피천득(皮千得) 선생이 발표해온 바 『금아 시문선(琴兒 詩文選)』(1959), 『산호(珊瑚)와 진주(眞珠)』(1969), 『금아문선(琴兒文選)』(1980)에 실린 작품을 묶어서 최근 출간한 『인연(因緣)』을 대상으로 삼았다.

금아의 기법들

▶▷ 간결하고 명료한 문장

피천득 수필은 그 아호에 값할 만큼 청아한 악기에서 흘러나오는 소리 마냥 간결하고 맑다. 군더더기는 물론이요, 억지나 속됨이 없이 잔잔하고 시원한 여울로 가슴을 적신다. '글은 곧 사람'이라는 뷔퐁의 말처럼 그의 문장에는 그 자신의 자연스런 호흡이 담겨 있다.

간결한 문체는 금아의 성품과 수필과 더불어 시를 쓴다는 특성에 상관된다고 파악된다. 시 작품 「단풍」, 「편지」, 「아가의 기쁨」 등에서도 여느 시인의 그것보다 단아하게 쓰는 작풍(作風)을 엿볼 수 있다. 그것은 금아의 주된 흐름을 이루고 있는 소박한 동심과 순수, 그리고 여성에 대한 사랑이 깃든 자상한 마음씨들에서 비롯되는 것이다.

피천득의 수필은 으레 1천 자 안팎의 짤막한 분량이면서 서정성과 함께 말할 내용은 거의 다 담아내고 있다. 가까운 보기로 「장미」·「오월」·「맛과 멋」·「모시」·「여성의 미」·「유명의 기능」·「초대」·「아인쉬타인」 경우도 그렇다. 그 가운데 집에다 꽂아 놓으려고 장미 일곱 송이를 사가지고 오다가 도중에 만난 친구들한테 다 주고 빈손으로 돌아가는 처지가 실감 있고 흥미롭기 그지없다.

잠이 깨면 바라다보려고 장미 일곱 송이를 샀다.

거리에 나오니 사람들이 내 꽃을 보고 간다. 여학생들도 내 꽃을 보고 간다.

전차를 기다리고 섰다가 Y를 만났다.

언제나 그는 나를 보면 웃더니 오늘은 웃지를 않는다.

부인이 달포 째 앓는데, 약 지으러 갈 돈도 떨어졌다고 한다.

나에게도 돈이 없었다. 머뭇거리다가 부인께 갖다 드리라고 장미 두 송이를 주었다.

▶▶▷「장미」 중에서

이렇게 시작된 「장미」는 사직동에 있는 C의 하숙집의 빈 꽃병에 두 송이를 꽂아 주고 집을 향하던 글쓴이가 다시 전찻길에서 만난 K의 애인한테 선물하라며 건네준 이야기이다. 또한 「오월」보다는 덜 하지만 다음 같은 「찬란한 시절」 경우는 대화하듯 아늑한 동심을 드러낸다.

수공 가위와 크레용을 든 가방을 메고 서영이가 아침 일찍이 유치원에 가는 것을 보면, 예전, 지금으로부터 30여 년 전 내가 유치원에 다니던 생각이 난다.

나는 그때 동그란 도시락을 색실로 짠 주머니에다 넣어가지고 다녔다. 그 도시락을 휘둘러서 동무들을 곧잘 때렸다. 하루는 유치원이 파하고 다들 집으로 가는데 나를 데리러 오는 유모가 아니 오셔서 혼자 남아서 울고 있었다.

선생님은 나를 달래느라고 색종이를 주셨다. 그 빨간빛 초록연두색깔이 그렇게 화려하게 보이던 일은 그 후로는 없다. (…후략…)

▶▶▷「찬란한 시절」 중에서

그러나 결코 금아의 수필들이 흔히 지칭하듯 모두 그렇게 서정적이지는 않다. 대체로 피천득의 잘 알려진 몇 작품에 정적 요소가 짙지만 다른 성향의 작품들에는 그런 서정성에 버금갈 만큼 지적인 요소도 농후하게 담겨 있다. 방금 들었던 작품에서도 그렇지만 「맛과 멋」·「유머의 기능」·「아인쉬타인」 등은 오히려 지적이라서 몽테뉴보다는 베이컨적인 면이 많다. 이밖에 「세익스피어」와 「이야기」·「문화재 보존」 등은 지성과 감성으로 조화되었거나 도리어 지적인 요소가 승하다고 본다.

▶▷ 효과적인 이미지 연결

금아는 수필들에서 곧잘 주변으로부터 시작하여 과거에 겪은 추억을 되살려 이야기하다가 현실적인 자신의 마음으로 연상기법을 쓰고 있다. 이런 경우는 사물의 정의를 내걸고 그에 관한 구체적인 보기를 든 다음에 자신의 인생관이나 현재에 연결 짓는 솜씨와도 유사하다. 그런데 다분히 몽테뉴적인 개인의 삶을 다룬 전자가 더 흔한 데 비해 베이컨적인 사회나 인생에 대한 논의는 후자로서 더 드문 편이다. 그런가 하면 도산선생께 딸에게 시집가는 친구의 딸에게 등의 서간체 수필도 쓰고 있음은 물론이다.

「인연」·「황포탄의 추석」·「눈물」·「오월」·「선물」 등에서는 전자에 속하는 기법을 활용하고 있다. 그 중에 책으로 내세운 「인연」 등은 특히 인상적이다. "지난 사월 춘천에 가려고 하다가 못 가고 말았다. 나는 성심여자대학에 가보고 싶었다."로 시작해서는 수십 년 전 열 일곱 되던 봄에 동경에 가서 만났던 아사꼬(朝子)와의 꿈같은 인연에 잇고 있다. 당시 성심(聖心) 여학원 소학교 학생이던 아사꼬가 그처럼 여리고 귀여운 스위트피 꽃을 그의 책상 위에 놓아주었던 것이다. 그 후 십삼 사 년 후에 두 번째 들렀을 때 같은 여대 영문과생이던 그녀와

버지니아 울프의 작품에 대해서도 이야기 했다. 그러나 한국전쟁이 지난 후 미국에 가던 길에 찾았던 그녀는 진주군으로 오만한 미군장교의 아내였다는 것이다.

뾰족 지붕에 뾰족 창문들이 있는 작은 집이었다. 이십 여 년 전 내가 아사꼬에게 준 동화책 겉장에 있는 집도 이런 집이었다. "아, 이쁜 집! 우리 이담에 이런 집에서 같이 살아요." 아사꼬와 나는 어린 목소리가 지금도 들린다.

특히 다음 같은 끝마무리는 멋스런 여운을 남긴다. "아사꼬와 나는 세 번 만났다. 세 번째는 아니 만났어야 좋았을 것이다. 오는 주말에는 춘천에 갔다 오려 한다. 소양강 경치가 아름다울 것이다."

그런가 하면 후자에 속한다고 볼 수 있는 오월이나 수필의 경우는 신선한 시각적 이미지와 더러는 촉각적 이미지 연결이 두드러져 효과적이다. "수필은 청자연적이다. 수필은 난이요 학이요, 청순하고 몸맵시 날렵한 여인이다. 수필은 여인이 걸어가는 숲속으로" 같은 서두의 시작이나 끝마무리도 연관 지어서 매력을 더한다.

오월은 금방 찬물로 세수를 한 스무 한 살 청신한 얼굴이다.

하얀 손가락에 끼어 있는 비취가락지다.

오월은 앵두와 어린 딸기의 달이요, 오월은 모란의 달이다.

그러나 오월은 무엇보다도 신록의 달이다. 전나무 바늘잎도 연한 살결같이 보드랍다. 스물한 살 나이였던 오월. 불현듯 밤차를 타고 피서지에 간 일이 있다. 해변 가에 엎어져 있는 보트, 덧문이 닫혀있는 별장들 그러나 쓸쓸하지 않았다. 가까이 보이는 섬들이 생생한 색이었다.

▶▶▷「오월」 중에서

곧이어 젊어서 죽은 시인의 글귀를 모래 위에 써놓고 돌아오며 글쓴이는 '내 나이를 세어 무엇하리. 나는 지금 오월 속에 있다'고 뇌인다. 그리고 나서 '밝고 맑고 순결한 오월은 지금 가고 있다'로 맺고 있는 것이다.

그의 수필에는 흔히 꿈 나비·오동·봄·거문고·눈물·꽃·종달새·모시옷 등 시 같이 낭만스러운 객관적인 상관물이 등장한다. 그런가 하면, 한편으로 전화·보약·편지·벼루와 연적·음악·영화·책·목소리·박물관·오케스트라·유치원 등도 활용되고 있어 다양한 이미지를 형성한다.

▶▷ 여성편향적인 매력

또 하나 피천득 수필의 특성 가운데 중추를 이루는 요소는 누구보다 두드러진 그의 여성편향성(female complex)이다. 이런 요소는 오히려 남다른 사랑과 외로움 속에서 겪은 피천득의 개성 형성과정에서 얻어진 값진 특장점이다. 말하자면 심리학자 칼 융도 주장하듯 남성이 지니고 있는 여성적 요소인 아나마(anima)의 예술적 발로로서의 긍정적 성과인 셈이다. 일찍이 서울 청진동의 좋은 환경에서 태어났음에도 어려서 아버지를 여윈 대신 갸륵하고 극진한 어머니를 동일시한 성격 문제와 직결된다.

이를테면, 일찍 부친을 잃은 처지로 자상한 어머니와 숙모의 보살핌 속에서 길들여진 여성적 취향이 공감대를 형성하여 민족적인 시인으로 이름 높은 김소월의 「진달래꽃」도 참고된다. 뿐만 아니라 외국의 명작들도 이런 여성편향성과 잇닿아 있어 뒷받침된다. 워즈워드의 첫사랑이던 에네트 바롱이 서정적 자아로 승화된 루시, R. 번즈의 산골처녀 마리이, 그루몽의 시몬 같은 여성상들과 대비된다.

사실 피천득 수필의 진수를 이루는 주옥편들은 거의 이런 흡인력(吸引力) 짙은 여성편향성을 띄고 있다. 「엄마」·「서영이」·「서영이에게」·「어느 날」·「서영이 대학에 가다」·「딸에게」·「서영이와 난영이」·「인연」·「유순이」·「찬란한 시절」·「그날」·「구원(久遠)의 여상(女像)」 등. 이 가운데 특히 주요섭의 「사랑손님과 어머니」 소설 모델이 된 청초한 여인으로서의 피천득 모친 모습은 환상적일 정도이다. 사실 금아의 동심과 자상한 사랑이나 서정의 멋은 여기에 바탕하고 있다 해도 지나친 말이 아닌 것이다.

> 엄마가 나의 엄마였던 것은 내가 타고난 영광이었다. 엄마는 우아하고 청순한 여인이었다. 그는 서화에 능하고 거문고는 도에 가까웠다고 한다. (…중략…) 내게 좋은 점이 있다면 엄마한테서 받은 것이요…….
>
> 나는 엄마 같은 애인이 되고 싶었다. 엄마 같은 아내를 얻고 싶었다. 이제 와서는 서영이나 아빠의 엄마 같은 여성이 되기를 바랄 뿐이다. 그리고 또 하나 나의 간절한 희망은 엄마의 아들로 다시 태어나는 것이다.
>
> ▶▶▷「엄마」 중에서

> 내 일생에는 두 여성이 있다. 하나는 나의 엄마요 하나는 서영이다. 서영이는 나의 엄마가 하느님께 부탁하여 내게 보내주신 귀한 선물이다.
>
> ▶▶▷「서영이」 중에서

이처럼 금아 수필의 중추는 무엇보다 여성 편향적인 매력에 있다. 그 기본은 원초적인 구원의 여인상으로 실재한 아가페적 사랑의 화신인 어머니와 딸이다. 그리고 그에게 있어 에로스적 사랑의 화신(化身)은 아사꼬요, 유순이며 더 나아가서 관념적 우상인 마리아나 베아트리체와 황진이 등이다. 이런 일련의 여성들을 향한 목마른 사랑 찾기와 보여주기로서의 글쓰기 행각이 피천득 문학인 것이다.

▶▷ 이국체험의 지적 공간 활용

금아(琴兒) 수필의 나머지 특성 하나는 그 자신의 동서양에 걸친 폭넓은 문화체험과 지적인 활용이다. 앞에서 필자는 피천득 문학이 서정적인 면에 버금갈 만치 지성적인 면도 적지 않다고 밝혔는데 이 항목은 주로 후자에 해당되는 셈이다. 따라서 여성취향성=감성적-시간적인 데 비해 이 이국체험성=지성적-공간적인 성향을 드러냈다. 그리하여 금아 문학은 보다 디오니소스적인 감성과 아폴로적인 지성이 조화를 이룬 경지라고 평가될 수 있다.

그의 행동반경은 실제 생활에서 공간적으로 동서양에 두루 걸쳐 있다. 서울에서 태어나 몇 차례의 해외유학을 거쳤고 영문학과 중국문학을 겸하여 지적인 활동영역이 넓다. 즉, 서울-상해-동경-보스턴으로 이어진 행동반경과 한국문학-중국문학-일본문학-영미문학에 걸친 지적 공간은 그의 글쓰기에 직간접적으로 표출되어 있다. 「황포탄(黃浦灘)의 추석(秋夕)」·「보스턴 심포니」·「도산(島山)」·「세익스피어」·「도연명(陶淵明)」·「로버트 프로스트」·「여심(餘心)」·「치옹(痴翁)」·「아이슈타인」·「찰스램」·「가든 파티」·「순례」·「반사적(反射的) 광영(光榮)」·「콘코드의 찬가」 등.

이들 수필에는 군데군데 키츠나 바이런, 디킨즈, 단테, 예이츠, 또는 에머슨 등의 이야기와 적절한 동양의 시구 등을 인용하여 에세이를 확충시키고 있다. 전공과도 밀접한 분야라서 자연스럽고 밀도감 짙어 글의 격을 높이며 다채로운 견문 효과를 거둔다. 가까이 지냈던 이광수·주요섭·윤오영 등을 통한 간접적인 외국문학 교양 감각도 수긍된다. 상해 호강대학에 유학할 무렵 만났던 안창호나 주요섭, 미국 하버드대학 교수 댁에 함께 초대받은 프로스트와의 만남을 이야기하며 외국문학 소개 등은 안성맞춤처럼 여유를 보인다. 그리하여 피천득은 결코 엄마를 못 잊어하고 서영이에게만 매달린 여린 문인이 아니었음을 터득하게 된다. 이들 작품에 이르면 금아는 동서양을 두루 섭렵한 견문을 바탕으로 한껏 아포리즘적인 인생관을 펼치면서 목마른 독자들에게 흐뭇한 지혜의 샘물을 선사하는 것이다.

마무리

이상에서 살펴본바 피천득의 수필은 이 장르의 특성의 한 본보기처럼 가장 진솔하고 개성미 깃든 삶을 사랑으로 수놓은 마음의 산책이다. 더욱이 그의 주옥편들은 동서양의 시공을 아우르고 감성과 지성의 조화로서 시보다 더 성공시킨 보람으로서 긍정적인 대상임에 틀림없다. 30년대 초엽에 등단한 이후 문단생활 60년이 넘는 86세의 금아 선생을 뵐 수 있음은 후학 문인들의 보람인 동시에 기쁨이 아닐 수 없다. 수필집 『인연』을 축하함과 동시에 선생님이 건령을 빈다.

(1996년 7월)

수필문학 시대에 살면서

새 밀레니엄으로 지칭해온 21세기는 흔히 문화의 시대란다. 이전의 과학이나 전쟁, 또는 경제 등이 주를 이루던 세기적 병폐와는 상이하게 바람직한 오늘의 문화성격을 이르는 말이다. 물론 오늘의 이런 문화에는 예의 정보, 산업, 사이버, 예술 등의 다양한 분야에 걸쳐 있다.

이와 같은 여러 문화 가운데서 가장 중요한 것은 역시 예술문화이다. 예술문화는 실로 모든 문화의 중추가 되어 왔던 데 연유한다. 이 예술문화 중에서도 종가 집은 언어와 문자를 매재(媒材)로 하는 문학이 아닐 수 없다. 문학은 실로 동서고금을 통해서 인류에게 공통적으로 활용해온 필수적인 문화의 제일요건이 된 것이다. 어느 나라에서건 문학은 인문적인 필수 교과목이면서 세계 공통적인 문화의 지존이 되어 왔다.

사실 시간 예술이면서 언어 예술인 문학은 뮤즈적인 음악보다도, 공간예술인 건축, 조각, 미술은 물론이요, 운동 예술인 무용이나 연극 등을 선도해 왔다.

하지만 근래 이런 전통적인 예술에서의 종가였던 문학은 이전의 위상은커녕 명맥마저 위협받고 있어 문제가 된다. 시집이나 소설책이 잘 안 팔릴뿐더러 신문 잡지에 문학 작품 싣기나 연재도 끊어지고 있는 실정이다. 이제 우리 사회는 문화의 대다수 향수자들로부터 입시를 위한 국어 과목이 아니라면 문학적인 명작 읽기마저 외면될 처지에 놓여 있는 셈이다.

요즈음 많은 사람들은 문학 작품을 따분한 활자를 통해서 눈 따갑게 읽으며 감상하기보다는 손쉽게 예술에 대신하는 향취를 누리려 한다. TV 연속극 채널을 돌리거나 컴퓨터 자판을 눌러 곧잘 흥겨운 음악을 듣게 마련이다. 심심하면 스포츠 중계화면이나 K1 격투기 아니면 손에 쥔 핸드폰에서 환상적인 여성의 몸매를 동영상으로 만나곤 한다. 하물며 시시각각으로 움직이는 컴퓨터의 인터넷 속에서의 다양한 듣기나 볼거리야 얼마나 화려하고 거저인지 모른다.

더구나 2년이 멀다하고 연이어 행해지는 올림픽이나 월드컵 축구와 WBC 배구 대회에서의 '대~한 민국' 열기도 참고 된다. 더욱이 가끔 행해지는 인기 가요 콘서트 장에서의 몰려든 관객들로 인한 압사사고 위험성은 문학의 현실에 너무나 대조적이다. 과연 근년 들어 선진 여러 나라에서도 우려하는 이른바 '문학의 위기'나 '소설의 죽음' 현상과 더불어 당면한 우리 문단의 문제점이 아닐 수 없다고 생각된다.

이런 현상 속에서도 문과를 지망해온 젊은이들을 만나면 필자는 고맙기 그지없는 한편으로 심히 걱정되는 마음이 앞선다. 그래서 대학 신입생 여러분과의 첫 상견례 자리에서 유심히 장래희망을 물어보곤 한다. 그럴라치면 절반 가까이는 대체로 교사나 문인 또는 언론계, 광고계 진출을 바란다는 대답을 듣게 된다. 그 중에서 문학 지망생의 경우, 장르별 선택은 놀랍게도 드라마가 제일 많고 다음은 소설, 시, 평론, 수필, 아동문학 순임을 알게 된다.

아직 철부지들인지라 본연한 희곡은 외면하고 상업적인 인기 드라마 작가쯤을 꿈꾸는 것이겠지만 십수 년 전에 비하면 놀라운 변화이다. 예전 세대에게 시인이라면 숭상의 대상이었고 해서 태반은 단연코 시를 선망했었다. 그런데 요즘 문과생들은 철들어 학부를 마칠 때가 되면 거의가 문단을 포기하고 장르 선택성향도 바뀌기 마련이다. 겨우 몇 명만 문단에 오르되 시인 약간 명과 대학원생 과정에서 평론 지망생이 생겨날 정도이다.

그리고 주목되는 현상은, 정작 졸업 이후에 들어 드라마 작가는 한 명도 없는 대신에 새로 수필가로 활동하는 제자들이 여럿으로 늘어난다는 추세이다. 대학과정을 마치고 사회생활을 하는 동안에 인생에 대한 사려와 체험의 폭이 넓고 깊어진 성숙과 함께 수필문학에 관한 긴요성에 눈뜬 결과인 것이다. 이제 수필문학도 현대사회에 접어들어서 에세이 본연의 활용성으로 시민들의 요긴한 생활문학으로서 제 자리를 구축한 셈이다. 그것은 흔히 이야기하듯 봄처럼 애틋하고 열정적인 시문학 성향과 대조적으로 중년을 지낸 성숙한 가을 성향이 농후한 수필문학의 속성 때문만은 아니다.

사실 십수 년 전만해도 문단에서 홀대받던 처지의 수필이 근대문학의 유력한 장르로 떠오르는 현상은 실제의 문단 분포에서도 드러나고 있다. 이를 테면 2010년 말 현재의 한국문인협회 발행 회원주소록 경우가 그것이다. 모두 1만 1천 명 넘는 회원 중에 수필가 수효만도 총 2천 8백 명에 이르러 5천 5백 명인 시인의 과반수이다. 시에 이어서 아동문학, 소설, 평론, 희곡, 번역 장르를 순서대로 훨씬 앞지르고 있다. 수필가 숫자는 이미 전체 문인 네 사람 가운데 한 사람 정도에 해당하는 것이다. 이런 수필 강세의 장르별 현황은 문협 외의 민족문학작가 회의나 국제 펜클럽 같은 문학단체 경우도 마찬가지 일 터이다.

여기에서 우리는 문학사적으로 세기별 문학 장르의 변천 기류를 다음 시각으로 크게 설정해 볼 수 있다. 일찍이 중세 전후의 17세기 유럽 사회는 서사적인 희곡이, 18세기는 낭만적인 시가 세계문학의 주류였다. 이어서 19세기는 다분히 자연주의나 사실주의적인 소설의 전성시대였고 20세기는 오카너의 주장처럼 담론이 강세를 보인 비평의 시대였던 것이다. 그런가 하면 대망의 21세기는 드디어 수필의 시대라고 필자는 생각한다.

금세기가 보름시기 수필문학 시대인 당위성은 충분한 요인을 갖추고 있다. 그것은 문학의 본래적인 요소와 부수적인 사회여건 면에서 뒷받침되고 남는다.

첫째로, 수필(에세이) 문학은 바야흐로 인터넷 시대에 걸맞게 웰빙 생활의 친숙한 벗이라는 점에서이다. 요즘 시민들에게는 난해한 시작품이나 긴 분량의 소설보다는 적당한 길이의 수필이 안성맞춤이다. 더구나 수필에 해당하는 인터넷 이메일은 수시로 열린 세계 각처에 실시간대에 동영상으로 서신 대화와 작품 교환도 나누는 활성화된 문화 실체인 것이다.

둘째로, 무엇보다 수필문학이야말로 수시로 마음껏 카다르시스 할 만큼 자기 구현의 지름길이라는 점이다. 은밀한 자아성찰의 미학인 동시에 신랄한 사회비판적 칼럼으로써 스트레스를 푸는 속성을 지닌 에세이 문학은 현대인에게 더 없이 긴밀한 문화적 반려인 것이다. 그리고 동시에 수필문학 본래의 퍼스넬 노트적인 특성은 자연스럽게 현대 메커니즘 사회의 틈새에서 억눌리고 왜소해진 자기표현을 자유롭게 할 수 있는 광장이 되어 왔다.

셋째로, 수필은 가뜩이나 힘겨운 일상에서 시달리는 소시민들 심신에 아낌없이 활력소를 제공하는 오아시스 같은 원초적 공간이란 점이다. 어쩌면 독자들에게 수필작품은 마치 사막에서 지친 대상들을 초록의 고향 뜨락으로 안내하여 피로를 식혀주는 한움큼 생수 같은 활명수이기도 하다. 그런 면에서 오늘날의 수필가는 도심의 한 자락에서 소담한 난초며 탐스런 실과나무나 정원수를 가꾸는 정원사요 환경 지킴이일 수도 있다.

비유컨대, 문학을 한 그루의 나무로 친다면 수필은 싱그러운 잎에 해당하는 장르이다. 모름지기 문학나무의 꽃은 시요, 탐스런 열매는 소설이나 희곡이며 뿌리와 가지는 비평에 비겨 볼 수 있겠다. 여기에서 수필은 마치 사월의 배나무 이파리처럼 야드르르하게 생명감 넘치는 활력으로써 이운 꽃에 이어서 열린 열매를 추스르고 키우다가 곱게 물든 낙엽으로 소임을 다한다. 수필은 해마다 스스로 전체 문학나무를 감싸고 쉼 없는 탄소동화작용으로 가지나 줄기를 키우고 튼실한 열매를 영글게 하면서 인간의 미쁨을 받는 존재로서 묵묵히 천지화육에 이바지해 왔다.

얼핏 보면, 결코 화려하지 않은 수필 장르는 춘향전에서도 "녹음방초 승화시"라고 상찬한 바 있듯 때때로 꽃보다 더 싱그러운 이파리로서의 풋풋함으로 아름다움을 발산한다. 삼사 월의 화사한 꽃 시샘에 지친 꽃들이 이울고 난 오월쯤에는 신록과 녹음이 과연 계절의 여왕(메이퀸)답게 아름다움의 극치를 보여주기도 한다. 수필은 그만큼 자연의 정령 같은 매력을 지닌 문학의 숨은 공로자요 문학의 위기를 이겨낼 효자 장르인 것이다. 수필은 결코 불타는 정열로 자신만을 인정받으려는 단풍처럼 인기에 영합하는 게 아니라 모든 문학의 공생과 조화를 이끄는 모범장르이다.

따라서 우리는 수필의 무한한 가능성과 더불어 모범성과 헌신성을 높이 사서 21문화의 세기를 바람직한 수필의 시대로 이끌어가야 할 것이다. 그러기 위해서는 한껏 거듭난 에세이 문단의 정립과 중흥이 선행되거나 병행해 갈 일이다. 우선 수필 문단의 내실과 정화를 위해서 수필가 스스로 알찬 글쓰기에 전념해야 할 것이며 바탕이 다져지지 않은 신인의 남발을 삼가야 할 일이다.

아울러 세속적인 일부 기성인의 깊은 자성과 일반 지성인의 한국 수필문단 진흥에 대한 적극적인 참여가 기대된다. 여기에 글로벌 시대에 부응할 만큼 인터넷 문화의 활성화와 PC통신의 건전화 및 수필의 픽션화를 통한 미학적 심화 문제 등도 함께 해야 함은 물론이다. 이런 사항들은 무엇보다 모처럼 맞이한 수필문학 시대를 올바로 영위하기 위해서 필요한 요건들인 것이다.

(2010년 9월)

이민생활의 애환과 휴머니티

: 김영중의 수필문학세계

서로의 만남에서

글을 쓰자니 문득 '인생은 만남'이라고 설파한 한스 카롯사의 말이 생각난다. 이 책을 쓴 지은이와 필자의 만남은 소중하고 좋은 인연이라고 여겨진다. 사실 두 사람은 다섯 해 전쯤에 우연히 조경희 선생댁에 문병 가는 길에 처음 인사를 나눴지만 50년 지기인 듯 친근하게 느껴진다.

이런 지은이께서 최근 30여 년의 미주 직장에서 정년퇴임한 기념 겸하여 수필집을 낸다는 전갈을 받고 기쁘기 그지없었다. 하지만 이번 작품집 평설을 청탁받은 필자는 기쁨에 앞서 어려운 숙제로 다가왔다. 그동안 김영중 수필가가 발표한 글은 이따금씩 몇 편 읽었지만 작품집은 전혀 통독하지 못한 데다 칭찬만 할 수 없어서이다.

그럼에도 필자는 모처럼 LA에서 우송해온 원고들을 통독하면서 지은이의 진면목을 파악하는 기쁨을 누릴 수 있었다. 더구나 출판 일을 앞두고는 사흘이 멀다 하고 서너 편씩 이메일로 추가 원고를 보내오는 성실성과 저력 및 체력에 찬탄을 보낼 정도였다. 이렇게 글은 니체의 말처럼 '피로써 쓰듯' 심혈을 기울여 쉼 없이 명주실을 뽑아낸 지은이는 마침내 출판기념회 때는 서울에 나방이 같은 자태로 나타날 것인가.

절실한 이민의 사연들과 함께

김영중의 피땀 어린 체취가 물씬 배어 있는 수필집 『건넛집 불빛』은 소재나 제재 면에서 적잖게 폭 넓고 다양하게 접근한 기록들이다. 미주 이민생활에서 겪어온 일들을 비롯해서 모처럼의 문화기행이나 처세 및 여권문제 등에 걸쳐 있다. 그중에서 반생 이상을 지내온 낯선 곳에서의 이야기가 주를 이루지만 전혀 자랑이나 푸념이 아니라 절실한 삶의 현실에서 성실하게 살아온 이의 진정성을 전하여 감동을 함께 한다.

최근작 40여 편의 수필집 표제로 삼은 작품에서도 이런 공감대를 함께하고 있다. 저마다 출근을 위해 새벽잠을 설치고 일어나 일과를 시작하는 디아스포라적 이민자 처지가 역연하다. 동포인지, 이민족인지 서로 인사는 없더라도 낯선 사회에 자리 잡고 살아나가려 앙바팀하는 이웃집 불빛을 통해서 느끼는 이심전심이 그것이다. 이민자의 마음과 표정을 다룬 것에서처럼 이웃에 사는 서로에게 용기를 주며 감사하는 마음이라서 감흥을 주는 글이다.

나처럼 이민바람에 날려 민들레 홀씨처럼 이 미국 땅에 내려앉아 세월을 살아가면서 민들레 속성을 따라 이 땅에 뿌리를 내리기 위해 애를 쓰며 사는 이민자의 가정이라는 것만을 알 뿐이다. (…중략…)

이민자들은 저마다 사연을 안고 고국을 떠나 문화와 언어, 물이 다른 이 거대한 미국 땅에서 낙오되지 않고 잘 살아보려는 꿈을 이루기 위해 두 눈을 부릅뜨고 살아가기에 늘 정신은 팽팽한 살 시위처럼 긴장해 있다. 이렇게 마음에 여유 없는 생활을 하다 보니 자연 피곤으로 지쳐 잠을 실컷 자 보는 것이 간절한 소망중의 하나이다.

여러 직장 상사나 동료 직원들에 대한 덕담들 또한 오랜 이민의 삶에 이어진 사연에 포함된다. 살아가면서 만난 사람 중에서 잊을 수 없는 사람가운데서도 특히 고마운 분들에 대한 지은이의 마음가짐은 그만큼 각별한 바 있다. 한국 주둔 경력이 있는 상사 「Mr. Gorge」에 대한 고마움, 미국 유수의 항공회사 입사 면접 때 결정적인 도움을 준 중국계 상사 로리 토이를 기리는 「지금, 그들은 어찌 되었을까?」 등이 그것이다. 성실하되 외로운 인디안 노총각(Zac)에 대한 인상을 적은 「돌아오라, 쏘랜토로」와, 이들에 대조적인 백인 우월감으로 횡포를 일삼는 레리를 동료들과 함께 풍자한 「밟히면 강 해 진다」 등.

여기에 참고할 만큼 한 마을에 살며 격려하던 유학파 이야기를 쓴 「최 여사」나 초기 이민생활 요령을 4Y로 간추려서 알려준 「여름휴가」 등도 직접적으로 미주 현지에 상관된 이야기들이다.

선배는 걸핏하면 이것 봐, 미국생활 별 것 아니야. 겁먹고 기죽지마라. 미국은 어떻게 살아야 하는 나라인가 하면, 알고 보면 아주 간단해. 영어 단어 끝이 -y로 끝나는 말 네 가지만 잘해내고, 휴가, 그 휴가를 나름대로 즐기면 되는 것이라고 했다. 그녀가 말하는 미국인들의 삶은 아침이면 '허리, 허리(hurry, hurry)'하면서 직장으로 달려가고, 직장에서는 '머니, 머니

(money, money)'하면서 일하고, 정오에는 '헝그리, 헝그리(hungry, hungry)' 하면서 점심을 잘 먹고, 저녁이면 '허니, 허니(honey, honey)'하면서 잠자리에 드는 것이 미국식 라이프스타일이라고 하며 우리도 그렇게 하면 된다는 것이었고 또 미국 사람들은 휴가문화를 즐기는 국민들이라 했다. 은퇴 후에는 은급제도가 잘 되어 있어서 그때그때 버는 돈은 미래를 위한 저축이 아니고 휴가를 위한 저축이라고 했다.

그래선지 평소 직장에서 열심히 일한 지은이 책에는 기행수필도 여러 편이다. 여행이란 평소 직장 일에 시달린 서민의 심신을 풀어주고 새로운 활력소를 재충전하는 휴가문화의 한 방편이기 때문이다. 대개 문학인들의 문학 세미나 행사 때 모국을 위시한 세계 여러 나라 문화를 탐방하는 기회로 활용하고 있다. 한국 수필가협회 문학 심포지엄 때 프랑스, 이태리 등, 유럽 지역을 순방한 「인간은 위대하다」나 「몽골기행」 및 그리스 일대 문화탐방을 다룬 「아테네」는 생소한 이방 나들이이다. 문화지수를 높이는 미주에서의 문학 행사를 함께 주관한 일행과 서부 지역을 돌아온 「가을, 문학기행」과 정년 후 동부 지역을 돌아본 「저력의 도시 뉴욕」 역시 분주했던 심신을 추스르기 위한 행각의 일환이다. 여기에 존경하던 K시인을 모시고 동료 문인들과 더불어 모국의 한려수도 일대를 다녀온 「여행의 단상」은 더 없는 위안이요 활력소였던 셈이다.

그런가 하면, 김영중의 수필에서는 여러 편, 곧잘 짙은 삶의 고뇌와 진실된 처세담을 다루고 있어 눈길을 모은다. 자신이 절실하게 겪거나 남이 당한 일을 진정으로 아파하고 사랑한 마음이 글속에 녹은 채 독자 가슴에 스며드는 그의 이야기는 결코 여느 성공한 이민자의 숱한 무용담들과는 변별되는 것이다. 한 해를 보내는 세모의 아쉬움을 유행가 가사를 곁들여 쓴 「인생은 미완성」, 지은이가 손수 황혼을 당한 노인들을 돌보는 양로병원에서의 봉사체험을 주로해서 적은 「기다리는 사람들」에는 고즈넉한 인생 고뇌가 서려 있다. 또한 지은이 스스로 서울 체재 중에 서울역 대합실 등에서 목격했던 노숙자들의 안타까움을 보고 느낀바 격려의 마음을 다룬 「무엇이 극복의 힘인가」나 새해를 맞는 다짐을 쓴 「희망을 심으며 산다」에서도 그렇다. 그리고 바쁜 일상 중에 동네 집 대형마트에서 한국 비디오를 사서 감상한 모국의 드라마와 역사물을 통해 민족 정체성을 찾으려는 「독서와 유대인」 이야기에서는 문화교양의 중요성을 제기하기도 한다.

뿐만 아니라 지은이에게는 수필문학의 특성적 요인이 되는 바처럼 사생활적인 가정사에 관련된 것과 다분히 기독교적인 의식을 반영한 작품도 적지 않다. 평화롭던 가정에 찾아든 병마로 인해 여러 해 앓던 배우자가 희생된 사적 수난사실을 적은 「봄처럼」 등이 그것이다. 평소에는 전혀 모르고 지내던 전등의 고마움도 밤에야 알게 되듯 일을 당한 뒤에야 실감하게 된다는 미망인의 처지를 진솔하게 토로한 「밤이 오고 나서야」 등이 와 닿는다. 뜻밖에 따님으로부터 귀한 자동차 선물을 받은 「Lexus car」의 감격이며 고인을 그리워하여 "남편이 병속에서 자유함을 얻고 고통이 없는 세상으로 떠난 지 어느새 3년 세월 가까워 온다. 이따금 나는 꽃을 사들고 그의 무덤엘 간다"는 「다시 만날 때까지」 등이 한껏 인간미를 풍긴다. 특히 여러 작품 속에 묻어나는 내용들과 함께 매사에 감사하는 마음의 「감사감상법」, 「역경을 감사의 기틀로」, 「230빌딩을 떠나며」에는 기독교적 발상이 가득해 있다.

자아 찾기 의식과 휴머니티

이번 수필집에 드러난 작품들의 테마를 살펴보면, 대체로 이민생활에서의 자아의식 찾기와 자기 지키기 및 훈훈한 인간미로 파악된다. 문학 원론적으로 문학의 기능 두 가지는 흔히 아리스토텔레스가 주창한바, 즐거움(쾌락)과 가르침(교시) 가운데 보다 후자에 가까운 내용을 담은 주제에 해당된다. 김영중의 수필들에서는 무엇보다 다정하고 성실한 지은이의 인품에서 우러난 그대로의 튼실한 주제의식을 만날 수 있어서 좋다.

우선 텍스트인 수필집 『건넛집 등불』에 실린 내용들에서는 그만큼 여러 군데 메모해 두고 음미할 대목이 많다. 그것은 평소 동서고금을 넘나드는 폭 너른 교양독서와 오랜 세월을 두고 체실화된 사색에서 얻어지는 산물일 터이다. 필자 역시 다음처럼 여러 군데 책갈피를 접어놓고 되새겨볼 글귀를 챙기고 싶었던 게 사실이다. 지은이는 저마다 알맞은 글 속에 격언이나 비유를 비롯한 시, 잠언, 또는 명사들의 일화는 물론이요 때로는 여러 수치까지 밝혀서 독자들에게 유익한 정보를 제공하고 있는 것이다.

'고속도로를 달리듯 32년을 한결 같이 달려오며 근속한 직장에서'
'머물기를 꺼리는 바람처럼'
'직장이라는 배에서 영예롭게 하선'

▶▶▷「230빌딩을 떠나며」에서

유대인의 "탈무드"에는 책과 양복이 더러워졌을 때 책부터 닦아라. 책이 없는 집은 영혼이 없는 몸과 같다. 생활이 궁핍하면 금, 은, 보석을 제일 먼저 팔고, 그래도 궁핍하면 집을 팔고, 다음에 땅을 팔아라. 그러나 아무리 궁핍해도 책을 팔면 안되느니라. 책을 안 읽는 사람은 헤엄칠 줄 모르면서 헤엄칠 줄 아는 척 하는 사람이다. 위기가 닥치면 그는 곤란에 처할 것이다, 등, 독서에 관한 수많은 경구가 기록되어 있다. 일찍이 소크라테스도 남의 책을 많이 읽어라, 그리하면 남이 고생한 것을 가지고 쉽게 자기 개선을 할 수 있다고 했고, 또 영국의 철학자 프렌시스 베이컨은 독서가 즐거움을 돕고, 사교모임에서는 장식용도 되며, 무엇보다도 자신의 능력을 기르는데 도움이 된다고 말했다. 그런가 하면 임어당은 평소에 독서하지 않은 사람은 시간적으로나 공간적으로 자기만의 세계에 감금되어 있다고 했다.

▶▶▷「독서와 유대인」에서

엘보라라는 학자는 아내를 학대하는 남편의 유형을 4 가지로 분류했다. —지배자형, 방어자형, 인정 요구형, 무서운 혼합형……

▶▶▷「개 같은 인연」에서

헨리 데이비드소로라는 미국작가는, 이른 아침의 산책은 그날 하루를 위한 축복이라고 했다. …… 여러 분야의 전문가들은 하루 2시간 이상 적어도 만보 이상을 걸어야 한다고 공통적으로 말한다. 인체의 관절에는 관절액이 있어서 관절의 움직임에 따라 관절세포에 영양분을 공급하고 노폐물을 수거하는 구실을 해준다는 것이다. ……성인병 예방에도 걷기운동이 최고의 약이라고 한다. ……아이젠하워 대통령도 걷기운동으로 심장병을 치료했고 루즈벨트 대통령도 걷기운동으로 천식을 치료하였다고 한다.

▶▶▷「행복을 찾는 비결」에서

생각하는 시간을 따로 떼어 두십시오. 그것은 힘의 원천이기 때문입니다.

읽는 시간을 따로 떼어 두십시오. 그것은 지혜의 샘이기 때문입니다.

사랑하고 사랑받는 시간을 따로 떼어 두십시오. 그것은 중요한 특권이기 때문입니다.

웃는 시간을 따로 떼어 두십시오. 그것은 영혼의 악기이기 때문입니다.

주는 시간을 따로 떼어 두십시오. 그것은 이기적 이기엔 우리의 하루가 너무 짧기 때문입니다.

기도하는 시간을 따로 떼어 두십시오. 그것은 지상최대의 힘이기 때문입니다.

▶▶▷「차를 마시는 시간」에서

내용에 충실한 김영중 수필의 주제는 아무래도 한인으로서의 자아 추스르기와 서민적인 휴머니티에 뿌리를 두고 있다. 그것은 다음과 같은 작품들에서처럼 이민족의 틈새에서 부딪혀 겪은 숙명적인 요소로서의 자기 정체성 지키기와 이웃 여러분에 감사하는 보은의식뿐만 아니라 주변의 여러 서민들에 향한 애정과 고발 태도에 걸쳐서 드러나고 있다. 이런 테마의식은 평소 미주생활에 매달려 지내면서도 자주 모국을 드나들며 꾸준히 모국어를 통한 글쓰기를 계속하는 행위 이상의 원초성마저 띠고 있다.

지은이 작품에서의 자기 정체성 추스르기 노력으로서의 자아 찾기와 올바른 위상 지키기 태도는 이 책에 실린 여러 작품들에서 구체화되고 있다. 미국생활에서도 틈나는 대로 한국 마트에서 모국의 '주몽'이나 '연개소문' 같은 사극 비디오 등을 사보며 독서의 중요성을 강조한 「독서와 유대인」만이 아니다, 미국에서 살아남기 위해서는 억지로라도 유리한 주장으로 자기방어를 하라는 선배의 충고에 의연하게 거부의사를 펴는 자세는 물론 이웃한 교포와 자주 차를 마시며 현지생활의 대화를 갖는 생활양식도 수긍되고 남는다. 특히 직장에서 백인의 우월성을 뽐내며 외국 민족을 얕보는 레리 청년의 방약무인한 태도에 대응한 「밟히면 강 해 진다」에서의 자극적인 의식은 강열성을 높인다. 더욱이 이에 대조적으로 자칫하면 본연한 자아를 잃을세라 항심을 지키기 위한 방편으로서 온전한 사색과 휴식을 위한 시간 확보를 방문객 면회 30분 사절로 강조한 「차를 마시는 시간」 등은 감명 깊다.

또한 김영중의 수필에는 거의가 불우하거나 역경에서 열심히 살아가는 서민들 삶에 애정을 드러내고 있음이 돋보여 인간미 넘치는 휴머니티의 속성을 보인다. 적어도 이번 수필집에는 특별하게 출세한 사람들과의 관계를 다룬 게 없어서 흔히 명사들과의 친분을 과시하려는 여느 문인들과는 변별성을 이루고 있다. 어쩌면 지은이는 평소 착한 서민들과 오래도록 동고동락하며 지내온 애환들을 그 나름의 따뜻한 마음으로 자상하게 속속들이 표출해낸 모범생이다. 앞에서도 보기로 살펴본 바의 양로병원에서 쓸쓸하게 친척 찾아오기를 기다리는 군상들을 위시해서 고되고 외로운 직장생활을 영위하는 인디안 잭이나 「역경을 감사의 기틀로」에서의 직장동료 플레드뿐만이 아니다. 이민 온 건넛집 사람들은 물론이요 서울의 역 대합실에 누워 지내는 노숙자들이 줄을 잇는다. 가난하고 불우한 여성의 처지를 다룬 「Gloria의 헌장」과 파란만장한 삶을 지내온 또순이 체질의 「덩치 여사」 등도 여기에 포함됨은 물론이다.

이렇게 생활주변의 소시민들에 대한 애정과 올곧은 자아의식을 지닌 지은이의 인품은 본디 자신의 생활소신과 함께하고 있음을 알아볼 수 있다. 그것은 우선 의료계의 암투를 리얼하게 표출해낸 메디컬 드라마를 다룬 「하얀 거탑 신도롬」에서도 밝힌 바와 일치한다.

극중에 등장하는 캐릭터 가운데 단연 출세를 위해 수단, 방법을 가리지 않는 장준혁을 버리고 합리적인 최도영의 편에 서는 것이다. 권력지향의 권모술수형, 실리 챙기는 능구렁이형, 이쪽저쪽 눈치 보며 양다리 걸치는 박쥐형, 힘 있는 자 앞에 납작 엎드리는 아부형, 불이익을 당할망정 정도를 고집하는 원칙주의형 중에서 소신 있는 맨 후자를 택한 결과이다.

결국, "비록 출세는 못하더라도 자족하며 평화롭게 살아가는 평범한 삶이 더 행복하고 건강한 삶이라는 인생철학"에 연유한 것이다. 이런 그의 생활 자세는 새해를 맞아 다짐하는 「희망을 심으며 산다」에서도 거듭 확인된다. "소유하며 살기보다는 사랑하는 사람들과 공유하며 함께 아름다운 추억을 만들며 살고 싶다. 내 힘으로 올바르게, 떳떳하게 살아간다는 긍지를 안고 소중한 순간들을 분수껏 살아가고 싶은 희망과 염원"이 그것이다.

끝으로, 부연할 바는, 지은이의 수필에는 다분히 인권신장에 상관된 메시지를 담고 있는 고발적 작품과 일부 풍자적인 작품들 가치도 도외시할 수 없다는 사실이다. 앞에서 살펴본 「밟히면 강 해 진다」 경우는 인종차별에 관한 고발이며 "ask Larry"란 풍자로 통할 정도로 오만한 일부 미국인의 편견에 대한 항변이다. 또한 「예의 모르는 세대」는 국회와 교회 등에서 옷차림을 함부로 하려는 일부 꼴불견 층에 대한 소박한 충고이다. 이어서 "미쳤니, 내가 왜 패이를 두 번하며 손해를 보니? 나는 손해를 보는 일은 절대 하지 않으며 사는 것이 내 생활신조인 것 너 모르니?" 하는 「B여인과 모씨 이야기」는 우리 사회에 적지 않은 얌체족에 향한 경고성 비판이다. 그리고 남매를 둔 채로 고생하는 마이크 엄마의 실례를 들어서 쓴 「개 같은 인연」은 한인사회의 한 가정폭력 문제를 통해 여권문제를 제기하는 셈이 된다.

물론 수필이 때로는 고춧가루나 후추처럼 맵고 톡 쏘는 맛을 풍기는 비판 속성을 지닌 문학 장르인데도 지은이는 아직 그렇게 신랄한 비판을 삼가고 있음이 짐작되고 남는다. 평소 불의를 적당히 눈감아 주는 일에는 상대방과 척지는 일에 구애받지 않고 단호한 거부 태도를 보이는 선비 성품인데도 정작 글쓰기에서는 신중을 기하는 편이다. 하지만 이제 문단의 경륜이나 인생의 나이테를 감안하더라도 보다 올곧고 신랄할 만큼 비판정신을 담은 에세이문학의 정수를 더 많이 보여주길 주문하고 싶다. 본국 사회나 미주 현지에 만연한 사이비 문인들의 행태와 정치 모리배들의 발호를 누가 책망하여 바로 잡을 것인가가 우리의 당면과제로 가로막고 있기 때문이다.

감성과 지성의 다양한 조화로

열정적인 재미 수필가로서 자리 잡아 LA에서 후진들도 지도하는 김영중은 작품실력과 공로로써 국내에서 여러 문학상을 받은 만큼 그는 수필문학의 특성을 지니고 있다. 그렇다면, 지은이 작품집의 제재와 주제에 이은 나머지 특성은 과연 무엇인가? 여기서는 김영중 수필에 나타난 기법상의 글쓰기 방법과 구성 및 문체 등에 걸친 나머지 특성들을 살펴볼 차례이다.

먼저, 한 작가로서 김영중의 수필문학 성향은 대체로 프랑스의 몽테뉴적인 감성과 영국의 베이컨적인 지성이 조화롭게 혼합된 상태라는 점이다. 사사로운 신변이야기를 스스럼없이 대화하듯 이야기하는 몽테뉴적 서정성과 보다 공적이고 사회적인 관심사를 칼럼식으로 발표하는 베이컨적 산문성이 섞인 글이 지은이의 작품세계인 것이다. 제재의 분포로 보면, 가정 이야기 등에 걸친 미국 이민의 일상사와 교양적 내용이나 기행문들이 각각 15편 안팎에 나머지가 10여 편인 통계에서도 두 성향의 비율은 비슷하게 나타난다. 그럼에도 생활 주변을 다룬 경우라 할지라도 곧잘 다른 작품 아니면 학자들 이론 등을 원용하고 있어서 베이컨다운 맛을 더하는 것이다. 이를테면, 「개 같은 인연」처럼 가까운 마이크 엄마에 대한 폭력문제에도 엘보라의 이론 등을 곁들여 쓰고, 신변의 드라마 시청을 다루는 「하얀 거탑 신도롬」 경우에서도 작품과 인간형 구분 등이 복합적으로 가미되어 지성미를 더하고 있는 것이다.

또한, 지은이는 글에서 곧잘 격언이나 명언, 명작을 다양하게 활용하고 때로는 사물의 기록, 또는 학설 등을 곁들여서 복합적인 효과를 거두고 있다는 점이다. 첫 취직의 은인을 기린 「지금, 그들은 어찌 되었을까?」는 영화 「무도회의 수첩」이라는 영화를 화두로 삼고 있다. 그리고 부군과의 이별로 인한 겨울 수난을 겪어온 내용의 「봄처럼」은 변영로 시인의 아늑한 「봄비」 인용으로 시작하여 작품분위기를 살리고 있다. 따님의 혼수를 못해준 부모 심정을 담은 「걸리는 마음」 중간에서는 주요섭 작가의 「백동전 한 닢」 내용으로, 예의 「하얀 거탑 신도롬」에선 과감하게 허두부터 메디컬 드라마에 대한 전화 통화로 시작하여 신선감을 자아내고 있다.

임마 ! 하얀 거탑 보세요?

아니, 엄마 ! 그것 안 보면 다른 사람들과 대화하는데 아마 지장이 있을 텐데요.

그런가 하면, 기행수필인 「아테네[Athens]」에서는 19세기 시인 셸리와 빠이런의 시를 인용하여, 유럽탐방기인 「인간은 위대하다」에서는 에펠탑에 관한 구체적인 기록까지 밝혀서 독자층의 지적 욕구를 충족시키고 있다.

“죽은 여자보다 더 가엾은 것은 잊혀진 여자”라고 로랑생은 썼다.

파리의 어디서나 에펠탑이 보인다. 에펠탑이라는 이름은 곧 파리를 연상시킨다. 에펠탑이 없는 파리를 생각할 수 없다. 1백 30제곱미터의 기조위에 3백 20미터 높이를 가진 이 탑은 현대공법의 성공적 구조물이라고 하는데 1889년 만국 박람회 때 1만 5천 개, 8천 톤의 쇠 조각을 나사로 이어 높이 3백 20.75미터 높이로 만든 탑이다. 보는 장소, 보는 시간, 보는 시점에 따라 에펠탑은 여러 가지 표현으로 나타나 보이지만 그 우아한 자태만은 어느 때 어느 장소에서 보거나 한결 같다고 한다. 이 현대적 철탑은 고전적인 파리에 현대미를 더하는 기념비적 건물이다.

또한, 지은이가 활용한 문장은 이제 아마추어답지 않게 여느 직업적인 중견급의 에세이스트에 못지않은 공감과 설득력을 지니고 있다는 점이다. 그것은 오랜 이민 현장에서 생활 일선에 종사하면서 겪은 지은이 자신의 실 체험들과 너른 문화적 시야가 뒷받침되어 얻어진 결과이다. 일련의 지은이 수필에서 독자들의 공감을 얻는 원동력은 무엇보다 김영중의 성실한 삶 자세와 더불어 위에서 살펴보았듯 정직하고 진솔한 글쓰기 자세에서 우러난 진정성의 힘인 것이다.

사실 여기서는 지은이를 격려하는 의미에서 문장 표현상의 기대치를 전제해 놓고 욕심을 부려본 셈이지만 실제는 다음에서처럼 손색없는 글월과 친근하게 만날 수 있다. 그 자연스런 비유나 개성적인 신선감 내지 사상과 감정 전달의 원활성 등에서 합격점을 이루고 남는다. 따라서 앞으로는 더 세련되고 정체 있는 글로 점차 바람직한 문체를 정립되리라 믿는다.

> 책을 사랑하는 사람과 책을 무시하는 사람들의 차이가 무엇일까? 칼로 세상을 무릎 꿇게 한 징기스칸의 후예와 책을 사랑한 유대인들의 후예는 오늘날 어찌 되었는가? 한 번쯤 진지하게 사색해볼 차례이다.
>
> 단풍져 가는 나뭇잎들이 나날이 현란하게 옷을 갈아입는 독서의 계절이다. 서점에서 책을 고르고 있는 사람은 얼마나 믿음직한가. 쇼핑 길에 자녀와 함께 책을 고르는 주부의 모습은 얼마나 훈훈한가. 어른과 어린이들이 책의 세계로 더 가까이 가는 가을이기를 기대해 본다.
>
> ▶▶▷「독서와 유대인」에서

나머지 하나는, 이번 수필집이 오랜 직장의 정년퇴임 기념문집에 걸맞게 원숙한 사색과 관조의 세계를 이루고 있다는 점이다. 이미 이순을 넘긴 나이테와 함께 사회 경륜이나 문단 연조가 작품에 그대로 농숙의 도를 함께하여 나타난 결과이다. 거의가 4년 전에 펴냈던 수필집『바람 속을 걷는 인생』이후로 최근에 빚은 산문들로서 한 인생의 산 기록인 동시에 결산을 앞둔 사색의 값진 매듭으로서 눈길을 끈다. 지은이 스스로 서문에서 말했듯 "수필은 개울처럼 생각의 흐름이며 삶의 흔적"인데 이 책은 곧 그 자신의 생각, 삶, 생존, 세월, 그것들의 기록이며 역사이기 때문이다.

그런 의미에서 다음 같은 글 부분은 모범작인 모습으로 독자들 가슴 깊숙이 여울로 와 닿는다. 그리고 어머니처럼 자애롭고 때로는 두려운 대자연의 분신인 바다에 인간을 비유하여 성찰하는 지은이의 모습에서 인생의 의미를 되새겨보게 된다.

> 언제 보아도 바다는 내 가슴의 생명체이다. 끝없이 출렁이며 크고 작은 파도를 만들고 이따금 제물에 몸부림치며 무섭게 노하기도 하지만 다시 어머니의 품처럼 너그럽고 평화스러워진다. 물결을 이루며 해안으로 몰려드는 파도는 인생과 같다. (…중략…)
>
> 이순의 나이를 살고도 아직도 나는 내 삶으로 밀물처럼 밀려오는 감정의 문제들을 너그럽게 포용하지 못하는 작은 가슴을 가진 자이다. 걸핏하면 회의에 잠기고, 노여움을 타고, 조금만 하면 섭섭해 하는 옹졸한 나의 마음가짐이 바다 앞에 부끄럽기 짝이 없다. 혼자만이 찾아온 나만의 바다에서 침묵하는 저 푸른 바다의 모습은 깨달음으로 다시 나를 깨어나게 한다. 그래서 정호승 시인은 " 누구나 한 번씩은 자기만의 바닷가가 있는 것이 좋다"고 했는지 모르겠다.
>
> 나도 바다처럼 살고 싶다. 짙푸른 바다처럼 많은 것을 포용하는 큰 가슴을 가진 자로 푸른 삶을 살고 싶다.

정년 없는 창작문학의 정원에서

위에서 모처럼의 통과의례를 기념하여 필자는 김영중 수필가의 네 번째 작품집을 중심한 문학세계의 특성들을 평설해 보았다. 여기에 곁들여서 실로 반생을 지낸 만큼 지은이 당사자의 자랑스러운 정년퇴임과 겹경사를 이룬 『건넛집 불빛』 출판을 진심으로 축하한다. 아울러 이 기회를 통해서 따뜻하고 성실한 지은이의 인품과 문학에 더 다가서게 된 값진 만남의 기쁨도 전하고 싶다. 소담하고 다채로운 작품 꽃들과 노닐면서 아담한 마음의 정원에 가득한 문학나무에 주렁주렁 열린 생과일 맛을 만끽함은 행운이 아닐 수 없다.

과연, 은퇴라는 것은 또 새롭게 시작하는 첫걸음이며 다른 삶의 기회이다. 아무쪼록 오랜 사회 직장으로부터 퇴임한 지은이는 더욱 건강하신 가운데 거듭난 삶을 누리시길 기원한다. 이제는 가능한 대로 정년 없는 문학작품 창작에 전념해서 새로운 창작의 보람을 쌓길 바란다. 한껏 오붓한 마음의 뜰 주변에 더 너른 글밭을 일구고 문학나무에 소담한 꽃 피워 풍성한 성과 거두기를 기대한다.

(2007년 4월)

물과 식물의 상생적 미학 세계

그동안 꾸준한 글쓰기로 한국문단에 수필가로 등단한 김희경(김나경)이 첫수필집을 펴냈다. 20세기와 21세기를 잇고, 문학과 인간들 마음을 연결하는 이음새 에세이 문학 회원 가운데서 가장 먼저 작품집 내기의 테이프를 끊은 셈이다. 강산도 한 번쯤 변한다는 세월의 글쓰기 나이테를 겸해 마침 신문학 백 년의 11월에 맞는 경사라서 더욱 기쁘다.

출간 전부터 『눈 내리는 날이면』에 실린 작품들을 정독하였다. 포근한 동심과 더불어 인생 본연의 정감을 자아내는 수필집의 인상부터가 산뜻하게 다가온다. 어려운 시대 한겨울에 얻는 소담한 수확물이라 싶어 흐뭇하기 그지없다. 인생은 만남이라고 노벨상 수상작가 한스 카로사도 말한 바 있지만 필자는 새삼 불가에서 이야기한 좋은 인연 생기(生起)의 소중함을 되뇐다. 따라서 그동안 지은이의 삶과 문단

활동을 지켜보아 온 나름대로의 작품 평설도 간추려서 여기에 싣는다. 머릅지기 글은 문체뿐 아니라 사람의 인품과 사상까지도 담보하고 있기 때문이다.

수필집 『눈 내리는 날이면』에는 근래 초심자처럼 정성을 들여 쓴 43편의 작품이 실려 있다. 대부분은 우리 생활 주변의 관심사를 지은이가 보고 느낀 대로 소박하고 진솔하게 이야기하여 친근감을 드러내고 있다. 거의가 수필 문학 본래의 속성과 덕목을 활용한 성과이다. 테마나 시간적 분류보다는 글의 제재별로 나눈 차례도 수긍된다. 김희경의 수필은 작가 자신의 자상한 교사로서, 식구로서, 다정한 벗으로서, 이웃으로서, 감성 넘치는 시민으로서의 사념과 애환들이 알알이 점철된 실체들이다.

그의 수필에서는 곧잘 훈훈한 인정 미담이 감동의 꽃을 피운다. 요즈음 각박한 우리 사회의 어두운 면을 들추고 지탄하는 여느 작가들과는 상이한 면이라 할까. 손수 학교에서 체험한바, 어느 지체를 겪는 「매미 소년」의 요한에겐 눈물겨운 극복의 용기로, 「울다가 웃으면」의 문제아인 철이에겐 사랑으로 감화시켜 감동을 자아낸다. 또한 「눈 내리는 날이면」에서는 오래 전 시골에서 함께 교편생활을 하다가 이태리로 가 사는 동료에 향한 우정의 서신이 훈훈하게 읽힌다. 안면도에서 사제지간으로 만났던 이야기를 다룬 「언시(言施)로 배우는 세상」의 경우, 선생을 껴안는 아주머니 제자들과의 해후 역시 신선한 장면으로 와 닿는다.

특히 지은이 가족과의 관계에서 선의의 인물들 선생이 두드러진다. 일제강점기에 함께 고생하던 후배의 딸 선물 몫으로 아껴오던 유품을 넘겨주는 「반상기」 이야기, 그리고 막무가내로 지물포 아저씨와 함께 들어와서 지하의 주방을 도배해 주는 「우렁 각시」, 또는 알뜰한 지인이 만난 자리에서 뜨개질해 준 「수세미 선물」만이 아니다. 병세가 위중한 노인께 손수 찾아와 무료로 시술해 주는 「맨발의 정 박사」나 군이 사양하는 언니에게 난생 처음의 겨울 코트를 동생들이 회갑 선물로 입혀드리는 「수녀님의 코트」 등은 우리 가슴의 강추위를 녹이고 남는다.

이 수필집에서 이채로운 특성의 또 하나는 싱그러운 식물적 상상력이나 이미지를 많이 동원하고 있다는 점이다. 그것은 흔히 꽃이나 잎사귀, 나무 또는 열매와 「내 마음의 떨켜」에서처럼 생태 및 색채 등으로 나타난다. 방배동 집 마당의 감나무 새 잎이 돋고 빨갛게 익은 동이감, 앙증맞은 고마리꽃, 가을 친구 같은 산소 길섶의 코스모스, 인동하는 눈 속의 목련나무 등. 그 모두는 생명의 신비와 더불어 상생이나 성장 내지 풍요와 휴식을 상징하여 다음처럼 수필작품의 활력소가 되고 있다.

"봄은 아름답게 치장한 여인의 노리개 같은 계절이다. 생명력 넘치는 길을 걸어가면 봄의 자태가 그림 같이 펼쳐져서 감탄사가 나오기 일쑤이다"

▶▶▷「꽃길 따라 걷다가」 서두

"어머, 어머……세상에!

그토록 오랫동안 흙 속에서 살다가 이슬처럼 맑은 웃음을 지으며 태어난 생명의 비밀, 아, 이럴 수도 있구나. 생명이란 것은."

▶▶▷「나팔꽃」에서

"……신록의 숲길에서 어쩌다 능소화를 발견하거나 선홍빛의 철쭉만 보아도……."

이처럼 꽃이나 나무들을 자주 곁들여 글을 쓰는 김희경 문학의 식물적 속성은 인간에 안성맞춤이라서 바람직하고 좋다. 그것은 약육강식의 동물적 공격성으로 사회를 재단하는 칼럼이나 냉엄한 광물 다루듯 기록하는 무미건조한 과학적 글쓰기와 대조된다. 파스칼이 지적했던바 생각하는 갈대 같은 인간은 오히려 강하고 귀한 존재이기 때문이다. 일찍이 노자도 도덕경에서 위협적인 불이나 단단한 바위보다는 연약해 보이는 물이 승자로서 가장 바람직한 도의 표상이라고 했지 않던가. 그 진리가 여기에 참고가 된다.

사실 김희경의 수필은 한국의 식물들과 상생하는 생수 같은 순수성을 지닌 문학인지라 바람직하다. 우리는 흔히 맹물을 경원하며 사이다나 콜라 따위의 유해음료를 즐기지만 건강에는 역시 본디의 물이 제일 좋은 것이다. 톡 쏘는 맛의 탄산음료는 가짜인 데 비해 얼핏 보아 단조롭고 화끈하지 않을 듯싶은 생수는 진짜임에 틀림없다. 이렇게 볼 때 김희경 문학의 코드는 물과 식물성이라고 볼 수 있다. 아무쪼록 지은이께서는 가뜩이나 도심 생활에 지치고 목마른 우리의 심신을 오아시스의 생수 같은 글로 흡족하게 적셔주는 순수 실천의 수필가로 봉사하길 바란다.

어쩌면 얌전하고 여리게만 여겨지는 김 사백에게 문학은 가장 알맞은 구원의 선택이라고 생각된다. 갖가지 험한 사회 속에서 살아남기 위해서는 글쓰기야말로 '부드럽고 약한 것이 굳세고 강한 것을 이긴다'는 노자 도덕경의 의미 그대로 '여린 강자'에 적용되는 본보기라고 여겨진다. 평소 유약해 보이는 문사는 실로 글이라는 신통력을 지닌 방패를 가졌기에 든든한 존재인 것이다. 새삼 이 자리를 빌어 오솔길 같은 문학의 길에 들어선 김 사백의 노고에 격려와 위안의 박수를 쳐 드리고 싶다.

그밖에 김희경의 문장 기법들을 살펴보면 화통한 실험보다는 나름대로 착실한 시도를 기하고 있어 다채롭다.

"나-나-는 2학년 0반-사십-일-번-이-요한-임--니다."

▶▶▷「매미 소년」 서두

"그는 삼복더위를 매미소리로 식히며 휴가도 없이 방배동 우리 집에 드나들었다."

▶▶▷「맨발의 정 박사」 끝부분

보기에서처럼 때로는 서간문 형식으로 은밀하게, 여행기인 「부석사 납량특집」에선 한껏 속도감 있는 접근을 보인다. 평소의 '했다'식 묘사나 서술과 달리 존칭, 존경어미의 다양한 활용을 통한 묘미도 눈길을 끈다. 「재일이의 일기검사」에서의 '-이네요' 형식이나 「가을친구」, 「개나리웃음 같은 친구」, 「부연을 그리며」, 「우렁 각시」에서의 '-입니다'식 친근감이 그것이다.

글감 선택이나 활용면에서의 다채로운 다양성 모색도 효율적이다. 사하라 경주에 도전한 「사막의 꽃이 되어」 이야기나 유머적인 「보따리로 들어간 건망증」 등이 그렇다. 또한 작가가 뜻 두었던바 「되찾은 꿈」에서의 자작시를 비롯하여 작품에서의 김영랑, 김남조, 이형기, 엘리어트의 시 인용 효과가 좋다. 「빗속을 흐르는 클래식」에서의 음악, 「그림과 함께 시간 속으로」의 미술, 「오, 필승 꼬레아」의 스포츠 양념 역시 글맛을 더한다. 「어떤 인연」의 피천득 선생 강연 듣기 경우처럼 거의 모든 작품에 구체적인 상황과 장소는 물론 실명을 곁들인 배려 역시 바람직한 요소들이다.

하지만 위에 든 덕목이나 장점들 뒤에 가려 있는 취약점도 적지 않을 것임은 물론이다. 이번의 처녀 작품집은 모처럼 정성스럽게 화장을 해서 선보이는 터라 비교적 흠이 적게 마련이다. 문제는 다음 작품들을 더 좋게 제대로 빚어내기 위해서 필요한 유의사항이리라. 수필가의 품을 벗어나서 발표된 작품들은 제각기 엄혹한 사회 곳곳에서의 품평에서 살아남아야 하는 자식 같은 존재들이기 때문이다. 무엇보다 이 문제에 대해서는 지나친 긴장과 부담감을 떨쳐버리고 의연하게 대응해 가야겠지만.

바라건대, 김희경 수필가가 자긍심을 지니고 앞으로는 더 알차고 활달한 글을 써나갔으면 한다. 이제는 이전의 가정과 학교 울타리를 벗어나서 거칠고 너른 사회와 세계의 광장으로까지 시선을 넓혀야 할 것이다. 온실의 화초나 실과나무로서는 사회현장에 나가서 싱그러운 잎을 틔우거나 튼실한 열매를 맺기 어렵다. 작가의 현실 주변을 이야기하더라도 가끔씩은 공적인 사회현안을 외면하지 말고 참여하는 자세가 필요하다. 몽테뉴를 따르되 더러는 베이컨 같은 장점도 가미하여 바람직한 김희경을 구축해서 매진해나가길 기대한다.

(2008년 10월)

생명의식과 사랑의 인간미학

처음 펴낸 허숭실의 수필집 『꽃은 흔들리며 사랑한다』는 독자들의 눈길을 끈다. 그의 수필들에는 남달리 다채로운 삶의 자취와 생활 모토가 속내 깊게 조신한 자신의 품격을 지닌 채 내밀한 호흡으로 고스란히 담겨 있는 것이다. 그것은 할아버지 적부터 구한말 수난의 조국을 떠나 북만주나 중국 대륙으로 이주하던 부모덕에 몽골에서 태어난 것만이 아니다. 광복 후에 부모님 손잡고 서울에 입성하여 명문학교를 졸업한 수학 과정 또한 그렇다. 불문학 전공자로서 누구보다 해외문화 체험을 많이 했으면서도 한국 전통문화에 관한 가풍과 사랑이 극진하다.

독신으로 살려던 철없는 이기주의자였다고 진솔하게 밝히면서 가장 성실한 아내와 엄마노릇을 솔선한 삶의 처지도 돋보인다. 그 이름마저 이광수의 장편소설 주인공을 본떠서 지은 부모의 지극한 정성이

짓든 일 또한 가상하다. 공학도로서 정교한 악기 제작에도 전념하는 부군과 작가 남매 식구들이 한 둥지를 이루고 지내는 삶은 물론 여러 벗들과의 우정까지 그의 글에는 남다른 가족사와 알뜰한 마음들로 알알이 새겨져 있다.

또한 허숭실의 수필에는 섬세하고 아늑한 그네 숨결이나 정감이 특유한 문체의 매력을 지니고 있다. 문체는 글쓴이의 호흡과 상념에 따른 채색 옷을 아기자기하게 수놓으며 향기롭고 아름다운 음향으로 조화시킨다. 때로는 서간체로, 더러는 기행문체로, 흔히는 대화하고 하소연하듯 정겨운 이야기를 모아놓은 것이다. 그래서 우리는 여기에서 한때 선녀처럼 부푼 꿈과 낭만 짓든 우리네 마음 속 추억들을 만난다. 그리고 참한 지아비 따라 두 아들 내외와 손녀를 거느린 이제는 머리에 잔설을 아로새긴 여인의 관조적인 고뇌들이 고백처럼 잔잔한 목소리로 글 마디마디에 스미어 있음을 발견할 수 있다.

> 나는 결혼을 전제로 하지 않았기 때문에 많은 남자친구들과 어울리는 편이었다. 각각 다른 매력과 인품을 지닌 그들과 문학이나 음악, 미술에 관해서 함께 생각을 나누고 즐기면서 마음껏 자유를 누릴 수 있었다.
>
> 그런데 느닷없이, 살림하기 싫어서 결혼하지 않겠다는 나의 소신을 그대로 수용하고 존중하겠다는 흑기사가 나타났다. "밥하고 빨래하는 것은 식모, 찬모가 해 줄 테니, 그대는 원하는 일만 하면서 내 곁에 있어주기만 하면 됩니다." 이 엄청난 감언이설에 넘어간 나는 한 마리의 새와 함께 풀과 나뭇가지들을 물어다 얼키설키 엮어 안암동 한 나무위에 둥지를 틀고 만 것이다.
>
> ▶▶▷「첫아들 명전」에서

이런 수필가와 에세이 문학 동호인들이 글로써 만난 인연 또한 결코 우연만이 아닌 행운이라 생각한다. 필자 역시 허숭실(許崇實=허윤정)

씨와는 지난 세기 말엽부터 지금까지 이음새 에세이 문학모임에서 10년 가까이 글쓰기 동지로 지내오고 있다. 필자는 그동안 회원들과 더불어 두어 번 삶의 보금자리인 동인재에 방문한 바 있어 해당문인의 삶과 글을 두루 살펴 온 처지인 때문일까. 이순의 고개를 넘어서야 늦깎이 수필가로 선보이는 허숭실의 첫 수필집 출간을 축하하는 마음에서 그의 수필문학에 드러난 의미와 특성적인 원형질을 논의해 보기로 한다.

문학의 제재면에서 살펴보면, 허숭실은 이 수필집에서처럼 일상의 삶 주변으로부터 글감을 얻어내서 다채롭고 폭 넓은 견문들로 독자 앞에 친근감 있게 다가든다. 구체적인 현실로부터 시작하되 동서고금의 여러 사안들과 종횡으로 연결하여 다채롭게 써 낸다. 수필가 자신의 마음을 실어서 고증을 대며 마치 독자들과 대화하듯 글 읽는 재미를 곁들여서 새로운 지식과 교훈을 전한다.

이를테면, 「솔씨 하나」만 해도 여름철 이른 아침에 정원을 둘러보다가 소나무 밑에 돋아난 아기 솔을 만나는 데서 시작하고 있다. 가녀린 솔가지에 달라붙은 송충이를 사냥하는 까치 생태에 이어 대학은사님의, 소나무처럼 살라는 교훈을 상기시킨다. 그리고 멀리 조선후기 선비인 완당의 세한도 사연에 곁들여 솔이 주는 향기와 백봉령 약재뿐 아니라 밀화보석을 만들고 건축재까지 아낌없이 주는 나무의 덕목을 제시한다. 그러고 나서 솔처럼 주옥같은 수필 한편 써보고 싶다고 마무리 짓고 있다.

특히 허숭실은 누구보다 많은 이국 문화체험을 한 처지에서 비교적 무진장한 글감의 창고를 지니고 있다. 그러나 우월의식이나 현학성을 삼간 채 되도록 우리 문화에 상관된 일에 접근하곤 한다. 다만 해외기행문인 경우, 자신에 상관된 대목에서 퍽 흥미로운 이야기를 엿들 수 있어 좋다. 여러 해 중동 현장 생활하던 체험기를 미루어 알 수 있다.

아랍인들은 하루에 다섯 차례씩 기도 시간을 갖는다. 모스크에서 코란 독경 소리가 확성기를 통해 울려 퍼질 때마다 아랍인들은 달리던 차도 세워 놓고 조그만 카펫을 길에 깔고 엎드려 기도한다. 상점에서는 물건 값을 지불하려는 손님조차 모두 내보내고 기도에 몰입한다. 손님들은 기도 시간이 끝날 때까지 한증막 같은 상점 밖에 서 있거나 아예 집으로 돌아가야 했다. 그들 삶에서 우선순위의 첫째번은 기도시간을 지키는 것인지도 모른다.

그들이 가장 많이 사용하는 말은 '인샬라'였다. 수선할 물건을 맡기고 언제쯤 되겠느냐고 물으면 '인샬라'가 그들의 대답이었다. 모든 것이 '신의 뜻대로'인 것이다. 무더위와 모래바람 속에서 그들이 생존할 수 있었던 것은 오로지 '인샬라' 신앙의 힘일 것이다. 그들은 무신론자들을 짐승으로 여긴다. 마호메트를 믿는 사람은 형제라 부르고, 기독교나 불교 등의 신앙인은 친구라 한다.

페르시아 만의 항구 도시인 알코바에서 2년여를 살면서도 나는 하늘을 제대로 올려다 본 적이 별로 없었다. 햇볕이 쨍쨍 내리쪼이는 것도 아니고 그저 희뿌열 뿐인데도 눈이 부셔서 고개를 들 수 없어서였다. 그림자를 분명하게 드리워 주는 한국의 투명한 햇빛과는 사뭇 달랐다. (…중략…) 에어컨 없이는 한 시간도 견딜 수 없는 무더위와 모래바람이 불어대는 곳, 그러나 하나님은 공평하게도 그곳에 석유라는 보물을 묻어 주었던 것이다.

▶▶▷「아라비아의 추억」에서

이처럼 『꽃은 흔들리며 사랑한다』의 에세이들은 현실주변으로부터 글감을 꺼내서 동서고금에 걸친 다양한 이야기로 입체감을 이루고 있다. 일종의 현대소설 기법에서 활용하는 의식의 흐름을 적절하게 적용하는 셈이랄까. 동서양 공간을 넘나들 뿐 아니라 과거와 현재의 시간까지도 원활하게 아우른 글쓰기의 진폭은 넓고 자유롭다.

으레 다채로운 글감을 활용하는 허숭실은 그의 수필에서 내용면의 농도 짙은 작품 테마를 구현해 내고 있다. 그의 수필은 이순(耳順) 고개를 넘어 문단에 오른 인생노정의 산마루에서 지혜의 눈으로 내려다본 달관과 관조의 소산물들이다. 그의 에세이 주제는 거의가 상생적인 생명의식과 휴머니즘에 바탕을 둔 사랑 및 우리의 전통 문화 기리기로 겹쳐질 만큼 따스한 마음에 잇닿아 있다.

그는 곧잘 계절 따라 움돋고 꽃피는 풀이나 나무는 물론 주변의 곤충이며 새들에게도 남다른 애정을 보인다. 그것은 식물적 상상력과 사랑 내지 선비의식을 드러낸 「솔씨 하나」만에 그치지 않는다. 글쓴이의 가족과 나무, 새들이 함께 사는 동인재 뜰을 주 공간으로 한 「나의 쉼터를 가꾸며」는 눈길을 끈다.

정원에 나서면 생명의 신비로운 순환을 낱낱이 살펴볼 수 있다. 노르스름하고 연한 싹이 흙을 밀치며 세상을 보려고 머리를 내밀고 있다. 소리 없이 내리던 보슬비가 마른 땅을 적시는 벅찬 기쁨을 감추지 못해 빗줄기가 굵어진다. 머리를 들어 하늘을 보니 구름 속에서 웃고 있는 해가 보인다. 어느새 구름을 찢고 눈부신 햇살이 삐져나온다. 흙을 만지며 마음의 귀를 열어놓으면 나무에 수액이 흐르는 소리와 꽃들의 새근대는 숨결도 들리는 듯하다. 꽃봉오리가 터지면서 내는 미세한 소리는 사랑의 탄성인가. 열매를 다 따고 나면 잎이 말리고 꺼칠해지는 매화나무를 볼 때마다 어머니를 떠올린다. 북풍한설에도 꽃눈을 촘촘히 달고 키우다가 봄맞이의 첫손님으로 만개하는 매화는 꽃이 아니라 어머니의 혼령이다. 배롱나무의 붉은 꽃잎은 무게를 이기지 못하겠다는 듯 감미로운 리듬을 타고 흔들리고 있다. 스산한 가을바람에 감나무도 모과나무도 단풍든 잎을 떨구어 발목을 덮는다. 새로운 생명을 잉태하기 위해 묵묵히 자신을 버리고 있다. 꽃나무와 새들과 눈 맞춤을 하노라면 뻑뻑하던 눈망울이 부드럽게 풀린다. 호미질을 하다보면 뭉쳤던 근육도 풀어지고 손가락의 통증까지 흙속으로 녹아든다. 신비로운 안락함이 내 몸과 영혼을 가득 채우고 넘치는 것을 느낀다.

▶▶▷「나의 쉼터를 가꾸며」에서

뜰 안 여기저기에 새로 돋아난 봉숭아며 과꽃 싹들을 보살피는 작가가족 3남매 4대의 식구들과 주위 동식물들은 남이 아닌 것이다. 참새, 까치, 비둘기, 직박구리 들이랑 리치 개 등이 돌확에 담긴 물 주변에서 한 식구처럼 어우러져 지내는 모습이 생생하다.

또한 이국 여행의 체험을 적은 「엄지발가락」에서 참새들과 다람쥐에 땅콩과 식빵을 주는 보시 모습도 보기 좋다. 공원의 들 고양이들 먹이를 사주기 위해서 세탁부로 일하며 봉사하는 서양 할머니와 다를 바 없다. 일련의 노력들은 모름지기 요즘 강조되는 친환경의식뿐 아니라 그야말로 범아일여적인 천지화육의 생명사상과도 맥을 같이 한다. 특히 「솔씨 하나」는 신비한 생명감과 사랑, 그리고 선비 기품이 합성된 원형 상정적인 기호로서의 객관적 상관물이 되고 남는다.

이어서 그는 여러 수필들에서 한껏 원초적인 사랑이 인간미나 동·식물은 물론이요 무생물까지도 싱그럽게 한다고 실증한다. 「아픔이 주고 간 선물」에서 작가 스스로 강변하고 있다. "사랑은 무서운 암세포도 이겨낼 수 있는 능력을 가지고 있음을 내 몸을 통해 확인했다"고. 실로 그 사랑은 넓고 다양해서 아가페와 에로스에 이어 필리아에 걸쳐서 널리 분포되어 있다. 그리고 때로는 신에의 신앙이나 부모에 대한 효성, 벗들과의 우정이나 형제애, 사제지간의 정을 뛰어 넘는다. 작가는 "우리 집 뜰로 찾아든 새들에게서 신의 은총을 발견한다"는 정도이다.

사람은 물론 동물이나 식물뿐만 아니라 무생물인 가구들까지도 관심과 사랑이 떠나면 시들고 병들어 죽거나 열매도 맺지 못하고 결국에는 못쓰게 된다. (…중략…) 마른걸레로 장롱을 문지를 때 손끝으로 전해지는 정성이

나뭇결로 스며들어 윤이 나는 것도 경험한다. 무생물들까지도 관심을 보이면 화답을 하는 것이 사랑의 윤회가 아니던가. 화초들 중에도 마지못해 물만 주는 것들은 잎이 누렇게 변하다가 결국 시들어 죽고 말았다. 잎과 줄기를 늘 살펴보고 꽃이 피면 "어머, 예쁘기도 해라" 감탄도 하며 돌본 것들은 싱싱하게 잘 자라서 오래도록 기쁨을 맛보게 해 주었다.

혼란에 빠져 허우적대기도 하고, 세상에 절망하여 더 이상 살아갈 용기를 잃었을 때, 누군가 사랑의 손길로 잡아주면 의욕을 되찾고 소생할 수 있지 않았던가. 사랑은 생명이다. 사랑이 떠난 삶은 살아 있기는 하지만 그저 존재하는 것일 뿐 죽은 것이나 진배없다. 세상 만물은 애정이 있어야만 성장하고 번식하며 열매도 맺는다. 그렇게 사랑은 뿌리가 내려 새로운 생명을 또 낳게 되는 것이다. 내 집에 와 사랑의 뿌리를 내리고 나눔의 기쁨을 깨우쳐 준 사랑초와 오늘도 눈을 맞추며 쌀뜨물을 부어준다.

▶▶▷「사랑초를 기르며」에서

제 새끼들을 두루주머니로 보호하며 지내다가 끝내는 먹이로 희생하는 염낭거미를 연상시키는 「어머니, 그 사랑의 교재(敎材)」는 다시없는 딸의 자모사이다. 이에 비하면 「석이에게 띄우는 편지」는 뒤바뀐 현대판 제망매가로서 혈육의 사랑을 다룬 작품이다. 오랜만에 한국에 찾아오는 손녀 맞이를 위해 일 년 동안 정성들여 퀼트 이불을 준비하는 「헤븐에 있는 것 같아요」. 3남매 가족 4대의 보금자리인 동인재에서 한 식구로 지내는 개(퍼그, 블레키)사랑과 지극함 또한 예외가 아니다. 신혼 초기 며느리를 위하여 추운 새벽길에 연탄불을 갖다 준 시어머니 고마움을 서간체로 토로한 「번개탄 사랑」 역시 마찬가지다.

또 하나 그의 수필이 지닌 전통문화 기리기는 자꾸만 서구식 현대문명의 물결에 사라져가는 옛것에 대한 애착심을 넘고 있다. 어머니의 정성이 깃든 「진솔버선」에는 엄마 따라 빨래 방망이 들고 자하문 밖으로 나들이하던 추억에 그치지 않는다. 그 많은 아낙네들이 광목

바래기를 하는 광경을 바라보던 기억을 곁들여 우리의 생활문화까지 되살린다.

어머니의 품을 떠나 시집온 지 사십여 년이 지났건만 징거 놓은 십자 표시가 그대로 있는 진솔 버선이 일곱 켤레나 남아 있다. 설이나 추석명절 때, 특별한 일로 한복입고 외출할 때나 버선을 갖추어 신으며 아껴왔기에 아직도 남아 있는 것이다. 한 켤레의 버선을 만들기 위해 광목을 바래는 일부터 홍두께로 다듬기, 마름질, 박음질, 솜 넣어 뒤집기, 버선코 뽑기 등 정성으로 만들어지는 그 과정을 다 보았던 나는 버선을 비단옷 아껴 입듯 아껴 신었다

▶▶▷「진솔 버선」에서

특히 해외 생활에서 간절하던 어머니의 묵은 간장으로 끓인 미역국 맛을 역사적 고증으로 우리 인생과 연결한다. 겨우 다섯 살 때 몽골에서 느꼈던 그곳 수파육 잠장의 냄새와 미각이 밀도감을 더한다.

콩깍지 속에 들어있던 콩이 간장이 되기까지 거쳐야하는 과정은 지루하면서도 신비롭다. 어느 한 단계라도 건너뛰어서는 맛있는 간장이 될 수 없듯이, 우리 삶의 여정도 그와 같지 않을까. 자식 걱정에 까맣게 탄 어머니의 가슴속 같은 시커먼 곰팡이. 장맛을 내는, 메주 속에 꿀처럼 맺혀있는 말간 진은 험한 세상살이에서 얻어지는 지혜에 비견해 보면 어떠할지. 소금물에 온몸을 맡기고 자연의 조화를 기다리는 메주덩이의 인내. 그리고 시간과 자연이 빚어내는 깊은 맛은 곧 삶의 신비이다.

▶▶▷「묵은 간장」에서

이런 우리 고유의 맛이나 조상 전래의 멋 기리기는 50년 전에 안성에서 맞춤으로 구해온 유기그릇을 의인화해서 쓴 「내 이름은 방짜 놋

대야」에서 더 리얼하게 그려지고 있다. 예전에는 명절 차례 때 제기나 주인어른의 세숫대야로 대접 받았지만 이제 스테인리스 대야나 편리한 플라스틱 제품에 밀려난 세태를 타이르는 것이다. 이런 작가의 상고취향 이상의 전통문화 의식은 매듭장 인간문화재 이야기에서 더욱 심도 짙은 접근을 보인다. 어릴 적부터 동창 친구로서 가까이서 지켜보아 왔기에 매듭장의 가풍과 신사임당 표상에 걸맞은 인품에 걸친 덕담이 수긍되고 남는다.

더욱이 위와 같은 작가의 남다른 상고 취미나 전통 기리기 의식은 50년 만에 미국에서 찾아온 벗을 맞이하는 데서도 드러난다. 여중 때 동창생들과 함께 강릉의 유서 깊은 선교장(船橋莊)의 열화당(悅話堂)과 활래정(活來亭)에서 맞이한 「선교장에서 하룻밤을 지새우며」에서 거듭 확인되고 있다. 그 흔하고 편리한 호텔 대신에 3백여 년의 역사를 지닌 한국식 고택을 찾아서 지낸 자세가 우러러 보인다.

수필의 기법 면에서 살필 경우, 허숭실은 흔히 유기적으로 복합된 짜임새를 이루어 독자들에게 감동과 교훈을 배가시키고 있다. 앞에서 살펴본 대로 친근한 글감을 찾아내서 자신의 체험에다 동서고금의 사례를 들고 고사 등을 동원하여 시의적절한 현실과제와 연결시켜 마무리 짓곤 한다. 「어머니, 그 사랑의 교재」의 구성은 좋은 보기가 된다. 이 글의 서두는 제 새끼를 두루주머니로 보호하고 살다 나중에는 어미 몸을 손수 새끼들에게 먹여서 키우고 희생하는 염낭거미의 생태를 들었다. 그리고 이런 거미의 일생은 바로 평생토록 다섯 남매를 길러낸 어머니와 같은 존재라고 마무리 짓고 있다. 희생적인 염낭거미를 헌신적인 어머니의 객관적 상관물의 원형 상징적인 이미지로 표상해 보인 셈이다.

동물의 삶을 통한 인간 이야기 수법은 「까치 잠자리 무리」 경우 역시 유사하다. 여기서는 곤충 대신에 조류를 대상으로 삼은 점만 다를 뿐이다. 작가가 손녀와 함께 정발산에 오르다가 숲속의 위험한 둥지를 버리고 안전한 나뭇가지에 까치집을 짓는 모습을 보며 중국의 고사를 생각해낸 것이다. 춘추전국시대의 제나라 환공 때 군병들이 혹한 속에 산길로 들었다가 길을 잃었을 때 지혜롭게 늙은 말을 앞세워 위기를 면했던 이야기(老馬之智)가 신선한 재미를 더한다. 여기에 영험토록 지리에 밝은 개미집을 찾아서 그 아래 샘물로 목마른 병사들을 구했다는 고사를 더하여 중층적인 효과도 거두고 있다. 아무리 미흡해 보이는 사람이라도 경험을 쌓은 인재와 지혜는 적재적소에 중용만 잘하면 제몫을 한다는 교훈이다. 이처럼 일상의 일을 다루되 평면적인 감상 따위에 그쳐버리는 여느 수필가 작품들과는 다르게 사물의 중심을 천착해 내는 데서 이 작가의 변별성이 드러난다.

또한 허숭실은 빛바랜 옛 사진 한 장으로부터 화두를 꺼내서 거기에 얽힌 사연과 인정을 명주실 풀어가듯 곧잘 추억여행으로 이끌어간다. 초등학교 꼬맹이들의 졸업사진을 통해서 한국전쟁 무렵 어려운 여건 속에서 매운 사랑의 매로 가르쳐 준 은사님과 우정을 가꾼 「단기 4287년 3월의 기억」만이 아니다. 대학시절에 교수님 두 분을 모시고 야외소풍을 갔던 추억을 담은 흑백사진의 「그리운 초상」은 아련한 우정과 교훈의 교과서이다. 그리고 1970년대의 중동건설 현장에서 귀국한 아빠 등에 업힌 두 아들이 앞니 빠진 얼굴을 드러내고 웃는 「사진 속의 세 남자」 역시 인상적인 삶의 기록으로 각인된 것이다. 이제는 거꾸로 꼬마들이 아빠를 업어드려야 할 처지의 유머러스한 전환 접근도 돋보인다.

이밖에 중요한 자기체험들을 시간적 순서로 배열하여 기승전결의 구조로 쓴 「고갯길을 다시 오르네」 역시 눈에 띈다. 힘들었던 고갯길 차례는 정연하고 인상적인데 여기에는 네 개의 단계로 되어 있다. 첫 번째는 작가가 해방 후 중국에서 돌아와 정릉 집에서 아리랑 고개를 넘어 채석장 앞을 3년 동안 걸어서 창신 초등학교에 통학하던 일. 두 번째는 큰아들이 7개월 된 때 모교에 근무하며 퇴근 차에서 내려 아들을 맡겨둔 친정집에 가느라 행촌동 언덕을 오르내리던 일. 세 번째는 결혼 5년 만에 하얀 집을 마련해서 살던 갈현동 고개를 오르던 일. 네 번째는 늦게 시작한 글쓰기로 시지프스처럼 마음의 고갯길을 오르는 일이 그것이다.

> 지금도 나는 시지프스처럼 또 하나의 고갯길을 오르고 있다. 어릴 적부터 꿈꾸며 소망하던 글쓰기를 이순이 넘어서 시작한 것이다. 읽고 사색하고 쓰면서 때로는 숨도 차다. 그러나 고갯마루에 피어날 나의 작은 풀꽃들을 보기 위해서 나는 오늘도 소나무 향내 그윽한 고갯길을 오른다.
>
> ▶▶▷「고갯길을 다시 오르네」에서

이렇게 치밀한 구성에 따른 호흡 조절에 의해서 허숭실은 작품 분위기 조성에 성공하고 있다. 비록 우울한 대상을 글로 다루는 경우, 이 작가는 슬픈 내용을 밝은 기분으로 전환하는데 능한 솜씨를 보인다. 부모 산소를 비롯한 가족 묘지를 참배하는 데서도 제목부터 「가을 햇살과 함께」로 내걸고 평소의 슬픈 정을 토로하되 군자는 슬퍼도 결코 상심하지는 않아야 하는 평정심을 잃지 않는다. 사실은 심각한 장애를 지닌 터라 침통하기 그지없는 내용인데도 적절한 유머 감각을 곁들인 제목과 적지 않은 덕담으로 밝은 분위기를 자아내고 있다. 「어느 소녀의 고희연」·「싼타이모」·「천사에게서 걸려오는 전화」 등은 내용을 숨김없이 쓰되 경쾌하게 다루기란 구성이나 톤 조절의 기량 면에서 여간 어려운 게 아니다.

그런 기량의 힘 밑바탕에는 평소 적지 않은 선의의 인간적 신뢰와 치밀한 구성 노력이 뒷받침된 것이다. 어쩌면 그것은 불행의 쓰라린 슬픔을 행복한 웃음으로 승화시킨 문예적 성취이기도 하다. 무엇보다 튼튼한 문장력에 교양 넓은 유머감각이 어우러진 결과로 보인다. 평생 소아마비를 앓으며 칠순을 맞은 친구의 큰언니를 소녀로 부른 경우나 육순을 맞이한 친구의 낙천성과 베푸는 덕성을 부각시킨 배려뿐만이 아니다. 「애견 예찬」에서 인삼 우린 찌끼를 먹은 개가 힘이 넘쳐 수십 차례 휘젓고 다닌 장면이 웃음을 자아낸다. 「키웨스트 두발 1번지에서」의 미국 플로리다 땅 끝 섬 여행 중 작가 자신이 화장실을 빌린 고마움으로 산 치약이 치아 접착제였던 탓에 치과에 다녀야 했던 경험담도 재미있었다. 수필에서의 유머감각은 글맛을 더 북돋는 깨소금인 것이다.

여기에 추가할 허숭실의 덕목은 절제 있는 그의 글쓰기 태도이다. 자신이 독실한 크리스천이면서도 그는 모나거나 부자연스런 설교를 삼가는 자세로서 호감을 준다. 기독교적인 내용은 필요한 만큼만 해당부분에 녹아든 조미료처럼 쓰고 있을 뿐이다. 동창 친구들과 남도에 여행하면서 여순사건 당시 원수에게 큰 사랑을 실천해 보인 손양원 목사 이야기를 곁들여 출항 시간에 쫓긴 일행을 승용차로 도와준 목사는 엑스트라로 칭송해 넘긴다. 그러면서 그는 모세의 출애굽기를 원용한 「아버지의 엑서더스」에서는 해방 후 서울에 찾아든 부친에게 직장을 알선해준 한동해 장로의 은덕을 잊지 않고 있다. 「바그다드 단상」·「사랑초를 기르며」에서 역시 성경 공부 사실만을 밝히고 있다. 다음 보기에서도 언어적 조미료의 효율적 사용법을 선보인다. "계획은 사람이 세우고 결정은 야훼께서 하신다."(「페인트 칠하기」 잠언에서) "생명과 꿈조차도 하나님의 뜻에 달렸음을 다시금 깨달으며 추억의 쪽문을 닫고 내 자리로 돌아와 하늘을 올려다본다."(「그리운 초상」 마무리 부분) 등.

하지만 이번 창작 수필집에 아쉬운 점이 전혀 없지 않음을 지적해 두고 싶다. 취약점은 옥의 티로써 다음의 발전을 기약하는 요건이기 때문이다. 지금까지 에세이 문학의 정석을 착실히 다진 허숭실은 앞으로 가끔은 도전적으로 파격의 문예 실험을 통해서 한 차원 높은 발전을 모색해 나가야 할 단계란 의미에서이다.

따라서 앞으로는 가끔씩 문학 수용자들에게 강하게 어필할 만큼 글 양념으로 매운맛도 가미해야 한다는 견해이다. 요즘 독자들에게는 구수한 감칠맛을 내는 깨소금 같은 유머만으로 만족시킬 순 없다. 이들에겐 더 자극적인 고춧가루나 후춧가루가 식욕을 돋우고 독감도 몰아내는 효능을 내는 것이다. 보통 때와 다르게 비상시는 날카로운 풍자나 역설이 진가를 발휘하게 마련이다. 바람직한 수필가는 가끔씩 첨예한 문화적 이슈나 시사적 칼럼쓰기에도 대응할 수 있어야 한다.

물론 「한약 먹은 옥잠화」에서 무리한 한약으로 기형적인 비만을 빚듯 우리사회의 과외열풍을 조금은 꼬집은 바 있지만 상식선에 그쳐 있다. 「바그다드 단상」에서도 더 분명하게 미국을 비롯한 연합군의 침략행위를 비판했으면 싶다. 더욱이 유대인을 집단 학살한 현장탐방기인 「아우슈비츠의 절규」에서는 그 만행에 정중한 사과를 한 독일과 달리 반성도 없이 야스쿠니 신사를 참배하며 독도가 일본 영토라는 망언을 계속하는 일본 당국에는 신랄한 의견을 내고 지탄했으면 한다.

우리는 위에서 수필가 허숭실의 남다른 가족사와 인품 및 다양한 문학적 특성들을 살펴보았다. 손수 동서고금의 문화를 체험하고 모름지기 지성과 감성을 두루 갖춘 그의 등단은 우리 수필문단의 발전을 위해서도 바람직한 일이라 생각한다. 글은 곧 사람임을 구현해 보인 본보기라는 뜻에서만이 아니다. 생명의식과 사랑, 그리고 민족문화에 대한 예그린 인간미학을 추구하는 그의 올바른 방향선택이 더욱 신뢰감을 주기 때문이다.

(2009년 5월)